U0463077

我
思

敢于运用你的理智

摄论疏

王恩洋 著

唯识学丛书

长江出版传媒 | 崇文书局

图书在版编目（CIP）数据

摄论疏 / 王恩洋著 .
—武汉：崇文书局，2020.1（2024.1 重印）
（唯识学丛书）
ISBN 978-7-5403-5715-3

Ⅰ . ① 摄…
Ⅱ . ① 王…
Ⅲ . ① 唯识宗—研究
Ⅳ . ① B946.3

中国版本图书馆 CIP 数据核字（2019）第 251124 号

我
思

敢于运用你的理智

摄论疏

出 品	崇文书局人文学术编辑部
策 划 人	梅文辉 (mwh902@163.com)
责任编辑	梅文辉
装帧设计	甘淑媛
出版发行	长江出版传媒 | 崇文书局
地 址	武汉市雄楚大街 268 号 C 座 11 层
电 话	(027)87680797 邮政编码 430070
印 刷	湖北新华印务有限公司
开 本	880mm×1230mm 1/32
印 张	8.75
字 数	196 千
版 次	2020 年 1 月第 1 版
印 次	2024 年 1 月第 2 次印刷
定 价	98.00 元

（读者服务电话：027—87679738）

目　录

序

　　世出世间学，精深博大，莫过佛法。佛法精深博大，莫过大乘。惟其精深也，难得其真，而似教以兴。惟其博大也，难得其要，而歧途以起。大乘佛法中，有能显真扼要，杜似教之疑伪，塞歧途之支离者，莫《摄大乘论》若。此论提挈宏纲，总昭十义。

　　一者所知依分，根本建立阿赖耶识，摄藏诸法种子，又为三界异熟果识。说一切法甚深缘起，谓分别自性缘起，分别爱非爱缘起。明万法不从上帝生，不从物质变化进化生，亦非自然无因而生。从种生故，各有自性。待缘起故，都无自我。一切宗教、科学、哲学家言，种种计度，执见矛盾，此皆了决。故论说言，于阿赖耶识中，若愚第一缘起，或有分别自性为因，或有分别宿作为因，或有分别自在变化为因，或有分别实我为因，或有分别无因无缘。若愚第二缘起，复有分别我为作者，我为受者，乃至广说生盲触象喻焉。

　　二者所知相分，分别凡圣所知境界所有实相，括于三性。遍计非有，依他起性有而非真，清净所缘离言离执圆成实性是其真实。如是对遣愚夫遍计所执，说诸法空。圆成实性，说为真实。依他起性，说如幻等。由是建立非有非空中道之教。执有者既祛其迷，执空者复通其滞，令般若之义、四含之理皆能开显成极了义。故说颂言：如法实不有，如现非一种，非法非非法，故说无二义。依一分开显，或有或非有，依二分言说，非有非非有。如显现非有，是故说为无，由如是显现，是故说为有。自然自体无，自性不坚住，如执取不有，故说无自性。由无性故成，后后所依止，无生灭本寂，自性般涅槃。诸有分别空有、轩轻性相、支离判教、割裂圣言者，可以已矣。

三者入所知相分，悟入唯识性故，入所知相。悟入此故，入极喜地，善达法界，生如来家。前分既以唯识摄一切法，以诸教理成立唯识。此分复说此为门故，而得见道。唯识教义，重要如斯，真学佛人，谁能不学？然复当知，此唯识义，是方便道。由此能遣遍计所执，悟依他起。既遣外境，此唯识义，亦当除遣，方能悟入圆成实性。故此论言：如暗中绳，显现似蛇。譬如绳上，蛇非真实，以无有故。若已了知彼义无者，蛇觉虽灭，绳觉犹在。若以微细品类分析，此又虚妄，色香味触为其相故。此觉为依，绳觉当灭。如是于彼似文似义六相意言，伏除非实六相义时，唯识性觉，犹如蛇觉，亦当除遣，由圆成实自性觉故。世以唯识教但分别名相，及于唯识但执闻思为究竟者，当思返矣。

四者彼入因果分，说悟入唯识，以六度为因。已入唯识，得清净增上意乐所摄六波罗蜜多果。由此意乐为因修习，令此六度，速得圆满。由是可知大乘菩萨，六度以为其因，六度以为其果。自度度他，福智资粮积集无量，如是乃名大士行也。故知死心参证者，麟角之俦。专念往生者，自了之辈。耽著文字者，狂慧之徒。于菩萨行相去万里。(修禅净多闻而兼行六度者非此所遮。)真修诚愿之士，宁可舍惠施、净戒、安忍、精进、静虑、般若，万行不修以小德小善一法一行而妄希极果也哉？

五者彼修差别分，说已入见道菩萨修圣道者，要经极喜离垢发光焰慧乃至法云菩萨十地，对治十种无明，证入十相法界，五相善修，成办五果。历三大阿僧祇劫，修乃究竟。盖发心远者得果迟，成功伟者用力久，自然之理。佛果无上，广大无边，独可不历劫造修，轻易证得者哉？世以即身成佛、立地成佛相唱导者，除密意导人发心外，若执真实，非诬则慢，自罔罔他矣。（功行已至究竟位者此亦弗遮。）

六者增上戒学分，由四殊胜显菩萨乘戒学殊胜。饶益有情，摄持善法，于以见其广大。方便善巧，权行利生，于以见其甚深。世有以佛法为桎梏形骸、无益人世者，谤可息矣。

七者增上心学分，以六差别显菩萨乘心学殊胜。所缘甚深，种类无量，对治粗重，随欲受生，引发神通，成广大业。世有以佛法为刳心灭智、槁木死灰者，盍其休哉？

八者增上慧学分，以十六门，分别无分别智。以唯识义，成立无分别理，分别三智种类差别。由五相故显大小乘智慧不同。般若经论，处处发明最胜空性，所有诸法一切无相，无所分别。独于此能缘空性无分别智甚深般若，自性、所依、因缘、所缘、行相、任持、助伴、异熟、等流、出离、究竟、胜利、差别、譬喻、作事、甚深，都少开显。此方古德立三般若，曰实相，曰观照，曰文字。或加所缘、助伴，为五般若。能所殽，体相乱。今此发明得未曾有。从是抉择，当不复以无想狂思，谓为智慧也欤？

九者彼果断分，无住涅槃，转舍杂染，不舍生死，广大转依，功德无尽。复说颂曰：转依即解脱，随欲自在行。于生死涅槃，若起平等智。尔时由此证，生死即涅槃，由是于生死，非舍非不舍。亦即于涅槃，非得非不得。世有以顽空断灭为涅槃者，及于生死外别求涅槃，于世间外别求出世者，吠影索空病可瘳欤？

十者彼果智分，法身为性。由十一门，广辩体相。盛德大业，荡荡巍巍。利益有情，穷未来际。凡夫染著生死，汩没洪流。二乘解脱出离，沉醉寂灭。无智无悲，何堪依怙？唯我世尊，具广大愿，发广大悲，修习无量无边功德胜行。永断二障，圆证二空，成就无比无上甚深果智。受用变化，自在无方。等视众生如一子地。四生慈父，三界导师。拔济灾横，摧伏魔怨。威德显赫，号薄伽梵。谁有情知，而不皈依？谁有愿心，而不趋证？世之匍匐罗拜于上帝神天之傍，颠倒纷纭于榛梗倾危之路，邪思横议，罔丧其功；迷信盲从，愚痴莫救者，宜应知所向往矣。

《摄大乘论》，陈义若斯。教海汪洋，为正法眼。无著菩萨承慈尊以造论。世亲菩萨，因悔罪而作释。无性菩萨，更为阐扬。昔在元魏佛陀扇多，陈真谛，隋笈多，并译此论，开摄论宗焉。玄奘法师，重译此论，弘传愈广。此论源流，又如斯郑重宏远也。时衰学敝，正法陵夷。忽焉销沉，遂千余载。清末仁山老居士弘法金陵，传我亲教欧阳竟无师，讲学内院，此论乃复兴于世。今因授徒之便，敬为此疏。正法既彰，似教可废。歧途永塞，大道遂通。皈命十方尊，我愿无有尽。中华民国二十四年六月初十日序于龟山。

释论名

　　无著菩萨，于佛灭后，九百年时，生北印度，犍驮罗国。出家修行，位登初地。证法光定，得大神通，上事慈尊。弘法中印，阿瑜陀国。广造诸论，宣说大乘了义之教。《摄大乘论》者，菩萨所造也。云大乘者，乘谓运载，取譬为名；能度有情，出生死海，到涅槃岸，故名乘也。复云大者，简小为号；异诸小乘，独能自济，不能济他；慈悲智慧，广大无边，度济有情，无有限量，故名大乘。如是大乘，以何为体？曰，以人法为体。所云人者，诸佛菩萨，始从发起大菩提心，终至成佛，为诸有情誓处无边生死大海，拔济无量众苦灾横，修积无边功德资粮，然后取证无上正觉，利乐有情穷未来际，如是之人名大乘人也。人是假者，依法而立。是故大乘，正以正法为体。大乘法者，甚深广大，无量无边。云何能知，修习通达？是故菩萨，作《摄大乘论》。所云摄者，义谓总持。法虽无量，义略十种。总以十义，持守一切无边大法，摄义既周，修行有据。如济大海，南针既定，方所不迷。航橹俱张，波涛不惧。否则汪洋巨浸，四望渺茫，无识无资，何堪涉济？菩萨悲凡夫之陷溺，弗知出离；念二乘之自私，仅能独利。尤惜夫发大心者，于佛无上广大教海中道了义，怖而弗求，迷而罔觉；或乃谬解僻执，转障正知；或乃驰骛纷歧，弗识宗趣。故乃提挈宏纲，总标十义，宣示大乘无上教理。使迷者得所入门，谬者舍其妄执，歧者识其归路，发心修行者忍诸法之性相，得正行之轨仪。无边义趣，摄持不遗。大乘正法，规模已具，以是因缘，名摄大乘焉。复云论者，论议抉择，穷其理也，彰其义也。如来正教，灏瀚者标其宗要，隐约者昭其精微，条而理之，广而大之。使凡愚解生，都入净信，教授学徒，令法久住，故曰论云。摄大乘即论，持业为名。摄大乘之论，依士为释。此论能摄大乘要义，故名《摄大乘论》也。世亲菩萨，菩萨亲弟，舍小归大，菩萨首授此论令之作释。后有无性，又别作释。两释精深，各饶理趣。并论本文，大唐玄奘法师译也。今根据二释，间附己意，敬为此疏，以便初学艰文义者，庶易悟入，得大饶益。兼令正法昭于世间，久住弗替也。

摄大乘论疏上册卷一

总标纲要分第一

论十一分，初总标纲要。纲领要义，最初总标，然后依之分别广论，如网在纲，有条弗紊也。

阿毗达磨大乘经中，薄伽梵前，已能善入大乘菩萨，为显大乘体大故说。

此初一句，总有三义：一者显大乘教义所依，二者说此大乘教义之人，三者说义所为也。首言阿毗达磨大乘经中薄伽梵前者，大教所依。依佛及法，而说也。阿毗达磨，此云对法。此法对向无上涅槃，能说诸谛菩提分法解脱门故。又名数法，于一一法，数数宣说，训释言词自相共相等无量差别故。又名伏法，由此具足论处所等，能胜伏他论故。又名通法，能释通素怛缆义故。诸佛所说，三藏所摄，谓契经，调伏，论议。阿毗达磨，即论议经也。复云大乘经中者，显此论议，是大乘经中论议，异声闻乘论议经也。如是大乘论藏，是为论议所依法也。薄伽梵者，能破四种大魔怨故，名薄伽梵。谓破烦恼、诸蕴、天魔、死魔也。又自在等功德相应故。旧译世尊，如来十号之一也。薄伽梵前者，显佛开许堪广流通，亲对大师无异言故。此显论议依止佛说也。已能善入大乘菩萨者，显能说人也。菩提萨埵，此云觉者，广大悲愿，自觉觉他，故名菩萨。入是证义，已能实证大乘理教，妙善通达，故名已能善入大乘菩萨。为显大乘体大故说者，此显说教所为也。何故说是教义？为显大乘体大故。体谓体性，教理行果，是彼体也。体异声闻，广大甚深，令诸有情依是发起殊胜愿行，殊胜智果，是故显彼体大故说也。

　　谓依大乘，诸佛世尊有十相殊胜殊胜语：一者所知依殊胜殊胜语，二者所知相殊胜殊胜语，三者入所知相殊胜殊胜语，四者彼入因果殊胜殊胜语，五者彼因果修差别殊胜殊胜语，六者即于如是修差别中增上戒殊胜殊胜语，七者即于此中增上心殊胜殊胜语，八者即于此中增上慧殊胜殊胜语，九者彼果断殊胜殊胜语，十者彼果智殊胜殊胜语。由此所说诸佛世尊契经诸句，显于大乘真是佛语。

　　上来已说为显大乘体大故说，此中即说所说义也。义相有十，故语有十。语能表义，义依语显，故此但说十相殊胜殊胜语也。言十相殊胜殊胜语者，即所知依等。殊表差别，胜表最上。由是语义超越世间及声闻等，故名殊胜。重言殊胜者，谓由义殊胜故，语成殊胜。因果俱胜，重言殊胜也。由此所说诸佛世尊契经诸句显于大乘真是佛语者，此亦旁论大乘教义真是佛说也。谓诸小乘谤大乘者，谬执大乘非是佛说，今依十殊胜义，显此殊胜语真是佛说。谓佛世尊是一切智，超越世间，及二乘圣者，如是之语，非佛所说，更谁能说？否则如来应非一切智智。由所说殊胜，知能说殊胜，故知大乘真是佛说，由此能所义语俱殊胜故。所知依等义如后释。

复次，云何能显？由此所说十处，于声闻乘曾不见说，唯大乘中处处见说。

此能显言，显于大乘体大故。由大乘中乃得斯义，声闻乘中曾不见说，故知大乘体大，异于二乘。

谓阿赖耶识，说名所知依体。三种自性，一依他起自性，二遍计所执自性，三圆成实自性，说名所知相体。唯识性，说名入所知相体。六波罗蜜多，说名彼入因果体。菩萨十地，说名彼因果修差别体。菩萨律仪，说名此中增上戒体。首楞伽摩、虚空藏等诸三摩地，说名此中增上心体。无分别智，说名此中增上慧体。无住涅槃，说名彼果断体。三种佛身，一自性身，二受用身，三变化身，说名彼果智体。由此所说十处，显于大乘异声闻乘。又显最胜世尊，但为菩萨宣说。是故应知，但依大乘，诸佛世尊有十相殊胜殊胜语。

所知依等其体是何？谓阿赖耶识等。此中所知依者，一切境界，心识所知，是名所知。心识能知，亦是所知。即摄色心心所等一切法。如是诸法名所知者，以一切法皆是所知故。设非所知，不能谓为有故。诸所有法不出识量，是故总说彼为所知。依有二义，一者为因，正生诸法。二者增上，助令生起。阿赖耶识是所知依，由彼持种生诸法故，彼为根本依能变根身等助生诸法故，故一切法总以此识以为所依。阿赖耶识体相名义，广如后说。三种自性为所知相体者。相谓体相，假实真妄，一异有无等所知之相，名所知相。依他起等三种自性，亦如后说。唯识性名入所知相体者，入谓证得。彼三自性体相甚深，云何方能真实证得？要观唯识性故，方能证入，故名入所知相。由观唯识，方能了达依他遍计圆成实性故。六波罗蜜多说名彼入因果体者，胜解行地修加行时，世间未净波罗蜜多，名彼入因。要由六度积集无边福智资粮，然后方能实证唯识真现观故，故为彼入之因。既得现观，实时六度转复清净，转复殊胜，由断我法二执，六度胜行成无漏故，故名彼入果。菩萨十地名彼因果修差别体者，数习名修，分分不同故名差别。由十地中所行施等波罗蜜多，展转增胜，前后差别故。菩萨律仪说名此中增上戒体等者，云此中者，修差别中。十地所修，均为六度。六度复总摄于三学，谓增上戒等。由戒为依，增长定故。由定为依，增长慧故。由慧为依，增长菩提得大涅槃。故此三学，并名增上。三学体相，广如后说。如是三学，是道体性。修是三学得二种果。一者彼果断，以无住涅槃为体。断谓断除烦恼所知二障种子，由彼断故，清净寂然，得大涅槃。生死涅槃俱不住故，异诸二乘住于涅槃，亦异凡夫住于生死，故名无住涅槃也。二者彼果智，以三种佛身为体。无性释云："一自性身，即是无垢无罣碍智，是法身义。今此与彼无分别智，有何差别？如是二种所有分别俱不行故。彼有对治，当有所作；此是彼果，所作已办；如是差别。"二受用身，三变化身，均后得智。由对十地菩萨共受法乐名受用身。由对地前及诸异类而现化者为变化身。诸佛如来悲愿无尽，故现无边身土摄化不息。无性云："由此所说十处者，处是事义，异声闻乘者，于彼不说故。又显最胜者，究竟宣说佛果道故。世尊但为菩萨宣说者，此中应言菩萨但为菩萨宣说，由佛现见佛所开许而宣说故，名世尊说，如十地等，是故先说薄伽梵前。"何故世尊但为菩萨说耶？非声闻等境，非彼所行所证得故。

　　复次，云何由此十相殊胜殊胜如来语故，显于大乘真是佛语？遮声闻乘是大乘性？由此十处于声闻乘曾不见说，唯大乘中处处见说。谓此十处是最能引大菩提性，是善成立随顺无违，为能证得一切智智。此中二颂：

　　　　所知依及所知相，彼入因果彼修异，三学彼果断及智，最上乘摄是殊胜。此说此余见不见，由此最胜菩提因，故许大乘真佛语，由说十处故殊胜。

声闻不说大乘中说，显大乘义异于声闻。由此十处，是最能引大菩提性等，方显大乘真是佛语。云能引者，谓为因义。菩提谓觉，大觉者，佛果也。能引佛果，真是佛说。异外道论六句义等，虽异二乘，而非佛说，由彼不能引佛果故。设无大乘，则无佛果。佛果既无，谁说声闻乘教法者？故大乘教，真是佛说。是善成立者，义理周圆不可坏故。随顺者，由彼而行，顺趣正道故。无违者，依彼行者，拔济灾横，无过失故。为能证得一切智智者，实证佛果也。知一切境，名一切智。境智双证，名一切智智也。是最能引大菩提性是总句，以下诸句重显上义也。欲以少文总摄上义，便闻持故，略说二颂。颂中此说此余见不见者，无性释云：谓此十处殊胜语说，于此大乘处处见说，于余小乘曾不见说。

　　复次，云何如是次第说此十处？谓诸菩

萨，于诸法因，要先善已，方于缘起应得善巧。次后于缘所生诸法，应善其相，善能远离增益损减二边过故。次后如是善修菩萨，应正通达善所取相，令从诸障心得解脱。次后通达所知相已，先加行位六波罗蜜多，由证得故，应更成满，增上意乐得清净故。次后清净意乐所摄六波罗蜜多，于十地中分分差别，应勤修习，谓要经三无数大劫。次后于三菩萨所学应令圆满。既圆满已，彼果涅槃及与无上正等菩提，应现等证。故说十处，如是次第。又此说中，一切大乘皆得究竟。

已总标纲要，次说如是纲要次第所由，及显十义摄大乘尽。所以者何？大乘教海，但由境行果三而概括尽。由缘无上殊胜境界，能起无上殊胜正行；由于无上殊胜正行，能得无上殊胜果故。由是十义，次第如斯，摄大乘竟。此中所知依及所知相者，大乘境故，是故先说。入所知相、彼入因果、彼修差别增上三学者，大乘行故，是故次说。彼果断及彼果智者，大乘果故，故最后说。论云，谓诸菩萨，于诸法因，要先善已，方于缘起应得善巧者，此说要先通达阿赖耶识是所知依，由是方不迷执邪因、无因、不平等因，乃于缘起得正智故。智于境事正解不妄，名为善巧。次后于缘所生诸法应善其相善能远离增益损减二边过故者，依他起性是为从缘所生诸法，了知诸法依他待缘而生起故，了达补特伽罗我及法我是遍计所执，知彼唯是计所执故于依他起上远离增益执。又由了知诸法依他无自性故，无我实性是圆成实，于此圆成实性远离损减执，即是名为善所了知境界之相。次后如是善修菩萨，应正通达善所取相，令从诸障心得解脱者，此说唯识性是入所知相，谓三自性要有入门。观唯识性能入三性，能得现观，令心解脱，此如后分"名事互为客"诸颂具广宣说。先加行位六波罗蜜多，由证得故，应更成满，增上意乐得清净故者，此显波罗蜜多为入所知相因果，先加行位由世间道证得故，欲及胜解说名意乐，体殊胜故，异世间故，说名增上，已断二执得无漏故说名清净，意乐清净故，能以出世道成满六度。此成满修分分差别，谓即十地。要经三无数大劫者，自度度他所行所证事业大故，要经久时方能成满。于此十地修六度者，谓即圆满菩萨三学故。三学既圆，二果方证，是故次说彼果断智。故说十处，如是次第。又此说中一切大乘皆得究竟者，总摄大乘义尽故，即以此故名摄大乘。

如是总标纲要分中共有六义，一者说十殊胜殊胜语总标纲要故，二者显此论所依能说及所为故，三者显于大乘异声闻故，四者显于大乘是真佛说故，五者十义次第故，六者摄大乘义究竟尽故。是为此分略义。

所知依分第二

　　以下十分，别广十义。初所知依，阿赖耶识。——于中大段有四，初以圣教安立异门，次安立相，三以正理成立此识决定是有，四说此识所有差别。

　　　此中最初且说所知依，即阿赖耶识。世尊何处说阿赖耶识名阿赖耶识？谓薄伽梵，于阿毗达磨大乘经伽他中说：

　　　　无始时来界，一切法等依，由此有诸趣，及涅槃证得。

　　此依圣教证阿赖耶识为所知依也。先以问起。世尊何处说阿赖耶识名阿赖耶识者，上阿赖耶识问所知依体，下阿赖耶识责其名也。

　　答中，初颂，无始时来界者，界是因义，即种子识。无始时来，显无始相续，非从无忽有。一切法等依者，心心所等染净诸法，平等所依。由彼持种，起现行故。由此有诸趣者，人、天、地狱、饿鬼、畜生，是为诸趣。由依此识执持种子故，随缘造业善不善等，往返五趣受异熟果。又由此识变身器等，诸趣异故。设离此识，无有诸趣。及涅槃证得者，及由此识故，有涅槃证得。诸趣因果灭尽解脱，是为涅槃。云证得者，所证得即涅槃，能证得即圣道。由有诸趣，故有苦恼。厌逆苦恼，故修圣道，证得涅槃。故设无此无始时来种子识者，亦无还灭。以是义故，名所知依。一切所知，染净诸法，等所依故。

即于此中复说颂言：

由摄藏诸法，一切种子识，故名阿赖耶，胜者我开示。

复引圣言证一切法等所依界（种子识），名阿赖耶。此中由摄藏诸法一切种子识故名阿赖耶者，谓如是识，由能受持诸法熏习，故能摄藏诸法令彼生已而不断灭，习气相续恒住识中，遇缘还能起诸法故。由摄藏诸法，故名一切种子识。此识具有诸法习气，为一切后生现法种子故。阿赖耶此义为藏，藏义三种，如下当说。即以摄藏诸法故，种子识名阿赖耶也。胜者我开示者，异彼凡愚，故名胜者，即诸菩萨。堪能受持无上乘法，故为开示如斯藏识也。

如是且引阿笈摩证。复何缘故此识说名阿赖耶识？一切有生，杂染品法，于此摄藏为果性故，又即此识于彼摄藏为因性故，是故说名阿赖耶识。或诸有情摄藏此识为自我故，是故说名阿赖耶识。

上以教证。阿笈摩者，此云传来，由诸契经三世诸佛展转传来，故名阿笈摩，即至教也。至教为证，圣言量也。此征名义。一切有生，谓诸有为。无为无生，无有种故。杂染品法，简清净法。说无法尔无漏种者，诸清净种法界等流，闻思所熏。说有法尔无漏种者，寄存此识，非正所依，以染净法所治能治性相违故。于此摄藏为果性者，有生现法于生起时能熏此识，令彼习气摄藏于此为彼法果。又即此识于彼摄藏为因性者，摄藏彼种故，能生彼现法故，此阿赖耶识于彼所摄藏现法而为其因。性是体义。由此识摄藏诸法因果性故，是故说名阿赖耶识。即以能藏所藏义故，得阿赖耶名，非是阿赖耶识为诸法因果体性也。《成唯识论》云，执持因果为自性故。或诸有情摄藏此识为自我故者，谓此阿赖耶识一类恒时相续无间，为一切法根本所依，七识缘之故执为我，以执藏故名为阿赖耶识也。不执余识为自我者，余识不常，有间断故。善恶无记三性互违，前后转易，非一类故。不定依之，恒起我执。

复次，此识亦名阿陀那识。此中阿笈摩者，如《解深密经》说：

阿陀那识甚深细，一切种子如瀑流，我于凡愚不开演，恐彼分别执为我。

阿陀那者，义谓执持，如下文解。圣言量者，谓《解深密经》心意识相品，佛告广慧菩萨说也。《成唯识论》云：无性有情不能穷底，故名甚深；趣寂种性不能通达，故名甚细。是一切法真实种子，缘击便生转识波浪，恒转无间，犹如瀑流。凡即无性，愚即趣寂。恐彼于此起分别执，堕诸恶趣障生圣道，故我世尊不为开演。

何缘此识亦复说名阿陀那识？执受一切有色根故，一切自体取所依故，所以者何？有色诸根，由此执受无有失坏，尽寿随转。又于相续正结生时，取彼生故，执受自体。是故此识，亦复说名阿陀那识。

以二义故，名阿陀那识。一者，执受一切有色根故。谓有色诸根，及彼根所依处，由此识执受故，安危共同，令不坏烂，生长相续。若此识舍身不执受时，即成死尸故。有色诸根所以能尽寿随转生长不坏者，由此识执受故也。执谓执持，令不坏烂。受谓领受，安危共同。识去身固坏，身坏识亦去也，如闷死等。二者，一切自体取所依故，此自体言谓三界五趣根身种子。如胎生者正结生时，执取父母精血令成身故，以为自体。谓即此识于结生相续时，执取彼生摄为自体，以自受用，而为一切自体所依也。云相续者，有情异名，心识相续生命不断，故名相续。结生者，既舍前生，另取余生，由识执受得彼生故，名为结生。即说此识，于结生时执受自体。既得生已，复由此识持令不坏，故名阿陀那识也。

此亦名心。如世尊说：心意识三。

积集名心。由阿赖耶识积集诸法种子故，亦得心名。如世尊说：心意识三。既意识二，体别可得。当知心亦别有自体也。

此中意有二种。第一与作等无间缘所依止性无间灭识，能与意识作生依止。第二染污意，与四烦恼恒共相应，一者萨迦耶见，二者我慢，三者我爱，四者无明，此即是识杂染所依。识复由彼第一依生，第二杂染，了别境义故。等无间义故，思量义故，意成二种。

云此中者，心意识三中。三中之意有二种也。一者等无间义，二者思量义故。言等无间义者，谓无间灭识，于自后聚心心所法为开导依，等令生起，是故说名等无间缘。后识托前识开导而得生故，名缘。唯于无间心心所作缘，名无间缘。此简俱时，及有间增上等缘故。心心所法平等开导，故名等无间缘。即此等无间缘，又名为意。由说过去名意，故以无间灭识名意也。此意非是论所欲立，论所欲立，第二意也。第二意者，谓染污意。云何染污？有覆执我，不达真实故。由何染污？由与四烦恼恒共相应故。恒显无间，共表无缺。云相应者，随顺和合互助相依同生起义。心所心王同所依根，所缘事等，一时俱起，共办事业，如王与臣相依弗离，故名相应也。四烦恼者，谓萨迦耶见、我慢、我爱及以无明。萨迦耶见，义译我见，人我法我，均云我也。此意缘阿赖耶识见分，执见为我。由见我故，复于彼我恃举生慢，贪著生爱，是名我慢我爱。无明者，即是愚痴，于境迷暗为性。由迷暗故，起我见我慢我爱诸烦恼也。虽此染污意，与余八大烦恼，及遍行等，亦共相应，此中但就胜说独言四也。此即是识杂染所依者，言此意为六识杂染依也。谓由此意四烦恼等恒共相应故，能令余识虽行善法不能亡相，亦成杂染。彼之杂染，依此意而杂染也，故为余识杂染所依。即此成无漏时，余识乃亦成清净识。是故此识，余处复名染净依也。余文易知。了别境义故者，释识名义也。

复次，云何得知有染污意？谓此若无，不共无明则不得有，成过失故。又五同法亦不得有，成过失故。所以者何？以五识身必有眼等俱有依故。又训释词,亦不得有,成过失故。又无想定,与灭尽定,差别无有,成过失故。谓无想定染意所显,非灭尽定。若不尔者,此二种定应无差别。又无想天一期生中应无染污,成过失故。于中若无我执我慢。又一切时我执现行现可得故,谓善不善无记心中。若不尔者,唯不善心彼相应故,有我我所烦恼现行,非善无记。是故若立俱有现行,非相应现行,无此过失。此中颂曰:

若不共无明,及与五同法,训词,二定别,无,皆成过失。

无想生应无,我执转成过,我执恒随逐一切种无有,

离染意。无有二,三成相违,无此一切处,我执不应有。

真义心当生,常能为障碍,俱行一切分,谓不共无明。

上已说言意有二种,无间灭意大小共有不更成立,染污意唯大乘有小不信有,故以理成。共有六理,一者此意若无,不共无明不得有故。云不共无明者,谓无明有二,一者相应无明,二者不共无明。此又二种,一独行不共,二恒行不共。前六识中与贪等烦恼相应起者,名相应无明。与忿等烦恼并起者,名独行无明。由忿等十行相粗猛,但与无明相应,不与余贪等共起,故彼无明得不共名。恒行不共者,谓契经说不共无明微细恒行,覆蔽

真实。谓诸异生，于一切时恒起迷理不共无明，覆真实义，障圣慧眼，令诸异生长夜昏盲，曾无醒觉。如是无明异相应无明者，彼于善无记心即不起故。异独行无明者，彼突起易灭，亦不常故。唯此无明，一类恒时，于三性心皆自相续，以是故得恒行不共名。此不共无明不应依六识起，此应间断，彼应恒染故。设谓此依六识起，即六识间断时，此不共无明应同间断。此既恒行，应彼六识性恒染污，即不得有善等心起。以此能障彼生起故，由是即不能起世间善法，更不能修出世圣道。然六识既非恒染，此不共无明又无间断，故应别有恒时相续染污意识，为此所依，于六识善等位中俱时生起，而非彼相应，故彼能起世间善法，亦能修习出世圣道。否则即应无有不共无明，是则违经，便成过失。不共无明定有，故此意定有也。

二者，此意若无，五同法亦不得有故。谓诸经说，眼色为缘，生于眼识。乃至意法为缘，生于意识。既眼等五识，各别有自眼等五色根为不共俱有依，应意识亦自别有意根为自不共俱有依。俱识摄故，如五识。设此意识可别无意根，应彼五识亦无别色根，俱识摄故，如彼意识。亦不可说无间灭识即意识意根，彼开导依六识各别有故，非是此同法，此以俱有依为同法故。故此意识，定有俱时所依意，彼意即是此染污意。否则理教相违，成大过失。

三者，此意若无，训释词亦不得有。谓契经言：思量名意。此意若说即无间灭识过去故名意者，已灭过去，何有思量？若谓先时有思量者，先时现在名为识故，宁说为意？故知别有第七末那，恒审思量，正名为意。由彼缘八识，恒审思量，执为我故。设无此意，无此思量，成大过失。

四者，此意若无，无想灭尽二定应无别故。由诸异生厌患想故，灭于六识，说名无想定。由诸圣者由止息作意，兼灭第七染污意故，说名灭尽定。设无此意，二定无别。俱灭六识，无受想故。云何得有凡圣差别？然二定非无别，故应别有此染污意，为灭尽定所灭，无想弗能灭，故二定别。

五者，此意若无，无想天一期生中应无染污过故。先修无想定，后生无想天，除生死位，中间长时六识恒无。若无染污意者，即无我执我慢，即不成染，即不应为圣者所诃。然而不尔，故知彼天有别染污意。

六者，此意若无，一切异生恒时我执不可得故。谓诸异生，虽行施等，我相恒逐。此我执相，不应依六识起，彼时六识与无贪等善法相应，不应与无明见慢等相应起故。我执必由我见爱慢无明起故，若无第七染污意，云何起我执，唯应不善心起我我所执故。然由有此染污意，六识虽与善法相应，此意自与烦恼相应。由是六识善心虽无我执相应现行，而有我执俱有现行，故一切时善等位中我执现行皆现可得。此中同依一心俱时起者，名相应现行。各别依心俱时生者，名俱有现行。

重显六义，说四伽他。若不共无明及与五同法、训词、二定别无皆成过失者，意说若无第七染污意识，彼四应无，既违理教，成过失也。无想生应无，我执转成过，是第五失。我执恒随逐一切种无有离染意者，此第六过。若离染意，应不得有我执恒逐善等三性一切种心中也。此离染意言，兼通六处。无有二者，无有初二，不共无明，及五同法。三成相违者，次三相违，训词、二定别、无想生无我执转，皆与理教相违故。无此一切处，我执不应有者，无此染意，一切善等心处，我执不应有也。真义心当生一颂，顺显不共无明义。谓此无明常障实智，令诸有情不得出离。又是恒行，与六识三性心一切分中皆俱行也。以是故名，不共无明。余识相应无明无此殊胜恒染力故。云真义心者，谓能证真义心，即无漏无分别智证真如心也。

此意染污故，有覆无记性，与四烦恼常共相应。如色无色二缠烦恼，是其有覆无记性摄。色无色缠为奢摩他所摄藏故，此意一切时微细随逐故。

已成立此意是实有，次说彼性。彼性唯是有覆无记。非善不善故，是无记。然染污故，是其有覆，由能障理不证真实故。由与四烦恼恒共相应，故成染污，成有覆性。或有疑言：既与烦恼相应，云何成无记耶？先举喻答，次说其因。如色无色界二缠烦恼，是有覆无记性，此亦如是。色无色缠为奢摩他所摄藏故，虽起贪嗔痴等不能造恶业。此意一切时但缘八见执以为我微细随逐故，不能造恶业，故均无记。以善不善，要由作业，损益自他，损益二世，乃可说言是善非善。此既不造业，故但有覆无记也。

心体第三，若离阿赖耶识无别可得。是故成就阿赖耶识以为心体。由此为种子，意及识转。

心意识三，已知意体，即是染污意及无间灭意，识体即是前六了别境识。如是此心应别有体，无所诠体，应不别立能诠名故。意识二名，各有体故。如是心体若离阿赖耶识无别可得，故即心体。由此为种子，意及识转者，显如是心不但有体，且为意识二根本所依，离如是心二且不有也。

何因缘故亦说名心？由种种法熏习种子所积集故。

此释心名，积集名心。心能积集，何所积集？所积集者，谓诸种子。如是种子由何而生？由种种法熏习所生。种种法者，谓色心心所善染无记种种现法。此为所熏，彼法能熏。既熏习已，以此心为积集处。能积集彼，故得心名。亦显此心非即诸法种子，但能积集诸法种子耳。

　　复次，何故声闻乘中不说此心名阿赖耶识，名阿陀那识？由此深细境所摄故。所以者何？由诸声闻不于一切境智处转，是故于彼虽离此说，然智得成，解脱成就，故不为说。若诸菩萨定于一切境智处转，是故为说。若离此智，不易证得一切智智。

心义三乘共有，赖耶陀那不共，故问声闻乘中何故不说此心名阿赖耶等。答中有二，初答不说所以，次答声闻乘中密意已说，此初答也。由此深细境所摄故者，对粗浅故，说名深细，谓诸色法体相粗故，受等诸法所缘行相易可分别行相粗故，说名粗浅。此识所缘行相与彼相违，故名深细，阿赖耶识是深细境难可了知。声闻人等但求自利，不于一切境智处转，转者，希愿求证而修行义。非为求彼一切境智故，正勤修行，但由粗浅苦等正智，便能永断烦恼障，成自解脱，成自乘智，故不为说。菩萨定于一切境智处转，是故为说。（有法不知，非一切境智故。若离此智，即难证得一切智智，不成佛果也。）菩萨何故定于一切境智处转？菩萨以一切有情解脱为希愿故。无性云："非一切智，无有堪能，随顺知他，意乐随眠，界根胜劣，有能无能，时分差别，具作一切他之义利，如是等事菩萨所求，是故为说阿赖耶识。若离此智等者，若离阿赖耶识智，不能永断于义遍计，彼不断故无分别智则不得有，执有遍计所执义故，由此因缘不易证得一切智智。所以者何？有分别智知遍计义自相分别展转不同，以无边故，决定无能具证一切。若知此唯阿赖耶识能生习气转变力故，义有情我显现而转，尔时觉知无所取义，如是亦能知无能取，由此证得无分别智。次后得智，如所串习通达法性，由一切法共相所显真如一味，知一切法，于一刹那亦易证得一切境智，非无边故。"

　　复次，声闻乘中亦以异门密意已说阿赖耶识。如彼增一阿笈摩说，世间众生，爱阿赖耶，乐阿赖耶，欣阿赖耶，喜阿赖耶。为断如是阿赖耶故，说正法时，恭敬摄耳，住求解心，法随法行。如来出世，如是甚奇希有正法出现世间。于声闻乘《如来出现四德经》中，由此异门密意已显阿赖耶识。于大众部阿笈摩中，亦以异门密意说此名根本识，如树依根。化地部中，亦以异门密意说此名穷生死蕴。有处有时见色心断，非阿赖耶识中彼种有断。

　　异门者，异名也。密意，隐密微意也。何故不彰明显著说，而密意说耶？我于凡愚不开演，恐彼分别执为我故。既非彼所求，说之又有过，而为建立根本法体，又不能不说，则以微言密著其义而已，是为密意说也。一切有部增一阿笈摩说四阿赖耶，爱阿赖耶是其总句，乐欣喜三是别释句。现在名乐，过去名欣，未来名喜，喜也好，起希愿故。由乐欣喜，故名为爱。贪著阿赖耶，以为我也。由爱彼故，一切众生流转世间。为求出离故必断彼。为断彼故，于如来说正法时，恭敬属耳而闻彼法。住求解心而思彼法。法随法行，如教法行修证彼也。无性云："所证名法，道名随法，随顺彼故。又出世道名法，世间道名随法。行者行彼，自心相续，树增彼故，令彼现前，得自在故。"前云增一阿笈摩说，后云《如来出现四德经》中密意已显阿赖耶者，增一经是全部总名，《如来出现四德》是增一经中之一经也。如十地经，即华严中之一经也。四含皆以多经成故。大众部经名根本识者，以是余现识因，为彼根本依故。举譬以显，云如树依根，无根即无树，无阿赖耶即无余诸识也。化地部中说名穷生死蕴者，无性云："彼部三种蕴：一者一念顷蕴，谓一刹那有生灭法。二者一期生蕴，谓乃至死恒随转法。三者穷生死蕴，谓乃至得金刚喻定恒随转法。"此穷生死蕴唯是阿赖耶识。以无色界处诸色断故，无想灭尽定分位，诸余心心所法断故，皆无有能穷生死际恒随转者。然非彼种有断，后时还起，故知别有阿赖耶识穷生死际，摄藏彼种，以是故名穷生死蕴。

如是所知依，说阿赖耶识为性，阿陀那识为性，心为性，阿赖耶为性，根本识为性，穷生死蕴为性等，由此异门阿赖耶识成大王路。

由如是等大小二乘诸部圣教为定量故，阿赖耶识成大王路。大王路者，极广大众所共游故。中云等者，等有分识。上座、一说二部，亦说此为有分识故，如无性释广引。

复有一类，谓心意识，义一文异。是义不成。意识两义，差别可得，当知心义，亦应有异。复有一类，谓薄伽梵，所说众生，爱阿赖耶，乃至

广说。此中五取蕴说名阿赖耶。有余复谓贪俱乐
受名阿赖耶，有余复谓萨迦耶见名阿赖耶。此等
诸师，由教及证，愚阿赖耶，故作此执。如是安
立阿赖耶名，随声闻乘安立道理亦不相应。若不
愚者，取阿赖耶识，安立彼说阿赖耶名，如是安
立则为最胜。云何最胜？若五取蕴名阿赖耶，生
恶趣中，一向苦处，最可厌逆，众生一向不起爱
乐，于中执藏，不应道理，以彼常求速舍离故。若
贪俱乐受名阿赖耶，第四静虑以上无有。具彼有
情，常有厌逆，于中执藏，亦不应理。若萨迦耶
见，名阿赖耶，于此正法中，信解无我者，恒有
厌逆，于中执藏亦不应理。阿赖耶识，内我性
摄，虽生恶趣，一向苦处，求离苦蕴。然彼恒于
我爱随缚，未尝求离。虽生第四静虑以上，于贪
俱乐，恒有厌逆，阿赖耶识我爱随缚。虽于此正
法信解无我者厌逆我见，然于藏识我爱随缚。是
故安立阿赖耶识名阿赖耶，成就最胜。

诸执无有阿赖耶识者，虽闻教证，复作异解，以成自义，故
复破之。意识两义，差别可得，当知心义，亦应有异。前已理说，染
意别有，故此为证。或有不认染意有者，无间灭意，开导识生，共
谓有故，复以何义，别说心名。由教及证，愚阿赖耶者，教不显
说，证不通达，由是故于此识无知，故名为愚。第四静虑以上，唯
是舍受，已断乐喜，故无有贪俱乐受。具彼有情者，得彼静虑有

情。常有厌逆者，厌逆乐受故，故不于彼而起爱著。于正法中，信解无我者，谓见道前，加行等位，已能厌逆六识所起萨迦耶见。阿赖耶识，内我性摄者，第七染意，缘八见分，执以为我。不同前六，但执彼识所变有色根身。或彼为缘，所生受等，以为我故，名为内我。本非内我，但为内我执所依体，云内我性摄。由是内我性摄故，虽彼六识，于三位中，我爱暂停。然彼七识，自于阿赖耶识我爱随缚。又阿赖耶识，一类恒时，舍受相应，所缘行相，俱不可知，非六境界，爱厌俱所弗及故。

如是已说阿赖耶识，安立异门，安立此相，云何可见？安立此相，略有三种：一者安立自相，二者安立因相，三者安立果相。此中安立阿赖耶识自相者，谓依一切杂染品法，所有熏习，为彼生因，由能摄持种子相应。此中安立阿赖耶识因相者，谓即如是，一切种子阿赖耶识，于一切时，与彼杂染品类诸法现前为因。此中安立阿赖耶识果相者，谓即依彼杂染品法，无始时来，所有熏习，阿赖耶识相续而生。

上来安立异门，次第二大段，安立其相。相有三种，自相因相果相。体性本有，随彼本性，施设言词，以诠其义，令他了知，故名安立，非无是义，随意安立也。此中安立自相者，由能摄持种子相应故。何谓种子，谓依一切杂染品法，所有熏习为彼生因。此种子即依一切杂染品法而有之熏习也。何故复名种子？以此熏习，是后时杂染品法，生起亲因故，为彼种子也。此种子是诸法生因，摄持种子者，则阿赖耶识也。有余不识，谓阿赖耶识即是种子，即诸法因者，故说由能摄持种子相应也，此非即种，体自别异，但由与摄持种子之能力相应，故为此识自相也。自相者，自体相用也。相应者，随顺应理义。唯此识与摄持种子之相用相应，余不与是功能相应也。此识与摄持种子相应故，此识摄持种子，余不相应，余不摄故。此识自相即以能摄持种子，为自相也。上依一切杂染品法，所有熏习，为彼生因者，但是种子之形容词。如此形容种子者，即显此识，与一切杂染品法关系之切，亦即预显此识，因相果相之所由也。此识因相者，由摄持彼杂染品法种子故，于一切时，与彼诸法，现前为因，由现前为因，与作亲因也，是安立阿赖耶识为诸杂染现法之因。此识果相者，由于此识，受彼杂染品法熏习故，无始时来，所有熏习阿赖耶识，相续而生，由是安立阿赖耶识为诸杂染法果。种子是诸法因，熏习是诸法果。故于因相，说名一切种子阿赖耶识。于果相，说名无始时来所有熏习阿赖耶识。

复次何等名为熏习？熏习能诠，何为所诠？谓依彼法，俱生俱灭，此中有能生彼因性，是谓所诠，如苣藤中，有华熏习，苣藤与华，俱生俱灭，是诸苣藤，带能生彼香因而生。又如所立贪等行者，贪等熏习，依彼贪等，俱生俱灭。此心带彼生因而生。或多闻者，多闻熏习，依闻作意，俱生俱灭，此心带彼记因而生。由此熏习，能摄持故，名持法者。阿赖耶识熏习道理，当知亦尔。

名为能诠，义为所诠。虽说熏习名，应出熏习义。谓有两法，俱生俱灭，互不相离，皆有为相，此法所熏，彼法能熏，即由此法受彼法熏。故此法中，有能生彼彼法因性，即立如是因性，名为熏习。以是因性，由受彼法熏习所成，故名彼法熏习。（余处又名习气，从余熏习，是余气分故。）熏习所诠体，及得名所由，如是如是，下举事显。如苣藤中，所有香气由举华俱受华熏习，后时有能生彼华香之因，即说彼因，名华熏习。苣藤者，胡麻也。次如贪等行者，贪等熏习，由彼数行贪等法故，贪等熏习展转增长，随缘便能生起贪等诸法。又如多闻者，多闻熏习，由心能与所闻法，俱生灭故，此心带彼记因而生。云记因者，所记法因，即法熏习，由此熏习，能摄持故，后时还能记忆彼法，历历现起，以是故名为持法者。所闻之法，既生已灭，云何能持？持彼熏习故。由此熏习故，后时法还能生起。阿赖耶识熏习道理，当知亦尔。世亲云："谓即依彼杂染诸法，俱生俱灭，阿赖耶识，有能生彼因性，是名熏习。"

复次，阿赖耶识中，诸杂染品法种子，为别异住，为无别异？非彼种子，有别实物，于此中住，亦非不异。然阿赖耶识，如是而生，有能生彼功能差别，名一切种子识。

世亲释云："是识中种，若有异者，彼诸种子，应分分别，由善不善，熏习力故，种子应成善不善性，然许无记。若不异者，云何有多？二俱有过，为避二过，故不定取异及不异。"非彼种子有别实物，于此中住者，种子但是现行实物熏习，即此识体上差别功能，无别体相显现可得，可说种子别异而住。亦非不异者，随彼现行能熏异故，所熏种子亦非是一。为显是义，说阿赖耶识如是而生等言。如是而生者，随彼杂染品类诸法，俱生灭故。有能生彼功能差别者，有能生彼因性。功能差别，即是种子。名一切种子识者，以是故名一切种子识。此识既名种子识，种子即与识为一体，故诸种子，不可说言别异住。能熏所生现法各别，故此诸种子，亦非不异。

　　复次，阿赖耶识，与彼杂染诸法，同时更互为因，云何可见？譬如明灯，焰炷生烧，同时更互。又如芦束，互相依持，同时不倒。应观此中，更互为因，道理亦尔。如阿赖耶识，为杂染诸法因，杂染诸法，亦为阿赖耶识因。唯就如是安立因缘，所余因缘，不可得故。

此中有难，谓有问言，杂染诸法，以何为因？曰，以一切种子阿赖耶识为因，由彼生故。复问一切种子阿赖耶识，复以何为因？曰，一切杂染品法为因由彼熏故。若尔先有一切种子阿赖耶识，生杂染法乎？先有染法熏一切种子识乎？曰，不可说彼孰先孰后，以俱无始故。故应说言，如是二法同时更互为因。云何可见？答以喻显。如彼明灯，焰炷生烧，同时更互。又如芦束，互相依持，同时不倒。染法赖耶，同时互为因缘亦尔。焰炷生烧者，由炷为依，发生灯焰，炷为焰因；同时焰生，即烧灯炷。是则此焰，复为炷烧因也。炷为焰生因，焰为炷烧因也。种现熏生，亦复如是。唯就如是安立因缘，所余因缘不可得故者，唯阿赖耶识，能摄持种子相应非余故。又解阿赖耶识与诸转识，互为二因。一者亲因，以焰炷生烧为喻。二者增上助因，以芦束为喻。阿赖耶识为根本俱有依，生转识故，转识为异熟因，生阿赖耶识故，互作增上。

云何熏习，无异无杂，而能与彼有异有杂诸法为因？如众缬具，缬所缬衣，当缬之时，虽复未有异杂非一品类可得，入染器后，尔时衣上便有异杂非一品类染色绞络文像显现。阿赖耶识亦复如是。异杂能熏之所熏习，于熏习时虽复未有异杂可得，果生染器现前已后，便有异杂无量品类诸法显现。

熏习藏识摄，俱无记故，无异无杂。所生诸法，色心心所，善恶无记，各不同故，有异有杂。答中以缬具缬衣为喻，而通其理，熏习虽无异杂可得，然由异杂能熏之所熏习故，果生便有异杂显现。此中能熏喻缬具，藏识喻缬衣，熏习喻缬，果生现缘喻染器，果生染器即增上等缘也，果生异杂诸现法喻绞络文像。二释俱云，果生即染器名果生染器者非，应云果生之染器耳，绞络文像，非即染器故。

如是缘起，于大乘中，极细甚深。又若略说有二缘起：一者分别自性缘起，二者分别爱非爱缘起。此中依止阿赖耶识，诸法生起是名分别自性缘起，以能分别种种自性为缘性故。复有十二支缘起，是名分别爱非爱缘起。以于善趣恶趣，能分别爱非爱种种自体为缘性故。

极细甚深者，世亲释云："异生觉慧，难了知故，名为极细。阿罗汉等，难穷底故，名为甚深。"又若略说有二缘起者，如《杂集》等，广说缘起，有其八种，此说二种，故云略说。分别自性缘起者，谓依止阿赖耶识种子故，诸法生起。诸法生起，各有自性，色受想等，善恶无记，各不同故，种种差别。彼之自性，何由差别？以由种种自性，能生因性（种子），功能殊故。故依止阿赖耶识有诸法生，名为分别自性缘起，以能分别种种自性，为缘性故。此为缘性，令彼自性种种分别故，即说诸法从种子识生，名自性缘起，种子能分别自性故。二者分别爱非爱缘起者，谓十二有支，由无明行，种种不同故，感得当来识名色等有生老死种种差别。由善业故，得于善趣，可爱异熟果。由恶业故，得于恶趣，不可爱异熟果。彼爱非爱果，缘于十二有支而起，此为彼缘性，此能决定彼，能分别彼，故名分别爱非爱缘起也。种类非一，自体不同，是分别义。果性所分别，因性能分别。

　　于阿赖耶识中若愚第一缘起，或有分别自性为因，或有分别宿作为因，或有分别自在变化为因，或有分别实我为因，或有分别无因无缘。若愚第二缘起，复有分别我为作者，我为受者。譬如众多生盲士夫，未曾见象，复有以象，说而示之，彼诸生盲，有触象鼻，有触其牙，有触其耳，有触其足，有触其尾，有触脊梁。诸有问言，象为何相？或有说言象如犁柄，或说如杵，或说如箕，或说如臼，或说如帚，或有说言，象如石山。若不解了此二缘起，无明生盲，亦复如是。或有计执自性为因，或有计执宿作为因，或有计执自在为因，或有计执实我为因，或有计执无因无缘，或

有计执我为作者，我为受者。阿赖耶识，自性因

性，及果性等，如所不了象之自性。

分别自性等为因者，此分别言，是计度妄执义。分别自性为因，即数论所计也。彼以自性（或名胜性），变生大等，三十三谛。五唯五大十一根等从自性生故。分别宿作为因者，是尼乾子计也。彼以有情一切所受，但从宿世罪恶所起，专修苦行，受苦既尽宿因偿已，即得解脱故，损减士用，故成邪执。分别自在变化为因者，谓古婆罗门教，及近世印度教等，执有大自在天，能变能化，创生天地万物，为有情父作之主宰，一切世间皆彼变化所作，故名自在变化。有余复执大梵天等造生万物，亦同此执，但名异耳。分别实我为因，或即胜论，彼我是作者故。或梵天即是我，彼以梵我为一体故。或有分别无因无缘者，即是无因论者，彼以诸法皆自然生，无因缘故。凡是种种，皆由愚分别自性缘起，而起诸执。以彼不了诸法，各由阿赖耶识，自熏习生故。由不了知十二有支爱非爱缘起，故于诸法互为缘生以外，别执有我作业受果，不知但由业果相续。缘起爱非爱果，别无我作业受果也。破此等执，广如《瑜伽》《唯识》等论，此中不详。生盲触象，以喻不了二种真实缘起无明生盲，起上诸执者。当知世间，种种妄执，亦皆各有所见。唯是未窥全体，未证真实，唯以似是一偏之理解，执为真实，遂致一切皆妄也。西洋哲学宗教各家，凡所主张一元二元多元，唯心唯物，上帝主宰等，亦正如昔印度外道，种种妄执也。由是可知，阿赖耶识，极细甚深，由愚此故，妄执朋生。由了此故，诸执尽遣。是故欲知诸法真实缘起理者，不可不了知阿赖耶识。

又若略说，阿赖耶识用异熟识一切种子为其自性，能摄三界一切自体，一切趣等。

上来已说阿赖耶识，与杂染品类诸法为因缘性，摄藏彼种，正生彼故。此复略说阿赖耶识是善恶异熟果性，由受善不善业熏习摄植习气，即由彼异熟习气得成熟时受于三界一切自体一切趣果，是故此识又名异熟识。异熟识者，业是善恶果无记故，因在他生果余世故，异类异时变异而熟故名异熟。此识为异熟体，以能结生相续，摄取自体执受根身，变生器界故，名异熟识。故此说言阿赖耶识，用异熟识一切种子为其自性，能摄三界一切自体，一切趣等。此异熟识，及彼变生身器等，由异熟种子为因生故，说用异熟识一切种子为其自性。能摄三界等者，无性云："言能摄者常相续相，何以故？如色转识，有处有时相续间断，阿赖耶识则不如是，乃至治生恒持一切遍诸位故。""一切自体者，能摄一切有情相续。"

此中五颂：

外，内，不明了；于二，唯世俗，胜义。诸种子，当知有六种：

刹那灭，俱有，恒随转，应知。决定，待众缘，唯能引自果。

坚，无记，可熏，与能熏相应。所熏，非异此，是为熏习相。

六识无相应，三差别相违。二念不俱有，类例余成失。

此外内种子，能生引应知，枯丧由能引，任

运后灭故。

上来已说阿赖耶识，摄藏诸法真实种子，今为成立种子要义，故说五颂。一者差别义，外种内种，世俗胜义，二差别故。颂中外，谓外种，即谷麦等种。内谓内种，阿赖耶识，所摄藏种。不明了者，是无记故。于二者，无性本作二种，二释各有异义。今谓二，即外内二种。于此内外二种，唯依世俗胜义而立。外种唯依世俗立故，内种依胜义立故，世间真实名世俗谛，世间咸谓外种是实种子故。圣智所行真实，名胜义谛，一切种子，阿赖耶识，圣智证故。云何说言外种唯依世俗立耶？有形质物，四大等成，内识所变现法摄故，胜义非种，故唯世俗也。

二者体相义，如是种子体相，当知有其六种：一刹那灭义，谓体才生无间即灭，体是有为，方成种子，无为法无灭，亦无有生，故不为种子生诸法也。二果俱有义，颂略云俱有，与果俱时而有也。谓此种体，虽刹那灭，然非灭已，乃生现果，已灭无有，无功能故，故说果俱有也。如谷等种，生谷等芽，俱时生故。三恒随转义，谓此种子乃至现果未起，或对治未生时，如谷等种，未被烧害以来彼生果功能性恒随转方成种子，若非然者，暂时虽有，久便无能，有间有断，云何成种？以于后时，无有生果功能，不生果故。故虽刹那灭，又必恒随转也，此依种子前后相生义说。一切内种恒随谁？转随逐阿赖耶识而恒转，随于三界五趣等皆恒转，故生欲界中，色界等种随转，生无色界中，欲色等种随转对治未起，功能永不失故。四性决定义，颂略云决定。所生果法，善染无记性决定故。由善染法所熏种子，后时各别还生善染性法故。五待众缘义，谓彼种子，虽性恒随转，然必待于众缘和合，方乃得生于现果。非不待缘，于一切时，恒生一切法，如说诸法，不待众缘，自然而生。如谷等种，待于人工土壤雨水等缘，乃得生故。六引自果义，颂说唯能引自果。色种唯能引生自色现法，心种唯能引生自心现法，瓜种生瓜，豆种生豆，无有色心瓜豆互相生故。非如外道执惟一因，生一切果。或如异部执色心等互为因缘。若有具备如是六种义，刹那灭，果俱有，恒随转，性决定，待众缘，引自果者，方得名种子体也。

三者所熏义，此有四种：谓坚故，无记故，可熏故，与能熏相应故。一坚，谓坚住，始终一类，长时相续能持习气，乃是所熏。此遮转识，转易间断，及声风等，倏起还无，性不坚住，故非所熏。二无记，谓性非善恶，于善染法，皆不违逆，普能容受一切习气，方是所熏。善染诸法，性互相违，故非所熏。三可熏者，若法自在，性非坚密，能受习气，方是所熏，心法依心无为坚密故非所熏。四与能熏相应者，唯识说言，与能熏共和合性，若与能熏，同时同处，不即不离，乃是所熏，此遮他身，刹那前后，无和合义，故非所熏。所熏非异此，是为熏习相者，谓要具备如斯四义，如阿赖耶识者，方是所熏，非异于此，如六转识等，可是所熏。六识何故非是所熏，非熏习相？以无相应故。何故无相应？以三差别相违故。三差别者，二释俱云："所依，所缘，作意，各各差别。"由各各差别故，有时此识起，彼识不起，根或损坏则不起故。境界殊胜，作意专注，能令一识独起，余不起故。如沉思静虑，唯意识起，余识皆不起也。由是可知，转识有时，能互相违，相违故不俱起，即无相应。既无相应，谁是能熏，复以谁为所熏者？是故六识，非是所熏。譬喻论师复说诸识前念熏于后念，故虽六识不并起可有能熏所熏，以识前后自相熏故。今复难言：二念不俱有，既不俱有，过去已灭，未来未生，复以何为所熏及能熏者？或有说言，转识善染，虽有不定，前念后念，时虽差别，俱识类故，可是所熏，故不必有阿赖耶识。今复难言：类例余成失，若许同类，便可受熏者，应诸根境，从自同类，亦应互熏，或一切心心所色有为无为俱法类故，皆是所熏，宁要识类方受熏者？若如是言，成大过失，是故六识，非是所熏。唯阿赖耶识，是熏习体。

四者生引二因义，颂云："此内外种子，能生引应知。"谓二种子，既为生因，亦作引因也。生因者，亲生现果。引因者，转引后法。如外谷等，于彼谷芽，为能生因，望后花等，为引因也。内种望自名色为能生因，转望六处，乃至生老死，为能引因。又种子前后，刹那生灭，一类相续，待缘生果。彼生现果种，即为生因，自类旧种，即引因也。此引十因章，引发生起之义。云何应知即一种子有二种因？颂曰："枯丧由能引，任运后灭故。"此以世共见事，证生因外别有引因。枯谓禾稼已枯，然不即灭，丧谓死后尸骸青瘀等位，八识虽舍身，然不即尽灭。是皆外内种子，能引因力，系令彼住，任运后灭也。又释任运后灭者，谓说譬喻，如射箭然，控弦弯弓，是能生因力，箭远有所至是引力也。

为显内种非如外种，复说二颂：

外或无熏习，非内种应知，闻等熏习无，果生非道理。

作不作失得，过故成相违。外种内为缘，由依彼熏习。

外或无熏习者，如苴藤等，与花鬘等俱生俱灭，有香气生，是有熏习。从水土粪等，生莲花等，无有熏习。非彼粪等，熏习成华香故。是故外种，或有熏习，或无熏习。内种不尔，定有熏习。颂云"闻等熏习无，果生非道理"者，若无所持闻等熏习，多闻等果，不见有故。颂"作不作失得，过故成相违"者，谓若内种可无熏习，是则不作可得，作时或失，应成无因断灭相违过也。非如外种，劫初虽无，业感故生。初虽多种，久归淘汰，便至断灭也。"外种内为缘，由依彼熏习"者，此显外种非真实种。真实种子，唯是内种。所以者何？谓彼外种，但是四大造色现行和合随业感生。彼大造者，真实种子依识而起。由此内种生大造已，和合聚集，再成外种。故说外种唯是世俗。以内种为外种缘，由依彼熏习（内种）而起也。

复次，其余转识普于一切自体诸趣，应知说名能受用者。如《中边分别论》中说伽陀曰：

一则名缘识，第二名受者，此中能受用，分别推心法。

已知阿赖耶识，于诸趣中，为异熟果，摄持种子。能摄三界，一切自体，一切趣等。其余转识，普于一切自体诸趣，复为何等？曰，是能受用者。谓由异熟识一切种子，摄生一切自体诸趣已，别由余识种生起余转识而受用彼自体诸趣所生种种苦乐诸事，是故说名能受用者。《中边》颂中"一则名缘识"者，谓阿赖耶识，为诸法因缘故。"第二名受者"者，谓六转识，由六转识，受用境故，是为此证。此中谓诸识中。能受用者，谓受蕴。转识以受受用于境，故说受能受用。识为主故，名受用者。分别者，谓想蕴。想能分别故。推者，行蕴。行蕴中思，能驱役心造作诸业故。推动其心，令作事业，故名推。心法者，谓受想思总名心法也。心所不离心别有，故上置此中言。

如是二识更互为缘。如阿毗达磨大乘经中说伽陀曰：

诸法于识藏，识于法亦尔，更互为果性，亦常为因性。

为显二识更互为缘，引圣教证。诸法即是转识诸法，识即本识，藏谓摄藏，令得生住。如是二识，更互为缘，当知细别各有二种。此如《瑜伽师地论·摄抉择分》中说："阿赖耶识，与诸转识作二缘性。一为彼种子故，二为彼所依故。为种子者，谓善不善无记转识转时，一切皆用阿赖耶识为种子故。为所依者，谓由阿赖耶识，执受色根，五种识身，依之而转，非无执受。又由有阿赖耶识，得有末那，由此末那，为依止故，意识得转。譬如依止眼等五根，五识身转，非无五根。意识亦尔，非无意根。复次诸转识与阿赖耶识，作二缘性：一于现法中，能长养彼种子故。二于后法中，为彼得生，摄植彼种子故。于现法中，长养彼种子者，谓依止阿赖耶识，善不善无记转识转时，如是如是，于一依止，同生同灭，熏习阿赖耶识。由此因缘，后后转识，善不善无记，转更增长，转更炽盛，转更明了。于后法中为彼得生摄植彼种子者，谓彼熏习种类，能引摄当来异熟无记阿赖耶识。"如是为种子故，为彼所依故，长养种子故，摄植种子故。应知建立阿赖耶识与诸转识互为缘性。

若于第一缘起中如是二识互为因缘，于第二缘起中复是何缘？是增上缘。如是六识，几缘所

生？增上，所缘，等无间缘。如是三种缘起，谓
穷生死，爱非爱趣，及能受用。具有四缘。

于第一缘起中者，谓于分别自性缘起中。如是二识，互为因
缘者，种现熏生，互为因缘。于第二缘起中者，于分别爱非爱缘
起中。是增上缘者，无明行等，感异熟识。异熟为缘，生起六根，发
六识等，受用苦乐爱非爱果，故互为增上缘也。俱如《瑜伽》说。

如是六识，几缘所生者，谓除因缘，则三缘所生，因缘是本
有，待于三缘能生现法，故略不说。具有四缘者，合因缘为四缘
也。此说识生，若色生者，无等无间，及所缘缘。增上缘谓根等，所
缘缘谓所虑托境界，等无间缘谓无间灭识。眼识以眼根为增上
缘，色为所缘缘，自前无间灭识为等无间缘，余识类知。如是六
转识生，名能受用缘起。共有三种缘起：穷生死缘起，谓长期生
死。爱非爱趣缘起，谓一期生死。能受用缘起，谓六识刹那生死。

如是已安立阿赖耶识异门及相，复云何知如
是异门及如是相决定唯在阿赖耶识非于转
识？由若远离如是安立阿赖耶识，杂染清净皆不
得成。谓烦恼杂染若业杂染若生杂染皆不成
故，世间清净出世清净亦不成故。

次下第三大段，依于正理成立阿赖耶识，先略问答。无性
云："杂染者是浑是浊是不净义。言清净者，是鲜是洁是扫除
义。"扫除杂染名清净故。烦恼谓无明爱取一切烦恼。业谓有漏
善恶诸业，即福非福不动三种行也。生谓识及名色，乃至老死总
名为生。世间清净，谓以有漏道，修习上地暂时伏除下地杂染。出
世清净，谓以无漏道毕竟断灭三界九地一切杂染。

　　云何烦恼杂染不成？以诸烦恼及随烦恼熏习所作彼种子体，于六识身不应理故。所以者何？若立眼识贪等烦恼及随烦恼俱生俱灭此由彼熏成种非余。即此眼识若已谢灭余识所间，如是熏习熏习所依皆不可得。从此先灭余识所间现无有体，眼识与彼贪等俱生，不应道理。以彼过去现无体故。如从过去现无体业异熟果生，不应道理。又此眼识贪等俱生所有熏习亦不成就，然此熏习不住贪中，由彼贪欲是能依故不坚住故。亦不得住所余识中，以彼诸识所依别故，又无决定俱生灭故。亦复不得住自体中，由彼自体决定无有俱生灭故。是故眼识贪等烦恼及随烦恼之所熏习，不应道理。又复此识非识所熏。如说眼识，所余转识亦复如是，如应当知。

　　次别详释，初说烦恼杂染不成，共有三义。一六识受熏持种，不应理故。言烦恼者，贪嗔痴慢疑恶见六根本烦恼。随烦恼者，不信懈怠等二十种随烦恼。此二烦恼，熏习所成之种子，彼种子体，在六识身，不应理故，此总说六识，非种子体也。所以者何？下以理成立。初于六识中，任取眼识，为贪等烦恼种子体，受彼熏习，持彼种子，其过有二，一者眼识有间断。于间断时，先时所有贪等熏习，及彼熏习所依，皆无所有，后时眼识与彼贪等从何所生？不应从彼先已谢灭余识所间现无有体之眼识生，以彼过去现无体故。如从过去现无有体，已受尽业异熟果生不应道理。二者若立眼识为烦恼熏习体，即彼贪等俱生眼识所有熏习自亦不成。所以者何？无所熏故。设立贪等，以为所熏，持彼习气者，是义不然，贪等是能依故，不坚住故。云能依者，心所依心王不自在故，但是能熏，非所熏性。不坚住者，三性转变时间断故，不持识种。又此贪俱眼识所有熏习，亦不得住耳等识中，所依别故。又无决定，俱生灭故。亦复不得住自体中，云自体者，眼识自体。自体决无俱生灭故，无二眼识，同时俱生，谁是能熏，谁是所熏者？眼识自种尚不得成，云何能持烦恼种也。又复此识，非识所熏者，非是余耳识等之所熏，所依别故，又无决定俱生灭故，乃至所间断故，皆是其因。如说眼识非贪等熏，余耳识等，亦同此理，非贪等熏。

复次，从无想等上诸地没来生此间，尔时烦恼及随烦恼所染初识，此识生时应无种子。由所依止及彼熏习并已过去现无体故。

二异地初识，应无因生故。来生此间者，来生欲界。尔时烦恼及随烦恼所染初识者，谓结生时意识。诸结生时，必由爱等烦恼俱识取著境界，资润业力生故。此识生时应无种子者，应无因生，由彼欲界先是六识，于无想等地久灭无余故，即彼识所依止识，及彼贪等烦恼熏习皆无有体。

复次，对治烦恼识若已生，一切世间余识已灭，尔时若离阿赖耶识，所余烦恼及随烦恼种子在此对治识中，不应道理。此对治识自性解脱故，与余烦恼及随烦恼不俱生灭故。复于后时世间识生，尔时若离阿赖耶识，彼诸熏习及所依止

久已过去现无体故，应无种子而更得生。是故若
离阿赖耶识烦恼杂染皆不得成。

三对治初起，一切烦恼应永无有故。对治烦恼识若已生者，谓
出世无漏识生。一切世间余识已灭者，此是定位，别无五识，第
六无漏意识起故，亦无世间意识。若既尔应无有识，持彼烦恼随
烦恼种子，后时应无世间识生，即应烦恼永断，以无种故。或谓
云何不说彼烦恼种，即住对治识中？不应理故。云何不应理？一
者，此对治识自性解脱，是净善故，既非无记，不持彼烦恼种也。二
者又与烦恼及随烦恼，不俱生灭故。此生彼伏，此对治彼，曾不
与彼俱生俱灭，云何受彼熏而持彼种也。故此后时，应无世间
识，即烦恼永断。然非不生，非已永断，故知于六识外别有阿赖
耶识，于对治识生时，能持彼烦恼种。总上三义，若无阿赖耶识，烦
恼杂染不成也。

云何为业杂染不成？行为缘识不相应故。此
若无者，取为缘有亦不相应。

次辩业杂染不成。行为缘识不应理故者，行即有漏福非福不
动三业，识即异熟识，造业在现世，识起在未来，或造业在过去，识
生在现在，使无阿赖耶识，执持三业习气，云何过去已灭之业，能
招当来异熟识生耶？六转识所以不能持彼习气者，非所熏故，如
上已说。此若无者，取为缘有亦不相应者，爱增名取，即业习气
被爱取润已能有生果功能故名为有。若无阿赖耶识持业习气，云
何为爱取润转为有耶？是故若无阿赖耶识，业杂染不成。以业得
果定在未来，无识持种，业成无用故。

云何为生杂染不成？结相续时不相应故。若

有于此非等引地没已生时，依中有位意起染污意识结生相续。此染污意识于中有中灭，于母胎中识羯罗蓝更相和合，若即意识与彼和合，既依合已依止此识于母胎中有意识转。若尔即应有二意识于母胎中同时而转。又即与彼和合之识是意识性，不应道理。依染污故，时无断故意识所缘不可得故。设和合识即是意识，为此和合意识，即是一切种子识，为依止此识所生余意识是一切种子识。若此和合识是一切种子识，即是阿赖耶识，汝以异名立为意识。若能依止识是一切种子识。是则所依因识非一切种子识，能依果识是一切种子识，不应道理。是故成就此和合识非是意识，但是异熟识，是一切种子识。

第三显生杂染不成。初以结生相续不相应为难。非等引地者，欲界地。没已生时者，从此地没还生此地。依中有位意起染污意，识结生相续者，谓随业力应生何趣，先中有位得意生身当来趣摄，名中有身，极七日住。若得父母缘者，依中有位，起染污意识，于其父母起极爱憎心，即于此时中有身灭，染污意识与之同灭。于母胎中，识羯罗蓝更相和合，和合已后，依止此识，于母胎中，有意识生，觉苦乐等。若即意识与彼和合即应有二意识于母胎中同时而转者，此为难也。以于一时，大小乘教，俱不许有二意识转故。既无二意识俱转理，即应彼和合识，非是意识。此非意识更有别理，以依染污故，时无断故，意识所缘不可得故。依染污者，世亲云："谓此意识贪等烦恼所染污意为所依止，缘生有境故是染污，即此为依，名依染污。于此位中所依异熟不容染污是无记故。"时无断者，以此和合识是异熟识，常执受羯罗蓝等，一切根身永无断故，设有时断，成夭殁故，意识不尔，非恒无断。意识所缘不可得者，意识取境，明了为相，此识所缘不可了知。意识于境多分别起，寻求决定染净诸相，了了而知，此识于境但任运缘，无多分别故。由是三因，证彼和合识，非是意识，即应别许有阿赖耶识。设和合识，即是意识下，设为他义转破非理。若许和合识是一切种子识，则体即是阿赖耶识，谬立异名，以为意识。实则名不可滥，以依止此识所生之识，名意识故。若谓能依止识是一切种子识者，能依从所依生故，现生于种，果生于因，云何倒执能依，以为一切种子识耶？如是颠倒不应道理。是故决定此和合识，非是意识，但是异熟一切种子阿赖耶识也。

　　复次，结生相续已，若离异熟识，执受色根亦不可得。其余诸识各别依故，不坚住故。是诸色根不应离识。

　　次以执受色根不可得难，一切有情，结生相续已，即便于彼所得自体根及依处，长时执受，令得生长，令不坏烂，设若离此异熟阿赖耶识，应无有能执受彼色根者。所以者何？其余诸识，各别依故，不能遍执一切根身。又不坚住故，不能恒常执受色根。以诸色根，一期生中，无有间断，应恒执受。又彼五识虽依根身，不缘根故。意识虽可缘，不恒缘故。既非彼境界，故非彼执受。故六转识非能执受。然诸色根，是有执受，不应离识，当知彼识即阿赖耶识。此中各别依言，但显六识不遍诸根，设许能执受者，亦应不遍，非谓依彼生，即能执受彼。

> 若离异熟识，识与名色更互相依，譬如芦束
> 相依而转，此亦不成。

第三识与名色更互相依亦不成难。谓世尊言："识缘名色，名色缘识，譬如芦束相依而转。"此中名者，受想行识非色四蕴。色者，羯罗蓝等诸根色蕴。转识既入名中识故，故应别有异熟识，与彼名色互为依缘。名色用识以为因缘，识复依此，刹那刹那相续而转。设若离彼，阿赖耶识，但应名色互为缘故。然违佛语。故转识外，理应别有阿赖耶识。

> 若离异熟识，已生有情识食不成。何以
> 故？以六识中随取一识于三界中已生有情能作
> 食事，不可得故。

第四识食不成难，世尊说言，一切有情皆依食住。食者长养摄持，令身久住为性。食有四种：一者段食，欲界有情，依香味触，长养四大令身久住，分段而食，故名段食。二者触食，欲色有情，依于六转识，触对现境，能令所依起饶益故，色声等境并令身心起适悦故。三者意思食，三界有情由意识故，起于希望，由有希望，身心住故，设绝望者，生意断故。四者识食，三界有情，由阿赖耶识，执持自体，令不坏故。此四食中，段食不通上界，触食、意思食不通无心等位，唯有识食于一切界一切时一切位常遍是有。如是识食于六识中随取一识，于三界中已生有情能作识事皆不可得。所以者何？五识不遍三界故，意识虽遍有间断故，无心定等既无六识，谁为食事，故定别有阿赖耶识。

> 若从此没于等引地正受生时，由非等引染污

意识结生相续。此非等引染污之心彼地所摄，离
异熟识余种子体定不可得。

第五上地结生时染污心不成难。若从此殁者，从欲界殁。于
等引地正受生时者，于色无色界诸地正受生时。云正受生者，非
已受生。由非等引染污意识，结生相续者，谓定味爱取染污意识
（由此爱取而得彼地生故），此非等引者，定不俱故，未已住定
故，爱取炽盛，性散乱故，由如是爱取染污意识取彼生故，说名
由彼结生相续。此非等引染污之心彼地所摄者，是彼等引地所
摄，非欲界地摄，是定地爱取故，是定地正生时识故。离异熟识
余种子体定不可得者，谓如是染污意识，所有种子，彼种子体，设
离异熟识者，定不可得。云何不可得？设以欲界地转识为彼体
者，彼已没故。又非彼地识，不熏成种。亦复不应以等引地意识
为彼种子体，未已生故，定散别故，不俱生灭，云何成种？不可
说即以彼心为种体，一体无有因果性故。故应别有阿赖耶识摄持
一切杂染种子，于下地殁上地生时，下地心已灭上地定心犹未生
时，于二中间，有非等引染污意识，生爱取等，于等引地，结生
相续。设非此识彼心不生，即应上地，结生不成。

复次生无色界，若离一切种子异熟识，染污
善心应无种子，染污善心应无依持。

第六生无色界染污善心不成难。生无色界者，谓已生彼界，于
彼界中无有色身，亦无五识，于转识中但有意识。设无一切种子
异熟识者，彼染污善心应无种子，应无依持。种子者，是作因缘。依
持者，增上缘。云何不可以意识为种子体及所依持耶？以染污善
心即意识故，不可自识为自识种为自识依，能所不立，无依义

故。此中染污心谓爱味定心，善心谓等至心，均即意识。云何不于欲色二界作此难耶？以小乘或有执余识为种子为依持，或以色身能持种为依持故。

> 又即于彼若出世心正现在前，余世间心皆灭尽故，尔时便应灭离彼趣。

第七无色出世心暂生即应离彼趣难。即于彼无色界无漏出世间心现在前时，余世间心皆灭尽故者，彼界既惟一意识，若不许有一切种子异熟识者，即此意识已成无漏，有漏意识于时不起，更无余识持有漏种，及是异熟果，是故尔时便应灭离彼趣也。若许别有一切种子异熟识者，彼意识虽起出世心，彼趣异熟如故，种子如故。

> 若生非想非非想处，无所有处出世间心现在前时，即应二趣悉皆灭离。此出世识不以非想非非想处为所依趣，亦不应以无所有处为所依趣，亦非涅槃为所依趣。

第八生第一有起出世心无所依趣难。生非想非非想处者为欲进断彼地烦恼故修出世道，然第一有心力微劣，无明利心可生出世心，故复弃舍彼地定心，修无所有处定心，依彼无所有处定心修出世心得令现前。即于尔时即应二趣悉皆灭离者，即不许别有异熟识，起无所有处心时，已尽灭非想非非想处识；起出世心时，复灭无所有处；是故二趣悉应灭离也。此出世识不以非想非非想处为所依趣者，先舍彼趣心故。亦不应以无所有处为所依趣者，暂起彼地定，非得彼异熟。又于出世心，舍彼趣定故。亦非涅槃为所依趣者，二释俱云，住有余依涅槃界故。后时还当起世间心故。三者既皆非所依，应此出世心都无所依趣。若许有阿赖耶识者，此时有非想非非想处，异熟识为所依趣，但舍彼地定心，不舍彼地异熟故。

又将殁时，造善造恶或下或上，所依渐冷。若不信有阿赖耶识，皆不得成。是故若离一切种子异熟识者，此生杂染亦不得成。

第九殁时冷触不成难。谓有情于将死时，若造善者，即于其身下分渐冷，至心而殁。若造恶者，上分渐冷，至心而殁。所以者何？以阿赖耶识执持身分，令起于暖。识既舍身，暖即随灭。如造善业者，后必上升，彼异熟识先舍下分，故下分冷触渐起。造恶业者，必下坠故，彼时先舍上分身，故身上分渐起冷触。若离阿赖耶识，如是冷触皆不成者，意识非能执受故，于睡闷位虽无意识无冷触起故。又将死时，意识无处无有，无有渐次舍身义故。

云何世间清净不成？谓未离欲缠贪，未得色缠心者，即以欲缠善心为离欲缠贪故勤修加行。此欲缠加行心，与色缠心不俱生灭故，非彼所熏，为彼种子，不应道理。又色缠心，过去多生余心间隔，不应为今定心种子，唯无有故。是故成就色缠定心一切种子，异熟果识展转传来为今因缘，加行善心为增上缘。如是一切离欲地中，如应当知。如是世间清净，若离一切种子异熟识，理不得成。

次示世间清净不成。未离欲缠贪，未得色缠心者，谓生欲界，未得初静虑定等。即以欲缠善心为离欲缠贪故勤修加行者，谓为离欲缠贪故，以欲缠善心修定加行，谓即九止六观了相胜解作意等诸加行。此欲缠加行心与色缠心不俱生灭故者，谓加行心时未得彼定地心，彼定生时加行善心已灭，是故不俱生灭，不俱生灭故，非彼色缠定心所熏。非彼所熏故，为彼种子不应道理。谓此加行善心既不曾受色缠心熏，无彼种子，不能作彼生起因缘也。无性云："又加行心非无记故，亦非所熏。系地别故，非彼因缘。"若尔，以何为因缘？或谓以过去色缠心为因缘。此亦不然，以过去多生余心间隔现无有体故。唯无有故，不应为今定心种子。是故定有阿赖耶识，摄持过去色缠定心一切种子展转传来，其理成就。加行善心但能于彼作引发因，胜增上缘耳。如是一切离欲地中如应当知者，谓依止初静虑修二静虑心，乃至依止无所有处心修非想非非想处心，皆以自地加行善心为增上缘，以阿赖耶识所摄持第二静虑定乃至非想非非想处定心种子为因缘。若如是者，世间清净得成。若无阿赖耶识，世间清净不成，以无彼种子无因缘故。

云何出世清净不成？谓世尊说依他言音及内各别如理作意，由此为因正见得生。此他言音如理作意，为熏耳识，为熏意识，为两俱熏？若于彼法如理思惟，尔时耳识且不得起，意识亦为种种散动余识所间。若与如理作意相应生时，此闻所熏意识与彼熏习久灭过去，定无有体。云何复为种子，能生后时如理作意相应之心？又此如理作意相应是世间心，彼正见相应是出世心，曾未有时俱生俱灭，是故此心非彼所熏。既不被

熏，为彼种子，不应道理。是故出世清净若离一
切种子异熟果识，亦不得成。此中闻熏习摄受彼
种子不相应故。

次说若无阿赖耶识，出世清净不成。此他言音，如理作意
者，世亲云："谓与言音相应作意。"若于彼法如理思惟，尔时耳
识且不得起，故非所熏。意识亦为种种散动余识所间者，谓闻所
熏意识，后时复起如理作意意识，此二中间为余种种散动识间。此
闻所熏意识及彼熏习久灭过去现无有体等者，如理作意相应之
心，要依正闻熏习所缘而思惟故，设无有闻熏习者，此如理作意
无所缘种子不得生也，生且不得，不受熏也。此中闻熏习摄受彼
种子不相应故者，世亲云："谓在世间意识之中，故言此中。闻
熏习者，依他言音正闻熏习。摄受彼种子者，在意识中摄受出世
清净种子。不相应故者，谓彼所计不应理故。云何可说此从彼
生？"意谓如理作意意识，不能摄受正见种子为彼因生也。

复次，云何一切种子异熟果识为杂染因，复
为出世能对治彼净心种子？又出世心昔未曾
习，故彼熏习决定应无。既无熏习，从何种生？是
故应答从最清净法界等流正闻熏习种子所生。

云何等者，异熟识是杂染因，为出世净心之所对治。云何所
对治法为能对治法因耶？此言阿赖耶识不应为出世种子。次又出
世心昔未曾习等者，此说阿赖耶识纵能受熏，亦无彼种，以彼先
来未有出世心生熏习彼种故。是故应答从最清净法界等流正闻熏
习种子所生者，谓此出世净心，不以阿赖耶识为种子生，从最清
净法界等流生故。虽不由自出世心熏习成种，然由正闻熏习成种

子故，二过俱无。出世清净成就阿赖耶识但能受彼正闻熏故。此中最清净法界等流者，由佛世尊所证法界，永断烦恼所知障故。异声闻乘，名最清净法界。由是法界，平等流出经律教法，名最清净法界等流。无倒听闻如是经等，故名正闻。由此正闻所起熏习，名为熏习。即此熏习相续住在阿赖耶识为因，能起出世间心，是故说言从最清净法界等流正闻熏习种子所生。

此闻熏习为是阿赖耶识自性，为非阿赖耶识自性？若是阿赖耶识自性，云何是彼对治种子？若非阿赖耶识自性，此闻熏习种子所依云何可见？乃至证得诸佛菩提？此闻熏习随在一种所依转处，寄在异熟识中，与彼和合俱转，犹如水乳。然非阿赖耶识，是彼对治种子性故。

此闻熏习是阿赖耶识自性，非彼识性，二俱有过。答中乃至证得诸佛菩提者，谓既成佛已，成无垢识，不以此识为所寄处。未成佛来一切时中，此闻熏习随在一种所依处转。谓随在一种相续转处。寄在异熟识中者，非正所依，而是所依，故寄在彼中与彼和合俱转。犹如水乳，此与彼识和合俱转如水乳故。乳虽寄在水中与水和合转，然非即水。此闻熏习亦复如是，虽寄在阿赖耶识中，然非即阿赖耶识，是彼能对治法种子性故。

此中依下品熏习成中品熏习，依中品熏习成上品熏习，依闻思修多分修作得相应故。

此中依下品熏习为因，转成中品。中品为因，转成上品。依闻思修多分修作得相应故者，谓依闻所成慧熏习是下品，思所成慧熏习是中品，修所成慧熏习是上品。如是三品，依闻思修猛利长时多分修作得成就故。

又此正闻熏习种子下中上品，应知亦是法身种子，与阿赖耶识相违，非阿赖耶识所摄。是出世间最净法界等流性故，虽是世间，而是出世心种子性。又出世心虽未生时，已能对治诸烦恼缠，已能对治诸险恶趣，已作一切所有恶业朽坏对治，又能随顺逢事一切诸佛菩萨。虽是世间，应知初修业菩萨所得，亦法身摄。声闻独觉所得，唯解脱身摄。又此熏习非阿赖耶识，是法身解脱身摄。如如熏习下中上品次第渐增，如是如是异熟果识次第渐减，即转所依。既一切种所依转已，即异熟果识及一切种子，无种子而转，一切种永断。

法身者，如来十力四无畏十八不共法等所庄严身名为法身，从正法生故，为十方界一切有情轨范崇敬共效法故，即身是法，摄化无尽，故名法身。正闻熏习下中上品展转渐次能生法身，故说为彼种子。虽是世间者，似有漏故。而是出世心种子性者，此能展转次第引发生出世心故，非是世间异熟心种。又出世心虽未生时者，未见道前，资粮加行位中，此正闻熏习犹未能生起出世心。已能对治诸烦恼缠者，已能胜伏贪等现行。已能对治诸险恶趣者，不造彼趣恶业，不受彼趣生，如有颂言：诸有成世间，上品正见者，虽经历千生，而不堕恶趣。已作一切所有恶业朽坏对治者，谓过去生虽造种种顺后受恶业应堕恶趣，而能为彼作朽坏因，损彼势力，令不招果。又能随顺逢事一切诸佛菩萨者，谓修习净因故，当来得生净土，闻法修行。此闻习为因，堪作诸佛菩萨眷属徒侣故。虽是世间应知初修业菩萨所得亦法身摄者，谓诸异生菩萨未入地者名初修业菩萨；为当来法身因故，亦法身摄。声闻独觉所得唯解脱身摄者，但作解脱身因故，无有力能成就力无畏等殊胜法身摄化有情，但自得解脱众苦恼故，但名解脱身。解脱身者，如贫贱人从牢狱出，身虽得解脱，而无有富乐摄益他人之力。法身者，如诸圣王为敌拘禁，从彼脱已，还得种种富乐自在，摄治人民，而饶益他。如如熏习下中上品次第渐增，如是如是异熟果识次第渐减，即转所依者，谓随下中上品正闻熏习势力渐增，即能令彼异熟果识势力渐减，增减至极，即转所依；依谓为主，为诸法依，一切世间以赖耶为依，正闻熏习亦寄存彼；出世间者，以法身解脱身为依，转舍于识，而依智故。随一切种所依转已云云者，谓杂染种子永断无余，出世清净成办究竟。

复次，云何犹如水乳？非阿赖耶识与阿赖耶识同处俱转，而阿赖耶识一切种尽，非阿赖耶识一切种增。譬如于水，鹅所饮乳。又如世间得离欲时，非等引地熏习渐减，其等引地熏习渐增而得转依。

非阿赖耶识者，法界等流正闻熏习。譬如于水，鹅所乳者，谓水乳和杂，一处俱转，而鹅但饮乳，乳尽非水。

又入灭定识不离身，圣所说故。此中异熟识应成不离身，非为治此灭定生故。

如是已说杂染清净不成，道理决定，证有阿赖耶识。次更依灭定不离身识，证阿赖耶识决定是有。灭尽一切转识名灭尽定。圣说入灭定者，识不离身。转识既尽灭。故应唯此异熟识是不离身识。以灭尽定但为对治转识，非为对治此异熟识生故。此识行相，微细难知，任运恒常，一类而转，无有散动，非不寂静相，故不为对治此入灭尽定。如是灭定，除佛独觉若阿罗汉若不还果及不退位诸菩萨等，余不能入。

又非出定此识复生，由异熟识既间断已，离结相续无重生故。

或有妄执识不离身言，谓灭定中非有阿赖耶识故名灭定有识。但出定后，此识更生，说不离身，如隔日疟。不离身者，当复起故。此执不然，若无第八阿赖耶识，应六转识即异熟识。若尔，彼时无异熟识，应同死尸。即尔后时重生识不应有，由异熟识既间断已，离结相续，更托余生，无重生故。

又若有执以意识故灭定有心，此心不成，定不应成故；所缘行相不可得故；应有善根相应过故，不善无记不应理故；应有想受现行过故；触可得故，于三摩地有功能故，应有唯灭想过失故；应有其思信等善根现行过故；拨彼能依令离所依不应理故。有譬喻故，如非遍行此不有故。

又若有执以意识故灭定有心者，谓彼执灭定中仍有意识，不离于身，何劳别执阿赖耶识？此心不成者，总非之也，此意识心不得成也。自下出理，共有七理。一定不成故者，既有意识即应有想受，有想受故，即非灭尽定，以灭尽定又名想受灭定故。二所缘行相不可得故，既有意识即应有其所缘行相，既灭定中俱不可得，故心不成也。三应有善根相应过故，既许有意识，此意识三性何摄？不应不善无记摄，以不应理故。何故不应理？以定是善故。定既是善，故心决定是其善性。心既是善，即应有善根相应之过。以心非自性善，是相应善故，必与善根相应。既有善根，应造善等业，云何成为灭尽定耶？故成过也。四应有想受现行过故。既有善根与心俱起，即应有受想现行，以是遍行大地法故。云何善根尚起，想受不起者？若尔云何成灭想受定耶？故成过也。五触可得故。又既有其心，即应有触，根境识三，和合生触，有圣言故，触是受想思等之所依故。既有受想，故亦应有触。于三摩地有功能故，应有唯灭想过失故者，谓余定中善根相应，余识转时决定有触，以定所生轻安为相，或顺乐受或顺非苦非乐受。此触为缘，或生乐受，或复生于非苦乐受。余三摩地有是功能，此定应尔，有触及受。若尔即有唯灭想过失，非灭尽定，圣言灭定想受俱灭故。六应有其思信等善根现行过故。以有触故，亦定有思，俱遍行故。若此定中有思现行，造作善心，必有信等善根现行，何名灭定？七拔彼能依令离所依不应理故。或有救言，虽心心法必俱时起，然今但为厌诸心法故修彼定，故入彼定，唯拔心法令彼不起，非心亦不起。此说不然，心与心法能依所依，无始时来恒不相离，云何能拔彼能依离所依者？若尔亦应心法不依于心而独起故。彼既不尔，此云何然？有譬喻故，如非遍行此不有故者。世亲云："谓世尊说诸身行灭，诸语行灭，诸意行灭。此中身行谓出入息，其语行者谓寻与伺，其意行者，谓受想等。如寻伺灭语必不起，意亦如是。若意行灭，意亦不应起（以此定名灭想受定故），若汝意谓如身行灭，安住定中，身在不灭，意亦如是。虽意行灭，应在不灭。此亦不然。何以故？如非遍行，此不有故。如世尊说，离身行外，有身住因，所谓饮食命根识等，由此虽无入息出息而身安住，意即不尔，离意行外，更无别因持心令住。"此意说云。有譬喻故者，如语行寻伺灭故语不复起。如是灭受想定意行受想灭故意识亦定不起也。或有说言语行灭故语不现起，即证意行灭故意不现起，如是亦可身行虽灭身犹不灭，证成意行虽灭意犹不灭。今答彼云：诸遍行者，识离彼行即不能起，如语于寻伺。非遍行者，识虽离彼犹可得起，如身于出入息。想受是遍行故，不能离彼。如非遍行心法者，此识亦可离彼生故，彼身行非遍何得为例也。故拔想受，决定无意识。（无性以无想为喻，意谓彼无想故无有意识，此无受想亦无有识。又以大种造色为喻，二恒不离。然稍不切，彼亦可说无想有心生，但无想故。又大种上不定恒有造色故，如净琉璃无色香等。）由此可知设有心者，定有想受。既灭想受，定无有心，故知彼心决非意识，但应是阿赖耶识，或谓若既有阿赖耶识，亦应有想受，其过应等。答阿赖耶识，相应想受，如阿赖耶所缘行相俱不可知，任运恒时非不寂静相，本非所厌，识俱何失。

又此定中，由意识故执有心者，此心是善不善无记，皆不得成，故不应理。

又难，若许定中不离身识即意识者，此心不应于三性中都无所属，必应是善或是不善，或是无记。然此意识善不善无记，皆不可得。无性之心从未有故，故非是有。所以不得是善者，必有善根相应过故，心是相应善非自性善故，唯无贪等自性善故。亦非胜义善，唯有胜解脱及与真如是胜义善故。故必定与善根相应。善根相应故，即应与余触受想思一切相应，何名灭定？又不可说加行善心所引发故定心是善，不由善根相应，由与善心义相违故。又后时心前心等流，云何善根不等流生？既不是善，应是不善，不善复有与余诸烦恼相应过故。又定善故，非是不善。无想定中，尚无不善，况灭尽定？此是圣者进趣解脱定故。又亦不应是无记，无记四种，威仪工巧，变化，异熟。此若异熟无记者，即是阿赖耶识，何谓意识？若是威仪工巧变化无记者，彼定无有彼等事故。三性无属故，彼意识非有，当知唯有阿赖耶识。

　　若复有执色心无间生是诸法种子，此不得成，如前已说。又从无色无想天没，灭定等出，不应道理。又阿罗汉后心不成。唯可容有等无间缘。

　　谓有执言，前色无间故生起于后色，前心无间故生起于后心，诸法前后自成因缘，何要别执阿赖耶识为诸法种？此不得成。如前说者，谓如前说"二念不俱有"，不熏成种，不作因缘。又从无色无想天没，灭定等出，不应道理者，谓从无色天没还生欲色界中，应无色生，久灭过去无种子故。从无想天没还生有心地中，从灭尽定出还生心心所法者，后心等法，应无种子，以彼前心久断灭故。又阿罗汉后心不成者，谓入无余依涅槃心。从此心后永无心生，故名后心。既许色心无间为种子生，即应后心为种无间更生余心故。若尔阿罗汉应永不入涅槃，是则成过。当知色心无间，唯容有等无间缘，无因缘义。言容有者不定有，唯心心所是有等无间缘，色还无故。

　　如是若离一切种子异熟果识，杂染清净皆不得成，是故成就如前所说相，阿赖耶识决定是有。

　　离彼识故，杂染清净皆不得成，既诸杂染清净诸法决定皆成，由是应知如前所说异门因果自相等相，阿赖耶识决定是有。

此中三颂：

菩萨于净心，远离于五识，无余，心转依，云何汝当作？

若对治转依，非断故不成，果因无差别，于永断成过。

无种或无体，若许为转依，无彼二无故，转依不应理。

已说杂染清净离阿赖耶识不成，此中三颂，更说若无阿赖耶识，转依不成。云转依者，谓由圣道，断杂染种体，究竟尽时，证得涅槃，名为转依。如是转依，若在转识，理定不成。所以者何？菩萨于净心者，谓菩萨住出世圣道心。远离于五识者，此时在定无五识故。无余者，亦无有漏善意识，无漏圣道起时，亦无余意识并生故。心转依云何汝当作者，若尔有漏六识，一切皆无，谁持杂染种，是其所转者，既无所转依，能转复何用？即尔转依空无有义，云何当作。若对治转依者，谓若执彼对治初起圣道才生，即是已得转依。已得转依，更无余法，是所断故，无别有漏识，持杂染法者，非断故不成，云非断者，谓对治初起，非即断故，后时还有有漏心心法烦恼现行故。既非永断故不成转依。果因无差别，于永断成过者，谓若执对治初起，即是转依者，即果与因，无有差别。果谓永断，即是涅槃。因谓对治，即是圣道。圣道即涅槃，都无差别，何事后时，更别立永断？既有后时永断涅槃，即应圣道先时对治非即转依。"无种或无体，若许为转依"者，若许无杂染种子，是为转依，或许无杂染法种体，或许无种所依体，是为转依。"无彼二无故，转依不应理"，既无阿赖耶识持杂染种，对治初起，彼二无有，既无有二，可令成无，复立何法，为转依者？世亲云："若决定有阿赖耶识，杂染转识此定法中虽不得有，而彼种子，一切住在阿赖耶识。可能作其无种无体。由汝转依不应道理，故应信有阿赖耶识。"

　　复次，此阿赖耶识，差别云何？略说应知或三种或四种。此中三种者，谓三种熏习差别故，一名言熏习差别，二我见熏习差别，三有支熏习差别。四种者，一引发差别，二异熟差别，三缘相差别，四相貌差别。

大段第四，显阿赖耶识差别相，理实熏习差别也。谓总三种或四种。三种中，一名言熏习差别者，《成唯识论》云："名言习气，谓有为法，各别亲种。名言有二，一表义名言，即能诠义音声差别。二显境名言，即能了境心心所法。随二名言，所熏成种，作有为法，各别因缘。"诸有为法，自性差别，名言所显。能显所显，总名名言。彼能显者，即是表义名言，一切世间语言文字为相。彼所显者，即是显境名言，心心所色诸现境界，以为其相。心心所能显现境界，故但说心心所，色即境收。故此二种名言，摄一切有为法尽。名言之习气，名名言习气。由此习气为因，生起一切有为法。二我见熏习差别者，《成唯识论》云："二我执习气，谓虚妄执我我所种，我执有二，一俱生我执，即修所断我我所执。二分别我执，即见所断我我所执。随二我执，所熏成种，令有情等，自他差别。"此之熏习，非实有种，能执我者，即是染污心心所法。所执我者，即是了义名想言说，理实即二名言所收。就彼用别，能执所执有别相故。由彼我执，心心所法，所熏成种，即说以为我执习气，或名我见熏习差别。由此为因，能执自为我，执彼为他等。非谓为因，能生起实我。但能为因，生起如是差别执耳。三有支熏习差别者，《成唯识论》云："三有习气，谓招三界异熟业种。有支有二：一有漏善即是能招可爱果业，二诸不善即是能招非爱果业。随二有支，所熏成种，令异熟果，善恶趣别。"有谓三有，即是三界。支谓支分，或彼因义。虽彼三有，自有名言习气为彼生因，然必待善恶业力，引令生起。此能引生三有，为三有因，故名为有支。有支所熏种，名有支习气也。若说十二缘起，总名有支者，支是支分义。然十二支，非皆有习气，生老死无种故，识名色六入等种即名言种故，是故此中，但说业种，为有支习气。由此习气为增上缘故，令诸有情，于善恶趣，生死差别。谓由有漏善业习气故，于人天趣受异熟果。由不善业习气故，于三途中受异熟果。

此中引发差别者，谓新起熏习。此若无者，行为缘识取为缘有应不得成。

引发者，业种取种能于后生异熟引发现前故名引发差别。此云新起熏习者，谓识名色种子，是其本有，业及爱取则唯新起。识等种虽本有，无新起之业引发，则不得果，故彼业等种名新起熏习也。又二取种，受果无穷，而业习气受果有尽。若不新新生起诸业，不应诸趣展转相续。此若无者，谓若无此引发熏习。行为缘识取为缘有应不得成者，行即三业，识即异熟识，行为缘故令识当生。取谓四取，欲取，见取，戒取，我语取。又取摄一切烦恼。由取为缘生现前住，能有后生，故名为有。即此行取是能引发，识有是所引发，引发设无，何有是等？

此中异熟差别者，谓行有为缘于诸趣中异熟
差别。此若无者，则无种子，后有诸法生应不成。

行有为缘引发异熟识于诸趣中生，是为异熟差别。望于引发
即所引发也。此若无者，则无种子，后有诸法生应不成者，谓行
但是诸法增上缘，异熟识种乃作诸法亲因缘，是故异熟差别若无
者，诸色根境及异熟生识等法应不成也。

此中缘相差别者，谓即意中我执缘相，此若
无者，染污意中我执所缘应不得成。

意中我执缘相，是为缘相差别，即于法上增益执相，由此熏
习成种为因，能起染污意中我执所缘。若阿赖耶识，无此缘相差
别熏习者，彼我执所缘不得成也。

当知如是三种差别，如应当知，即有支、名言、我执熏习差
别，是故不更重释，然彼就因言，此就果生时言，是以异耳。世
亲说引发是串习果，异熟是异熟果，缘相是等流果，就果现起
说也。

此中相貌差别者，谓即此识有共相，有不共
相，无受生种子相，有受生种子相等。共相者，谓
器世间种子。不共相者，谓各别内处种子。共相
即是无受生种子，不共相即是有受生种子。

相貌差别有其多种，初说四种，虽说四种，实唯二种，谓器
世间种子及各别内处种子。由器世间为诸有情共所依故，共所变
故，说名共相。各别内处者，谓眼耳鼻舌等处，即根身也。如是
内处，有情各别，非共所依，亦非共变，他根不共变故（五色之
根扶根尘得互变，是谓不共中共），故名不共相也。如是器界，是

外大种和合生相，无有执受，无有苦乐诸受生故。虽遇破坏不起痛苦，虽遇护持不起欣乐，故名无受生种子相。如是根身是内大种和合生相，识所执受有苦乐受生，设遇损害便起痛苦，设遇饶益便生欣乐，以是故名有受生种子相也。故共相即是无受生种子，不共相即是受生种子。

　　对治生时，唯不共相所对治灭，共相为他分别所持，但见清净。如瑜伽师，于一物中种种胜解，种种所见，皆得成立。此中二颂：

　　难断难遍知，应知名共结。瑜伽者心异，由外相大故。

　　净者虽不灭，而于中见净。又清净佛土，由佛见清净。

　　复有别颂，对前所引种种胜解种种所见，皆得成立。

　　诸瑜伽师于一物，种种胜解各不同，种种所见皆得成，故知所取唯有识。

对治生时，唯不共相所对治灭，共相为他分别所持。但见清净者，此显二相差别也。对治生时者，或离彼界欲，或入无余依，今此依入无余依说。理实下界生上界者，亦舍根身及舍下界器世间也。非永断故不说。不说见修道者，不灭根身等故。唯无余依对治根身及器世间，如唯金刚喻定对治异熟果识。佛入金刚喻定异熟断故，二乘无余依舍异熟识故。如是对治生时，唯不共相所对治灭者，谓此圣者自身永灭，虽可舍利遗示后人，真实色根永无有故。共相为他分别所持但见清净者，彼器世间自识变者得对治故自体空灭，自见清净。然为他识之所变者，他分别所持故，而不随灭。此器世间云何应知有如是相？故举喻言，如瑜伽师于一物中，种种胜解种种所见皆得成立。瑜伽师者，是已能得境智相应，随意自在转变皆成，乃能大悲饶益有情，应病与药，契机说法，作诸有情师。于一物中者，于同一物中。种种胜解者，谓或作地胜解随应成地，或作水胜解随意成水，随作火风色声香味金银琉璃乃至瓦砾粪秽净不净等种种胜解，随应即成火风色声乃至一切净不净等。种种所见皆得成立者，随于种种胜解不同，种种所见，皆得成故。谓或见为地，或见为水，或见为火风色声，乃至净不净等，皆得成立。由是可知一切所取，都非离识别有实物。是故得随有情识上变不变故，或见清净，或非清净。为显如是义，复说二颂。难断难遍知，极大勇猛修行，乃得永断及遍知故。应知名共结者，共业感故，识共变故，名为共结；唯此共结，难断难遍知也。瑜伽者心异者，随各胜解见不同故。由外相大故者，谓此器界广大安布，有情共依，是以各随识变，见不同也。净者虽不灭者，无性云："言净者，谓已转依，虽不灭者，谓即于此其余有情分别持故不可全灭。"而于中见净者，自变断故自变清净。又清净佛土，由佛见清净者，无性云："谓即于彼未断色等分别异生，所见淤泥沙石瓦砾，高下不平，株杌毒刺不净粪土，诸秽土中，已断色等分别，如来见金银等众宝所成清净佛土，如从秽碛见净园林。"此如《无垢称经》，如来净土，佛见清净，舍利子等，则见不净，持髻梵王，复见无量功德庄严。佛言："譬如三十三天，共宝器食，随业所招，其食有异，如是舍利子，无量有情，生一佛土，随心净秽，所见有异，若人心净，便见此土无量功德妙宝庄严。"余文易解，不更重释。

此若无者，诸器世间有情世间生起差别应不得成。

若此阿赖耶识无有共相无受生种子相者，诸器世间生起差别应不得成。若此无有不共相有受生种子相者，诸有情世间生起差别应不得成。依内六处立有情世间，依外六处立器世间。由阿赖耶识执持内外大种造色各别种子，以是为因内变根身，外变器界，有情世间及器世间由是安立。

复有粗重相及轻安相。粗重相者，谓烦恼随烦恼种子。轻安相者，谓有漏善法种子。此若无者，所感异熟无所堪能有所堪能所依差别应不得成。复有有受尽相，无受尽相。有受尽相者，谓已成熟异熟果善不善种子。无受尽相者，谓名言熏习种子，无始时来种种戏论流转种子故。此若无者，已作已作善恶二业与果受尽应不得成。又新名言熏习生起应不得成。复有譬喻相，谓此阿赖耶识幻焰梦翳为譬喻故。此若无者，由不实遍计种子故颠倒缘相应不得成。复有具足相不具足相，谓诸具缚者名具足相。世间离欲者，名损减相。有学声闻及诸菩萨，名一分永拔相。阿罗汉独觉及诸如来，名烦恼障全永拔相，及烦恼所知障全永拔相，如其所应。此若无者，如是次第杂染还灭应不得成。

相貌差别，已说四种，更说七种，谓粗重等。体非净妙，能令身心沉没，故名粗重。轻利安隐，有堪能性，是为轻安。如是二相，即烦恼随烦恼，及有漏善法种子。轻安不说无漏善法者，非阿赖耶识自性故。由烦恼等故，所感异熟自体所依，无所堪能，众苦逼切，无有力能造诸善故。由有漏善法故，所感异熟所依自体，无诸苦恼，堪修圣道。由因差别，果随异故。此若无者，彼二应无。故阿赖耶识，定有如是二相种子差别。有受尽相者，一切业种皆有受尽相，所感异熟生人天等果，有定限故。此中说谓已成熟异熟果善不善种子者，设尚未得异熟果业者，彼尚未起受用故，不可说有受尽相。无受尽相者，名言种子前后等流，展转熏习，势用转增，受果无尽故，无始时来，种种戏论流转不绝。此若无者，设无有受尽相，已作善业，应永住人天终不退没。已作恶业，应永住三途，无有出期，与果受尽应不得成。设无无受尽相，彼新名言熏习生起，应不得成。世亲云："若无旧熏习，今名言亦无故。若于世间本来无者，本无今有不应道理。"无性意同此。谓名言种子是诸法因缘，因缘之体，必是本有。但可令其势用增长，故无新名言不仗旧种生者。设名言种受用尽者，后起名言应无因生，故成无也。譬喻相者，谓如幻等，非有似有，诳惑愚夫。由是为因，生起种种不实遍计颠倒缘相。谓要缘幻马，乃作实马执。要于有相法起于无相实我我所诸缘相故。此若无者，我执缘相应不得成。具足相者，谓诸具缚者具足一切杂染种子故。世间离欲者，名损减相，损伏少分功能故。有学声闻及诸菩萨名一分永拔相者，已永拔除一分烦恼所知障种子体故。阿罗汉独觉及诸如来名烦恼障全永拔相，及烦恼所知障全永拔相如其所应者，阿罗汉独觉已全永断烦恼障种故，如来已全永断二障种故。阿赖耶识此时无有，已得转依。此若无者如是次第杂染还灭应不得成者，应无具缚，世间离欲，诸流转者。及诸有学声闻独觉，及与如来诸还灭者，以彼阿赖耶识一切无差别故。

何因缘故善不善法能感异熟，其异熟果无覆无记？由异熟果无覆无记与善不善互不相违，善与不善互相违故。若异熟果善不善性，杂染还灭应不得成。是故异熟识唯无覆无记。

阿赖耶识为是何性？曰，无覆无记。非善恶故说名无记。亦非如染污意有无明等共相应故起我执等，虽是无记而是有覆。此识无有烦恼相应，现量取境，是故唯是无覆无记。即此即是异熟识。异熟识者，善不善法之所招感。云何因是善恶，果乃无覆无记耶？曰，此非等流果，善恶业不与作因缘，但作增上缘故。又设此识性是善恶，善应不能为不善果，不善应不为善法果，性相违拒，不相酬引故。若尔从善更生善，从不善更生不善，则生死流转，杂染还灭，皆不得成也。无有诸趣流转义，亦无厌患而趣涅槃，善恶势力不可易故。唯此无覆无记，故于善恶均不相违。由是因缘，与彼二法均作二果。由是故有诸趣轮回，亦复以是得有还灭，故异熟识，唯是无覆无记，彼设有覆善恶性者，亦不受彼善等法熏故。

所知依分，阿赖耶识，注释已竟。《成唯识论》，更有多门，理教成立，亦有多种。所立义理，亦微不同。如此说无漏种，从最清净法界等流正闻熏习种子所生，不说别有法尔种子，其尤著者也。说理详尽，应推《唯识》。然建立赖耶，此论为始，寻厥宗祖，故应先之。且亦有此论所详，彼则略者，如差别中各段是也。兹以各还本来面目，故于二论，微不同处，均略不谈。学者既精此论，更进研《成唯识论》及《八识规矩颂释论》诸书，有源有委，要义周悉矣。

摄大乘论疏上册卷二

所知相分第三

已说所知依，所知相复云何应见？此略有三种：一依他起相，二遍计所执相，三圆成实相。

诸所知法，虽无量种。概说其相，总略为三。一者依他起相，色心等法待因及缘而得生起，非自然生，非无因起故。二者遍计所执相，我法等执无量名言，但随有情周遍计度执著为有故，非有自相，非实有故。三圆成实相，真如法性，自性法尔圆满成就，恒无转变，真实不虚，非缘所生非计所执故。

此中何者依他起相？谓阿赖耶识为种子，虚妄分别所摄诸识。此复云何？谓身身者受者识，彼所受识，彼能受识，世识，数识，处识，言说识，自他差别识，善趣恶趣死生识，此中若身身者受者识，彼所受识，彼能受识，世识，数识，处识，言说识，此由名言熏习种子。若自他差别识，此由我见熏习种子。若善趣恶趣死生识，此由有支熏习种子。由此诸识一切界趣杂染所摄依他起相虚妄分别皆得显现。如此诸识皆是虚妄分

别所摄，唯识为性，是无所有非真实义显现所
依，如是名为依他起相。

上略举所知三相名，此下出彼体。阿赖耶识为种子，虚妄分
别所摄诸识者，谓依他起相即是虚妄分别所摄诸识。如是诸识，依
何生起？以阿赖耶识为种子故起。即此亦显依他起相是有种子
法。此复云何，下详出诸识。身身者受者识者，眼等五根名身；眼
等所依能执受意界名为身者，即第八识，彼于身中为主公故；六
识所依意界名为受者，即第七识，意识等依之而起，领受种种苦
乐事故。彼所受识，即色等六外界。彼能受识，即眼识等六识界。世
识数识等者，世谓诸界三世因果生死相续不断性，数谓诸界非一
众多一十百千多寡计量性，处谓器界村邑河山东西南北方隅处所
性，言说谓依见闻觉知所起言说诠表境界性。此等通名识者，依
识分位立，由识现似诸影像故。此上诸识皆用所知依中所说名言
熏习种子为因而生。自他差别识者，由我见故，即于身等诸识，差
别自他，我我所有，他他所有等，依识建立，似彼影像，名自他
差别识。此由我见熏习种子为因而生，由我见熏习故随诸识生起
彼执也。善趣恶趣死生识者，随诸有情业果差别，即于身等识建
立人天地狱饿鬼傍生等善恶诸趣，死此生彼，识似彼影现，说名
为识。此由有支熏习种子为因而生，由无明行缘起识等，由爱取
有缘起生等，诸趣生死由此有故。由此诸识一切界趣杂染所摄依
他起相虚妄分别皆得显现者，是三界五趣杂染所摄依他起相虚妄
分别皆即诸识义，离此诸识无彼界趣等也。如此诸识皆是虚妄分
别唯识为性者，身等五根，色等六处乃至世等诸识皆似离识别性
故，故说此言。以彼但由虚妄分别生，唯识所变现故。是无所有

非真实义显现所依者，为遍计所执自性所依。非有似有，由识显现，故名显现。如是一切，统名依他起相也。

  此中何者遍计所执相？谓于无义唯有识中似义显现。

无义唯有识中者，依他起诸识中无有常恒真实我法义故。似义显现者，似有常恒真实我法义而现起故。当知彼似义即是遍计所执相，本来非有，但由遍计显现似有故，即是依他起相上所起增益执，是为遍计所执相。

  此中何者圆成实相？谓即于彼依他起相，由似义相永无有性。

遍计所执似义之相，依他起相上永无所有，即此无义之相是依他起相真实自性，是为圆成实相。

无性云，如是三相又名遍计所执自性，分别自性，法性自性，如次即是应知应断应证三法。如《大般若经》中："佛告慈氏，若于彼彼行相事中，遍计为色，为受为想为行为识，乃至为一切佛法，依止名想施设言说遍计以为诸色自性，乃至一切佛法自性，是名遍计所执色，乃至遍计所执一切佛法。若复于彼行相事中，唯有分别法性安立，分别为缘起诸戏论，假立名想施设言说谓之为色，乃至谓为一切佛法，是名分别色，乃至分别一切佛法。若诸如来出现于世若不出世，法性安立，法界安立，由彼遍计所执色故此分别色于常常时于恒恒时是真如性，无自性性，法无我性，实际之性，是名法性色；乃至彼由遍计所执一切佛法故，此分别一切佛法于常常时于恒恒时乃至是名法性一切佛法。"广说如经。

　　此中身身者受者识，应知即是眼等六内界。彼所受识，应知即是色等六外界。彼能受识，应知即是眼等六识界。其余诸识，应知是此诸识差别。

如是诸识总不越于十八界法。十八界法，摄诸法尽故。于中身身者受者识，即六内界。彼所受识，即六外界。彼能受识，即六识界。其余世等诸识，即此身身者受者识彼所受识彼能受识之差别相。依于身等三世因果相续义立世识故，依于身等多少数量立数识故，余类此知。如是一切识，皆非离十八界外别有自性，或即彼自性，或即彼差别义故。

　　又此诸识皆唯有识都无义故，此中以何为喻显示？应知梦等为喻显示。谓如梦中都无其义，独唯有识，虽种种色声香味触舍林地山，似义影现，而于此中都无有义。由此喻显，应随了知一切时处皆唯有识。由此等言应知复有幻诳、鹿爱、翳眩等喻。若于觉时一切时处皆如梦等唯有识者，如从梦觉便觉梦中皆唯有识，觉时何故不如是转？真智觉时，亦如是转。如在梦中此觉不转，从梦觉时此觉乃转。如是未得真智觉时，此觉不转；得真智觉，此觉乃转。

为显身等诸识皆唯有识都无义故，先以喻显，后以教理成立。喻如梦中，虽有种种色等似义显现，而实无义，皆唯是识。如是身等及所受等，唯识亦尔。等如幻诳者，谓如幻师，幻作象马等，诳惑愚夫，谓彼幻相真是象马等，唯有幻相无实象马等义。唯识无义，其理亦尔。鹿爱者，鹿于阳焰由渴爱故执以为水，有似水相，无实水义。翳眩者，如翳眩者由目病故，于无义处见发蝇等。如是诸所执义，应知一切皆唯是识。下释难中，真智觉时者，谓得无漏无分别智时，彼时现知三界生死一切如梦，皆唯是识。

其有未得真智觉者，于唯识中云何比知？由教及理应可比知。此中教者，如《十地经》，薄伽梵说："如是三界皆唯有心。"又薄伽梵《解深密经》亦如是说，谓彼经中："慈氏菩萨问世尊言，诸三摩地所行影像彼与此心当言有异当言无异？佛告慈氏，当言无异。何以故？由彼影像唯是识故。我说识所缘，唯识所现故。世尊，若三摩地所行影像即与此心无有异者，云何此心还取此心。慈氏，无有少法能取少法，然即此心如是生时，即有如是影像显现。如质为缘，还见本质，而谓我今见于影像，及谓离质别有所见影像显现。此心亦尔，如是生时，相似有异所见影现。"即由此教，理亦显现。所以者何？于定心中随所观见诸青瘀等所知影像，一切无别青瘀等事，但见自心。由此道理，菩萨于其一切识中，应可比知皆唯有识，无有境界。又于如是青瘀等中非忆持识，见所缘境，现前住故。闻思所成二忆持识亦以过去为所缘故，所现影像得成唯识。由此比量，菩萨虽未得真智觉，于唯识中应可比知。

由教者是由至教量，由理者是由世间已知正理。依彼二者，比知所余所不知义，是为比量。教是信解知，云比知者，教说其总，比知余别别事故。《十地经》者，宣说菩萨十地因果行相，即《华严经》中十地品也。彼经第六现前地中观察十二缘起之相，缘无明行有识等生，缘爱取有有生老死，由是了知三界所有皆唯是心。心意识了名之差。即此证知唯识无义。既经说言三界唯心，彼出世间亦唯心否？曰，亦唯心。无性释云："此唯识言，成立唯有诸心心所法，无有三界横计所缘。此言不遣真如所缘依他所缘，谓道谛摄根本后得二种所缘，由彼不为爱所执故，非所治故，非迷乱故，非三界摄，亦不离识，故不待说。若尔，应说如是二界，无色界中经部唯有心心法故。此难不然，识所取义，皆无义故，非但色无说名唯识。何者亦无？余虚空等识所取义。"次《解深密经》中所说义者，谓即彼经分别瑜伽品说。三摩地所行影像者，谓定所缘境。定所缘境，即定心所变现，故二无异。无有少法能取少法者，谓无有余少法能取余少法，即是异法不相取义。然即此心如是生时即有如是影像显现者，谓即此心缘色相而生时，即有色相影像显现。缘声香味触法等生时，即有声香味触法相影像显现。能缘必带所缘相生，名如是生时。所缘还是能缘自所变现，名即有如是影像显现。如质为缘还见本质而谓我今见于影像及谓离质别有所见影像显现者，此以喻显。谓人持镜自见其面，别有愚人不了如是镜中影像唯是自面为缘所生，乃别以为彼镜中影像为别实人，怖头吓走。一切凡夫亦复如是，于自心所现执为实义起贪怖等。当知此中但喻少分，非谓质是能见见于影像，但显离自本质无别像体耳。即由此教理亦显现者，以下说理。如彼修不净观者，于定心中随所观见青瘀等所知影像一切无别青瘀等事，但见自心，随心作彼观，起彼影像故。由是比知一切所缘皆是识变。云何应知定心所见青瘀等事非别实有？以如是心，非忆持识，见所缘境现前住故。设谓此心是忆持识，但忆先来所见青瘀事者，当知彼境既成过去现无有体，今所忆者仍现时识所变现者，亦但唯识。由此比量，始业菩萨，虽未得真智，于唯识义亦可了知。此中比量云：诸识唯识无别境界，以识所缘唯自识变故，如定心中所见青瘀等事。

　　如是已说种种诸识如梦等喻，即于此中眼识等识可成唯识。眼等诸识既是有色，亦唯有识，云何可见？此亦如前由教及理。

此中眼识等识谓眼识耳识等六识界，体是识故可成唯识。眼等诸识者，谓眼耳等五内色处或通取色声等五外色处。既是有色者，此等皆以色为自性故名为有色。亦唯有识，云何可见者，谓既体是色，何故云彼亦唯有识耶？此亦如前由教及理者，谓如前三界唯心等教及定中青瘀等理。复次，今以余理成眼识等所缘色等唯眼识等变。此如有人于彼外境，随其距离远近，所见大小明昧审略殊故。又随位置上下正侧，方向不同，所见形体又各异故。又彼一人随其少壮衰老识力有殊，所见外境又种种不同故。设多有情同视一物，又各随其距离位置年龄识力种种悬殊，即彼所见益不同故。由是可知，设果无外境耶，则各人所见固尽各自识境也。设信有外境耶，彼外境者既随各人所见不同，即各所见仍各自识所自变现之色相耳。眼识等所缘亦唯是识，此理决定。如斯道理，俱如《八识规矩颂释论》《唯识通论·成立唯识义》中广说。

> 若此诸识亦体是识，何故乃似色性显现，一类坚住，相续而转？与颠倒等诸杂染法为依处故。若不尔者，于非义中起义颠倒，应不得有。此若无者，烦恼所知二障杂染应不得有。此若无者，诸清净法亦应无有。是故诸识应如是转。此中有颂：

> 乱相及乱体，应许为色识，及与非色识，若无余亦无。

一类坚住相续而转者，谓前后相似无转变义。此意问言，既诸色等皆唯是识，云何不随心意起灭，转变不同，乃至一类坚住相续，既自坚住，似别有体，不但识也。应正答言：阿赖耶识具藏识种色种，由斯变生色识及非色识。色识为疏所缘缘，令眼识等生。彼色等识，前业识感，受报有定，于一期中一类相续，似坚住故；然非离识而别有体，以前业感异熟识而变故。眼识等生，依之别变似外色相，为自亲所缘缘。此但与外色相似，非即外色，如上已说。由外境定故，此亦前后相似而生。性境所缘理自尔故。今此论中答言与颠倒等诸杂染法为依处者，无性释云："彼问所须，不问因种。由彼不执别有诸色，但问何须阿赖耶识变作诸色，不唯作识，故作此答。"答中意说，由业识力，色等诸识一类坚住相续转故，意识不了，依之执为常乐我净实有外境，于非义中起义颠倒，二障俱生，杂染相续。厌坏彼故，修诸对治，及得转依，有清净道及彼道果。世出世间，诸识转变，法尔如是，无别有因。若非然者，杂染清净皆不得有。由堕如是杂染法故，识如是似境现。由识如是似境现故，起如是杂染等法。颂中乱相即是色识，乱体即非色识。为颠倒杂乱所缘相故，色识名乱相。为颠倒杂乱体故，非色之识名为乱体。依色起乱故，由识而乱故。若无余亦无者，若无乱相色识，亦无有余乱体非色识。此既是有，彼应非无。无始时来，所取能取相互依生，不可问其现似道理。

何故身身者受者识所受识能受识于一切身中俱有和合转？能圆满生受用所显故。何故如说世等诸识差别而转？无始时来生死流转无断绝故，诸有情界无数量故，诸器世界无数量故，诸所作事展转言说无数量故，各别摄取受用差别无数量故，诸爱非爱业果异熟受用差别无数量故，所受死生种种差别无数量故。

根境识三，总十八界，能圆满生受用所显，故身身者受者识等于一切有情身中俱有和合转。为显有情无始时来生死流转无断绝故等，立世识等差别而转。

复次云何安立如是诸识成唯识性？略由三相：一由唯识无有义故。二由二性，有相有见，二识别故。三由种种，种种行相而生起故。所以者何？此一切识无有义故，得成唯识。有相见故，得成二种。若眼等识以色等识为相，以眼识识为见，乃至以身识识为见。若意识，以一切眼为最初法为最后诸识为相，以意识识为见，由此意识有分别故，似一切识而生起故。此中有颂：

唯识，二，种种，观者意能入。由悟入唯心，彼亦能伏离。

一由唯识无有义者，实我外境遍计所执皆非有故，如梦幻等。二由二性，有相有见，二识别故者，一切所缘唯识相分，一切能缘唯识见分，见相虽殊体唯是识，故成唯识。三由种种，种种行相而生起故者，即于相见各有种种差别行相，如一眼识于一刹那现见青黄河山诸色，能缘所缘诸行相转，然皆不越自识相色，唯是一心故成唯识。若眼等识以色等识为相，以眼识识为见等者，彼色等识是亲所缘缘，不以本质疏所缘缘为相分也。无性云："始从眼识乃至身识随类各别变为色等种种相识说名相分，眼等诸识了别境界能见义边说名见分。""若意识以一切眼为最初等者，谓彼意识有能一时取一切义，增上势力眼识为初法识为后所安立相是其相分，即此意识了别义边说名见分。由此意识遍分别故，似一切识而生起故。"世亲释同。又云："又于三中，唯就意识以为种种，所取境界不决定故。其余诸识境界决定，又无分别，意识分别，故唯于此安立第三种种相见。"颂中唯识二种种观者意能入者，谓瑜伽师修法观者，彼意能悟入唯识无义，识变相见，及种种行相。由悟入唯心，彼亦能伏离者，由悟入唯识二及种种故悟入唯心，悟入唯心已即彼心识亦能伏离。知如幻等非实有故，所取既空能取亦空，所取能取相待立故。法执尽遣，方入中道。

又于此中有一类师说一意识，彼彼依转得彼

彼名，如意思业名身语业。

此叙异师计也，谓无五识，唯一意识，依于眼根则见于色，得眼识名；依耳等根，即闻声等，得耳识等名。如一意思业，动身发语即名身业语业，实只唯一意业故。以是为证，例唯一识。

又于一切所依转时似种种相二影像转，谓唯义影像，及分别影像。又一切处亦似所触影像而转。有色界中即此意识依止身故，如余色根依止于身。

意识依眼等生时，云何而有分别？以诸色根无分别故。此中释言：即此意识于诸根转生时似于种种能所取相二影像转，一分似义影像此即相分，一分分别影像是即见分，由是故有种种分别。又一切处亦似所触影相而转等者，二释俱谓此说定中虽无五识，然由意识亦似所触而转，内起领受。所以者何？有色界中即此意识依止身故。如余色根依止于身，于自所依能起损益。此如身根依止于身，若有外缘所触现前，身根便似所触相起，于自依身能作损益。意识亦尔，依止身故，似彼所触影像而转。此意总显意识依身起境界受，虽无五识彼用不无，故知五识体即意识，似义分别二种影像唯是一意识现。

此中有颂：

若远行独行，无身寐于窟，调此难调心，我说真梵志。

自下别引圣教为证。即此意识心能遍缘一切境故名远行，除此无第二识故名独行，非色身摄故云无身，依止身窟名寐于窟。如是意识心贪等烦恼之所依故，数数于境纷散驰逐，极难调伏令得清净，有能调此难调心者我说彼为真是梵志。梵志谓修净行者。

又如经言：如是五根所行境界，意各能受，意为彼依。

意各能受者，如彼五根各别所行境界，意亦各别能领受故。意为彼依者，世亲云："是彼诸根能生因故，以意散乱彼不生故。"此意谓言如意狂乱或闷绝时，虽境对诸根，诸根不起用也。

又如所说十二处中说六识身皆名意处。

《集论》，识生长门义是处义。又《中边论》，能受所了境，用门义名处。故一意处，摄六识身。此即据以为证，无有五识，但一意识也。

一意识师非是正义。十八界法，种各异故。若一意处便唯意识，应一色蕴，别无声等。唯此意识遍行诸境，五识所取意亦能取，五识不起意亦独起，不同五识必依意起各取自境，是故经说远行独行等言。然经不说无五识言，不可为据。此非正论，故论及二释未加赞否。然细寻前后正文具言眼耳等识，故知论主不取此义。

若处安立阿赖耶识识为义识，应知此中余一切识是其相识，若意识识及所依止是其见识。由彼相识是此见识生缘相故，似义现时能作见识生依止事。如是名为安立诸识成唯识性。

义识者，谓本质识，疏所缘缘，相见所依。余一切识者，谓眼色等识。意识依止者，谓末那识。意识缘八识相分色等为疏所缘缘，变似色等相为自相分。末那缘八见分为疏所缘缘，唯变似我相为自相分。故说安立八识是其义识，应知此中余一切识是其相识,若意识识及所依止是其见识也。然委细分别,义不止此。眼识识等亦各别以阿赖耶识相分为疏所缘缘本质义故。此不说者应知亦是一意识师义也。由彼相识是此见识生缘相故者,是见识生时所缘虑之相。似义现时能作见识生依止事者,谓此相识似本质义相现时,能作见识生起所依,见分必以相分为所依止乃得生故。上义是为见所虑义,下义是为见所托义,是即唯识所缘缘义,是带己相心或相应所虑所托义也。今此所释,依后《成唯识论》之义。世亲、无性两释,此不依之。

按此段文,听众有以为是正义,非一意识师计者。又一意识师义,游君隆净,以为世亲菩萨既有唯就意识以为种种之释,此中引一意师计目的即在显上依于意识而有种种之理。虽不取其唯一意识之说,而有取于远行独行遍缘一切之义,引以发挥,故不加批驳耳。其说甚是,足以启余也。

诸义现前分明显现而非是有,云何可知?如世尊言:若诸菩萨成就四法,能随悟入一切唯识都无有义。一者,成就相违识相智,如饿鬼傍生,及诸天人,同于一事见彼所识有差别故。二者成就无所缘识现可得智,如过去未来梦影缘中有所得故。三者成就应离功用无颠倒智,如有义中,能缘义识应无颠倒,不由功用智真实故。四者成就三种胜智随转妙智,何等为三?一得心自在一切菩萨,得静虑者,随胜解力诸义显现。二得奢摩他修法观者,才作意时诸义显现。三已得无分别智者,无分别智现在前时,一切诸义皆不

显现。由此所说三种胜智随转妙智，及前所说三
种因缘，诸义无义道理成就。

更有四智成义非有悟入唯识。相违识相智者，无性释云："更
相违反，故名相违。相违者识，名相违识。生此识因，说名为相。了
知此相，唯内心变，外义不成，故无有义，说名为智。如饿鬼傍
生及诸天人等者，谓于饿鬼自业变异增上力故，所见江河等处皆
悉充满脓血。鱼等傍生即见舍宅游从道路。天见种种宝庄严地。人
见是处有清冷水波浪湍洄。若入虚空无边处定，即于是处唯见虚
空。一物实有，为互相违非一品类智生因性不应道理。云何于此
一江河中已有脓血屎尿充满，持刀杖人两岸防守，复有种种香洁
舍宅清净街衢众宝严地，清冷美水波浪湍洄，虚空定境？若许外
物都无实性，一切皆从内心变现，众事皆成。如有颂言：于一端
严淫女身，出家耽欲及饿狗，臭尸昌艳美饮食，三种分别各不
同。既诸有情同于一处所见互违，故知所缘唯自识变，无别外
境。无所缘识现可得智者，谓虽无实义为识所缘，而彼义像识现
可得，如过去未来梦影缘中有所得故。谓如过去未来，已灭未生
皆非是有，而但由识忆想力故所有境界亦现可得。梦境定境水月
镜花皆非实所缘境，而彼境像识现可得。此唯识变，自他共成。例
知余境唯是其识。应离功用无颠倒智者，谓义若实，即彼缘彼义
识执实有者应非颠倒。既非颠倒，即一切凡夫不由功用实智自
成，解脱成就。然不如是。是知凡夫所执实义皆非是实。何以
故？以智颠倒故，世亲云："三种胜智随转妙智者，谓能了知三
种胜智境随转义。得心自在，谓心调顺有所堪能。得静虑者，谓
声闻独觉已得静虑。随胜解力诸义显现者，谓若愿乐地成其水，如

意则成。火等亦尔。"得奢摩他修法观者等者，谓已得三摩地依之而修法观者，才作意时，如经等法所诠之义便即显现，非唯文字，事义现故。已得无分别智者，谓地上菩萨。无分别智现在前时者，谓真见道时。一切诸义皆不显现者，唯观真如无相理故，诸义不现。若义是实，云何随心而得转变？云何由心，忽可令有，忽可成无？既无分别智是其真实，应所取义唯是虚假。是故由此三种胜智境随转智，及前所说相违识相智，无所缘识智，自应无倒智三种因缘，诸义无义道理成就。若诸菩萨成就如斯四智者，能随悟入一切唯识都无义也。

　　若依他起自性实唯有识，似义显现之所依止，云何成依他起，何因缘故名依他起？从自熏习种子所生，依他缘起，故名依他起。生刹那后，无有功能自然住故，名依他起。

依他起自性前既说言实唯有识，即有自性，似义显现之所依止，即为他依。如是云何成依他起？此问法体。复何因缘名依他起，此问得名。答中，从自种生，依他众缘而起故，又生刹那后不自然住故，以是二因成依他起，即此因缘名依他起。

　　若遍计所执自性依依他起，实无所有似义显现，云何成遍计所执？何因缘故名遍计所执？无量行相意识遍计颠倒生相，故名遍计所执。自相实无，唯有遍计所执可得，是故说名遍计所执。

问意，既本非有，云何得成遍计所执，复何因缘得此名耶？答中虽本无有，然由无量行相意识遍计故，有颠倒相生，执为实有，以是故成遍计所执，名遍计所执。自相实无，唯有遍计所执可得，故成遍计所执，名遍计所执。此中无量行相者，是遍计所依。意识者，是能遍计。颠倒生相者，是遍计所执。谓意识缘于无量行相起诸分别，周遍计度有无一异自他差别等，由是执有我法相生，成遍计所执。

　　若圆成实自性是遍计所执永无有相，云何成圆成实？何因缘故名圆成实？由无变异性故名圆成实。又由清净所缘性故，一切善法最胜性故，由最胜义名圆成实。

　　问意，圆成实自性既不过遍计所执永无有相，云何即于彼遍计所执永无有相成圆成实？复何因缘名圆成实耶？答中，即此遍计无相之相，是依他起自性实相，圆满成就，任诸异生如何遍计，而彼自性永无变异，以是故成圆成实，即此因缘故名圆成实。又由清净所缘性故者，即此无相之相，唯是圣者离障清净智所缘故，非诸异生杂染意识所得缘故。一切善法最胜性故者，一切善法无过诸法实相，得诸法实相者能断诸障出离生死迷网，成就无上菩提故，是故即此依他无性真实自性，是一切善法最胜性。由最胜义，成圆成实，名圆成实。即此亦名胜义胜义。云胜义者，诸法如义是也。胜者不起增益，唯如诸法义故，名为大觉。即此如义，法住法位，法界安立，无有诸法能超越故，是最胜性，成圆成实。

　　复次有能遍计，有所遍计，遍计所执自性乃成。此中何者能遍计，何者所遍计，何者遍计所执自性？当知意识，是能遍计，有分别故。所以者何？由此意识用自名言熏习为种子，及用一切识名言熏习为种子，是故意识无边行相分别而转，普于一切分别计度，故名遍计。又依他起自性名所遍计。又若由此相令依他起自性成所遍计，此中是名遍计所执自性。由此相者，是如此义。复次，云何遍计能遍计度，缘何境界，取何相貌，由何执著，由何起语，由何言说，何所增益？谓缘名为境，于依他起自性中取彼相貌，由见执著，由寻起语，由见闻等四种言说而起言说，于无义中增益为有，由此遍计能遍计度。

为广分别遍计所执，说能遍计等。当知意识是能遍计有分别故者，谓唯此意识有随念计度等分别故能遍计，五识唯有自性分别不能遍计。无性云："用自名言熏习为种子者，无始生死所有意识戏论名言熏习种子为此生因。及用一切识名言熏习为种子者，谓用无边色等影识名言熏习种子为因，似彼生故。是故一切无边行相分别而转。"此中用自名言熏习为种子者，此即意识见分种子。及用一切识名言熏习为种子者，是意识相分种子。由彼意识能遍缘十八界法故，随于三境等，或用色等名言熏习为因生于相分，或用一切名句文等表义名言熏习为因似彼心等相分生。故说此意识用自及一切识名言熏习为种子。应知此中见相有别，假实义殊，非谓诸识种子共生一识。不尔，应与性决定引自果义相违。诸有智者，不应如语而执其义。由此意识能遍分别，及用一切识种子为因相分生故，是故意识能遍计度。又依他起自性为所遍计者，遍计所执本无有故，非所遍计。圆成实性圣智境故，亦非所遍计。唯此依他起自性色等诸蕴，是凡智所缘。由不了达彼实性故，依之生起遍计所执，故成所遍计。又若由此相令依他起自性成所遍计，此中是名遍计所执自性者，谓若由此意识品类缘相令依他起成所遍计者，即此意识缘相名遍计所执。是如此义者，是如此品类缘相义。复次，云何遍计能遍计度者，是总问。缘何境界等，是别问。答中，先别，后总。别义既显，总义自明故。缘名为境者，遍计所执正以名为所缘相故，设离于名即不能起种种分别。于依他起自性中取彼相貌者，谓于依他起自性中取彼遍计所执相貌。取彼彼境事相貌，施设彼彼名，故无性云："由能取相说名为想，于依他起自性中取眼等相。"由见执著者，谓由见故执著彼事实是此名，或如是名实是彼事，或彼彼事中实有如是名之自性，如是名自性实在彼彼境事中。由寻起语者，由寻及伺是语行故，能起于语而为他说。为他说者，必有所据始令他信，故复由见闻觉知四种言说而起言说。言说有据众谓实有，由是便于无义中增益为有，世间极成，谓为真实。总由如上种种遍计能遍计度。此如有人先有蛇等名想言说，次于暗室见于绳等，即于绳上缘蛇为境，取蛇相貌，次由见故执如是绳实是其蛇。执实蛇已，由寻起语。次为他说：室中有蛇，室中有蛇，我实见故。他复为他说如是言：彼室有蛇，彼室有蛇，我于他所闻实有故。由斯众共于无蛇室中，增益蛇实有，遍计所执生起如是。

　　复次，此三自性为异为不异？应言非异非不异。谓依他起自性由异门故成依他起，即此自性由异门故成遍计所执，即此自性由异门故成圆成实。由何异门此依他起成依他起？依他熏习种子起故。由何异门即此自性成遍计所执？由是遍计

所缘相故，又是遍计所遍计故。由何异门即此自
性成圆成实？如所遍计毕竟不如是有故。

此辨三性同异。云此三性非异非不异者，谓即此一依他起，由
缘生义故成依他起，由遍计所缘相及所遍计故成遍计所执，如所
遍计依他起上毕竟无彼，即彼无性之性是其实性故成圆成实。是
故三性，非异亦非不异。论文自显，故不广释。论中异门者，义
理所由，说名为门，即异因义。又三性非一异者，不离依他起外
别有遍计圆成，故非异。遍计非有，依圆有故；圆成唯净，依他
遍计是染故；更有常等差别，故非不异。

此三自性各有几种？谓依他起略有二种：一
者依他熏习种子而生起故，二者依他杂染清净性
不成故，由此二种依他别故名依他起。遍计所执
亦有二种：一者自性遍计执故，二者差别遍计执
故，由此故名遍计所执。圆成实性亦有二种：一
者自性圆成实故，二者清净圆成实故，由此故成
圆成实性。

世亲释云："杂染清净性不成者，由即如是依他起性，若遍
计时即成杂染，无分别时即成清净，由二分故一性不成，是故说
名依他起性。"于一事上起一眼等执，是为自性执。复于彼事执
取常无常等，是差别执。自性圆成实者，二释俱云，有垢真如，在
缠真如，唯以自性成圆成实故。清净圆成实者，二释俱云，离垢
真如，出缠真如，亦以清净成圆成实。

复次，遍计有四种：一自性遍计，二差别遍
计，三有觉遍计，四无觉遍计。有觉者，谓善名

言。无觉者，谓不善名言。

有觉遍计谓善名言者，此于《瑜伽》说名名言随觉。自起如是分别，还能以名言说示他。他说如是名言，还能领解他分别故。无觉遍计谓不善名言者，此于《瑜伽》说名名言随眠。亦有名想分别，然不能说示他，亦不能了他说，如牛羊等。

如是遍计复有五种：一依名遍计义自性，谓如是名有如是义。二依义遍计名自性，谓如是义有如是名。三依名遍计名自性，谓遍计度未了义名。四依义遍计义自性，谓遍计度未了名义。五依二遍计二自性，谓遍计度此名此义如是体性。

依名计义者，谓乍闻彼色等名，便计有色等事。依义计名者，谓乍见色等事，即计是色等。依名计名自性谓遍计度未了义名者，谓先于彼名不了其义，由是于彼名亦不了知，还以余名而计度之。如见古文或外国文者，复以今文本国文而计度之，⊙者，日也。阿赖耶识，此云藏识等，依义计义自性谓遍计度未了名义者，谓先于彼事未了其名，由是于彼事亦不了知，还以余事而计度之。如先未见飞机者，乍见空中飞扬，即遍计言，此是蜻蜓耶，抑是鹰准耶，如是等。依二遍计二自性谓遍计度此名此义如是体性者，谓于一名复以余名而计度之，复计其义。于事亦尔，既见彼事，见彼名已，复执彼事实是彼义。如闻犬名计即说狗，实是其狗，此依名计二如是体性也。又如见狗，计此名狗，实是其狗，此依义计二也。《瑜伽》云："云何依二遍计二自性，谓计此事是色自性，名之为色，此事是受想行识自性，名受想行识。"

复次，总摄一切分别略有十种：一根本分

别，谓阿赖耶识。二缘相分别，谓色等识。三显相分别，谓眼识等，并所依识。四缘相变异分别，谓老等变异，乐受等变异，贪等变异，逼害时节代谢等变异，捺落迦等诸趣变异，及欲界等诸界变异。五显相变异分别，谓即如前所说变异所有变异。六他引分别，谓闻非正法类，及闻正法类分别。七不如理分别，谓诸外道闻非正法类分别。八如理分别，谓正法中闻正法类分别。九执著分别，谓不如理作意类萨迦耶见为本六十二见趣相应分别。十散动分别，谓诸菩萨十种分别。

此段二释义同，无性加详，彼云：根本分别者，谓阿赖耶识是余分别根本，自性亦是分别，故名根本分别。缘相分别者，谓分别色等有如是缘相。显相分别者，谓眼识等并所依识，显现似彼所缘故。缘相变异分别者，谓似色等影识变异所起分别。老等变异者，谓色等识似老等相起诸变异。何以故？外内色等皆有老等转变相故。等者，等取病死变异。乐受等变异者，由乐受故身相变异，如说乐者面目端严。等者，等取苦及不苦不乐受。贪等变异者，谓由贪等身相变异。等者，等取嗔痴忿等。如说忿等恶形色等。逼害时节代谢等变异者，谓杀缚等，令身相等生起变异。时节代谢亦令内外身树色等形相改变，如说寒等所逼切时身等变异。捺落迦等诸趣变异者，等即等取一切恶趣，彼处色等变异共了。及欲界等诸界变异者，等取色界。无色界中，无似色等影像识故。于诸天中及静虑中亦有有情及器色等种种变异，如摩尼珠威神力故种种净妙光色变异。显相变异分别者，谓由眼等所依根故，令似色等影像显现，眼识等识种种变异，即于此中起诸分别，即如前说老等变异随其所应而起变异。何以故？如说眼等根有利钝，识明昧故。如无表色所依变异，彼亦变异。由乐受等变异亦尔，如说乐者心安定故，如说苦者心散动故。贪等逼害时节代谢变异亦尔。捺落迦等及欲界等依身变异，识亦变异，如应当知。无色界中，亦有受等所作变异，诸识分别。他引分别者，谓善恶友亲近所起，及与听闻正非正法为因分别，即是外道迦毗罗等及正法中诸骚揭多所有分别，名不如理，如理分别。如是二种随其所应能生邪见正见相应二种分别。萨迦耶见为因所起六十二见相应分别，即《梵网经》中前际后际中际分别，谓我过去为曾有耶，如是等分别名执著分别。言见趣者，是品类义。散动分别者，散乱扰动，故名散动，此即分别，是故说名散动分别，此即扰乱无分别智。何以故？由此扰乱般若波罗蜜多故，无分别智即是般若波罗蜜多。谓诸菩萨十种分别者，谓诸菩萨能发语言，他引而转，不称真理，十种分别。何以故？证会真理若正现前不可说故。

　　一无相散动，二有相散动，三增益散动，四损减散动，五一性散动，六异性散动，七自性散动，八差别散动，九如名取义散动，十如义取名散动。为对治此十种散动，一切般若波罗蜜多中说无分别智。如是所治能治，应知具摄般若波罗蜜多义。

此段二释义同。无性释云：于一切般若波罗蜜多中具说如是十种散动对治。且如说言，世尊，云何菩萨应行般若波罗蜜多？舍利子，是菩萨实有菩萨，不见有菩萨。何以故？色自性空，不由空故，色空非色。色不离空，色即是空，空即是色。何以故？舍利子，此但有名谓之为色。此自性无生无灭，无染无净。假立客名，别别于法而起分别。假立客名，随起言说，如如言说，如是如是生起执著。如是一切菩萨不见。由不见故，不生执著。如说于色，乃至于识，当知亦尔。此中为对治无相散动故，彼经说言"实有菩萨"等，谓实有空为菩萨体。为对治有相散动故，即彼经言"不见有菩萨"等，谓遍计所执自性，永无有故。为对治增益散动故，即彼经言"色自性空"等，谓即遍计所执自性，永无有故。为对治损减散动故，即彼经言"不由空故"等，谓彼法性是实有故。为对治一性散动故，即彼经言"色空非色"等，净不净境，性各别故。为对治异性散动故，即彼经言"色不离空"等，谓遍计所执色自性无所有即是空故。为对治自性散动故，即彼经言"此但有名谓之为色"等，为对治差别散动故，即彼经言，"无生无灭"等。为对治如名取义散动故，即彼经言"假立客名别别于法而起分别"等，为对治如义取名散动故，即彼经言"假立客名随起言说如如言说如是如是生起执著。如是一切菩萨不见，由不见故不生执著，此意说言于名于义如实了知无妄执著"。如是十种分别，十种散动，为是依他起，为是遍计所执？答，是依他起。根本缘相显相等分别，谓依他起可尔，云何不如理执著等分别亦非遍计所执耶？答，此但能遍计，非遍计所执。即彼能执，亦依他起识为性故。要彼所执我法增益乃是遍计所执耳。

　　若由异门依他起自性有三自性，云何三自性不成无差别？若由异门成依他起，不即由此成遍

计所执及圆成实。若由异门成遍计所执，不即由
此成依他起及圆成实。若由异门成圆成实，不即
由此成依他起及遍计所执。

虽于一依他起性由异门故立三自性，然由依义别故，三性非
一，此如前释。

　　复次，云何得知如依他起自性，遍计所执自
性显现而非称体？由名前觉无，称体相违故。由
名有众多，多体相违故。由名不决定，杂体相违
故。此中有二颂：

　　　　由名前觉无，多名，不决定。成称体，多体，杂
体相违故。

　　　　法无而可得，无染而有净，应知如幻等，亦
复似虚空。

即于依他起性上一切凡夫觉有遍计所执自性显现而非称
体，彼遍计所执自性与依他起自性相违，非即彼体故。云何应知
如是显现而非称体？答中以名前觉无等三义相违为难。夫遍计所
执自性要依名起，随诸有情于依他起相上施设种种名故而便执有
遍计所执自性，即此又名言说自性。如是言说自性，若谓即是依
他起性者，则应随缘一法，虽亦施设彼名，即应觉彼言说自性。然
而不尔。此如小儿初生，未为立名，或遇途人未问名姓，即不于
彼小儿途人起琼娃莲生张仁赵礼等解。必于小儿既名之为琼娃莲
生，然后一见小儿，即便觉其为琼娃莲生，且更确然执定此儿为
琼娃此儿为莲生，此实是琼娃此实是莲生也。张仁赵礼等亦如
是。既得彼名，即执彼性。自余一切色声香味触法、眼耳鼻舌身

意、地水火风空识乃至菩提涅槃等，无不如是。未立名前唯有白黑红黄等觉，而不觉言此是其白，此为是黄等，更不觉言此是其色，此是其声等。要待吾人于白等相立白等名，然后于白作此是白解。于白黑等相，共立色名，然后于白黑等起此是色解，此是白色，此是黑色等解。如是名言自性，既要于立名之后始有彼觉，即此自性非是依他起诸法本有自性，但随名言施设而有。即此施设，随情异故，施设亦异。施设异故，所觉亦异。设于色等法，先不立色等名，而立之声等名。则今时见色，反觉为声，执实是声。立香为味，立味为香，今时所觉，不同亦尔。然则此名想言说自性，云何与彼依他起相诸法自性体相称耶？依他起相所以不与遍计所执相体相称者，依他起相从因缘生，本性是有，现量所得，不待名言遍计而后可得故。遍计所执相不从因缘生，施设故有，非量所得，要待名想言说遍计得故。既不称体，故成相违。又诸世间，于一事上每立多名，此如一人有名有字有别号等。又如典籍简书，共目一物。设若随于遍计所执，即是诸法自性者，即彼一物体应成多。然而不尔，故成相违。又如龙虎骐骥，本傍生之名，然亦以为人中男子之美称。兰蕙桂芝，本植物之名，然亦以为人中女子之佳号。天者颠也，本以目于太空之无穷，然复以为天然天籁，不待人工自然而有之物。宗教家之天，乃为造物之主宰。佛法言天，又五趣之一耳。自余臣民以君主为天，子女以父为天，妻妾以夫为天，各天其天，而天义无定。儿子女子，子者人伦卑位之称。天子夫子，则子者又人伦尊贵之称也。风俗风化，相习成风，故风为人群行为动作之仪相。风吹叶落，风起云涌，则风为四大实物之名也。宽柔柔顺，柔为人之美德。柔懦柔弱，则复为人之恶德也。由是可知一切名言无决定义。设谓名言遍计所执之性即是依他起相诸法之性者，应彼依他诸法体成杂乱。所以者何？即于彼人，又名龙虎兰蕙等诸杂物故，应即彼人成龙虎等。然而不尔，故彼杂体亦成相违。由此三因，依他起性不由名前有彼性故，不由多名体成多故，不由名言义不决定体成杂故，故遍计所执性虽于依他起性诸法上显现而非称彼体。为摄此三因，说于初颂。又为通释疑难，说第二颂。世亲释云："法无而可得等者，此一伽他，以幻等喻开悟弟子，弟子有二相违疑问，云何法无而现可得？云何无染，而有清净？此中两喻，释此疑问。如幻等者，譬如幻象，实无所有，而现可得。应知此中，义亦如是，虽现可得，而非实有。似虚空者，譬如虚空虽非云等所能染污，性清净故，而离彼时说名清净。当知诸法亦复如是，虽实无染，性清净故，然客障垢得灭离时，说名清净。"此意释言：遍计所执性既非是有，云何于依他起上显现可得？答如幻等，幻等相上虽无真实象马，而诸愚夫于彼幻相觉实象马显现可得。又遍计所执性既非是有，即应不能染于诸法，云何诸法圆成实性要待遍计所执断时然后说得清净耶？答如虚空，虚空虽不因云雾等障而成非空，然要离障空相始现。如是诸法自性虽不为遍计所执所染，然彼实性离彼时始现也。

　　复次，何故如所显现实无所有，而依他起自性非一切一切都无所有？此若无者，圆成实自性亦无所有。此若无者则一切皆无。若依他起及圆成实自性无有应成无有染净过失。既现可得杂染清净，是故不应一切皆无，此中有颂：

　　若无依他起，圆成实亦无。一切种若无，恒

时无染净。

此意问言，既如所显现遍计所执自性实无所有，何故依他起自性非一切一切都无所有。云一切一切者，谓显现所依所缘等事。答中文义易知。一切凡夫执有诸法言说自性。佛遣有执，说诸法空。恶取空者，闻说法空，便亦拨无依他起性，今此义中，执性非有，依他非无。由有依他起故，起遍计执。离彼执时，证圆成实。染净因果，皆得成立。若非然者，圆成亦无。无染无净，流转还灭因果凡圣皆不成也。

诸佛世尊于大乘中说方广教，彼教中言，云何应知遍计所执自性？应知异门，说无所有。云何应知依他起自性？应知譬如幻，焰，梦，像，光影，谷响，水月，变化。云何应知圆成实自性？应知宣说四清净法。何等名为四清净法？一者自性清净，谓真如，空，实际，无相，胜义，法界。二者离垢清净，谓即此离一切障垢。三者得此道清净，谓一切菩提分法，波罗蜜多等。四者生此境清净，谓诸大乘妙正法教。由此法教清净缘故，非遍计所执自性。最净法界等流性故，非依他起自性。如是四法，总摄一切清净法尽。此中有二颂：

幻等说于生。说无计所执。若说四清净，是谓圆成实。

自性与离垢，清净，道所缘，一切清净法，皆四相所摄。

遍计所执体相俱无，故经异门说无所有。依他起性，有相无体，虽有非真，说如幻等。圆成实性，体性清净，谓即四清净法。真如实际等，一切有情，平等共有，通于凡圣，自体本净，故名自性清净。即此自性清净法，随别别义，得种种名，理非妄倒，故名真如。离诸障碍，故名为空。永离一切色等相故，说名无相。胜者所缘，故名胜义。清净法因，故名法界。离垢清净者，谓即真如等，离烦恼所知障垢，于果位中名离垢清净。得此道清净者，得谓证得，此谓真如等，道谓圣道，能证得此自性离垢清净法道，其体清净无颠倒故，说得此道清净。菩提分法，谓即四念住，四正断，五根，五力，七觉支，八道支三十七菩提分法。分是因义，能作菩提因，故名菩提分。波罗蜜多，谓即六度。等谓等取诸三摩地，诸解脱门，四摄，四无量等。生此境清净者，此谓圣道，境谓境界，能缘必仗所缘生故，圣道必仗大乘妙正法教而后得生。如是妙正法教，自体清净，故能生起清净圣道，故说名生此境清净。或谓如是教法依俗言说而施设故，云何不成遍计所执？依佛净智观他机感众缘生故，云何不成依他起？答云，由此法教清净缘故，非遍计所执自性。最净法界等流性故，非依他起自性。清净缘者，世亲意说能为清净圣道因故，非杂染因故。亦可此是诸佛菩萨清净后得圣智之所缘故，离诸计执，非遍计所执。最净法界等流性义如所知依分已释。如是法教不从杂染熏习所生故不名为依他起也。如是四种清净通名为圆成实。世亲云：于中初二无有变异圆成实故名圆成实，后之二种无有颠倒圆成实故名圆成实。若如《瑜伽》以正智摄入依他起者，后二亦是依他起。此中不说净分依他起，故概摄入圆成实也。颂文易知。

　　复次何缘如经所说于依他起自性说幻等喻？于依他起自性为除他虚妄疑故。他复云何于依他起自性有虚妄疑？由他于此有如是疑：云何实无有义而成所行境界？为除此疑，说幻事喻。云何无义心心法转？为除此疑，说阳焰喻。云何无义有爱非爱受用差别？为除此疑，说所梦喻。云何无义净不净业爱非爱果差别而生？为除此疑说影像喻。云何无义种种识转？为除此疑，说光影喻。云何无义种种戏论言说而转？为除此疑，说谷响喻。云何无义而有实取诸三摩地所行境转？为除此疑，说水月喻。云何无义有诸菩萨无颠倒心为办有情诸利乐事，故思受生？为除此疑，说变化喻。

虽幻等喻，同喻依他有相无义，而随所遣他虚妄疑有差别故，喻有差别。谓如前说，依他起性都无实义，但唯有识似义显现。愚即疑言，要有实义，乃成所行境界。既无实义，云何于彼成所行境耶？为除此疑，说幻事喻。谓如幻事，虽无真实象马等事，然有幻事为所缘故，即便起于实象马解，而谓我今见于真实象马。虽无实义，成所行境。云何无义心心法转为除此疑说阳焰喻者，此心心法转言，有于彼希求爱著义，较所行境，义复深细。谓要有实义，方能令心心所追逐驰求。彼义全无，但如幻事，谁复于彼起心动念，渴爱希求耶？答如阳焰，虽非是水，由渴爱故，于似水处便起追求，何要有实义，心心所乃转。云何无义有爱非爱受用差别为除此疑说所梦喻者，谓诸愚者闻阳焰喻已，复起疑言：纵无实义可起追求，然不应有爱及非爱受用差别。此如阳焰，虽可为心之所追求，以无实义故，终不作解除饥渴之用。然诸世间，有爱非爱受用实事，云何无有真实义耶？答，如所梦。谓如梦中，虽无有实男女饮食恩怨等事，而亦有其爱及非爱受用差别。所谓损失精血等事。故虽无义，受用得成。云何无义净不净业爱非爱果差别而生为除此疑说影像喻者，谓诸愚者闻所梦喻已。次复疑言：虽所梦事都无其实然有受用，但以所梦唯是假故，作杀盗等及施济等，终不因是受于地狱人天等爱非爱果。觉时不尔，作净业故，得生人天，受可爱果；作不净业故，即堕三途，受非爱果。既无实义，云何非如梦境果报皆虚，而乃业果相续终无差失耶？业果既实，知义非无。答，如影像。谓如影像，虽非实有，然随本质妍媸美丑、长短曲直、方圆大少有差别故，所现影像妍媸美丑、长短曲直、方圆大小随之差别。妍还得妍，无得媸者。媸还得媸，无得妍者。乃至大得大像，小得小像。因果法尔，终无差违。然不可说因果不谬，即影像成真。世间业果，亦复如是。虽随如是净不净业而有爱非爱果生起，然如影像亦非实有。如上四答，虽已尽除于依他起起实义执，然诸愚者执终不解，复起他疑，故复说于余喻，以显实义非有。谓彼疑言：虽如汝说幻等诸喻说义非有，然诸世间现于诸义种种识转，白黑红黄、方圆大小种种分别识得生起，岂尽无义有是识转耶？为除此疑，说光影喻。谓弄影者，映蔽其光，起种种影像，而皆得成。种种诸识，分别而起。然彼影者，但处无光，非有实义。是知识生种种分别，不定于实义然后转也。愚者复疑，要有实义，为欲诠表彼义自性及诸差别，是故于义起于种种戏论言说。设义都无，云何世间起诸言说？为除此疑，说谷响喻。一切言说，非定依义而后得起，如彼谷响都无所在，复无所为，而有种种声响起故。愚复疑言，光影谷响义并是虚，散乱心中所见所闻非实可尔，彼得定者而有实取诸三摩地所行境转，岂彼定心亦如乱识诸所取境皆是妄耶？为除此疑，说水月喻。谓如水月，圆净澄明，分明可得，一切有情现量证知，然彼水月非即实有。由水澄净无动乱故，有月影现。定中所缘分明现相亦如水月，由定寂静有明相生，如是诸相不离定心，体非实有。愚复疑言，设定所缘譬如水月，唯定所生，非是实有。然诸菩萨无颠倒心，为办有情诸利乐事，故思受生，岂无实义，无诸有情，无利乐事，罔受生死？为除此疑，说变化喻。如彼变化，虽非实有，而亦能作一切有情诸利乐事。诸佛菩萨视诸有情及视自身生死涅槃圣道烦恼无非化者。慈悲力故，无颠倒心，利益有情，示现生死，以变化力，化所化生，一切功德而皆得成，岂要别执有实有情，有实自我，有实利益，有实生死，然后乃能成就诸事？由是可知，诸依他起性，依他缘生，唯识为性，都无实义，唯现似有。以是八喻，遣一切疑，诸有智者，应善通达。如是八喻，义理深细，二释所释，各有幽致。今兹所释，陈义稍殊。合而观之，理益显耳。

　　世尊依何密意，于《梵问经》中说如来不得生死不得涅槃。于依他起自性中，依遍计所执自性及圆成实自性，生死涅槃无差别密意。何以故？即此依他起自性，由遍计所执分成生死，由圆成实分成涅槃故。

诸佛密意语言，难信难知依三自性，一切密意，皆可信解通达不谬，此下显示。且如诸佛常教有情厌弃生死趣证涅槃，云何复于《梵问经》中说言如来，不得生死，不得涅槃耶？谓即思益梵天所问经中，菩萨正问品所说。此中释言，于依他起自性中依遍计所执自性，及圆成实自性，生死涅槃无差别密意等者，谓彼经中依胜义谛一切分别戏论遍计所执是生死相，离诸戏论本无此执自性清净圆成实性是涅槃相。如是戏论生死相即于依他起性上显现故，如是自性涅槃相即依他起真实性故，是故即此依他起自性由遍计所执分成生死，由圆成实分成涅槃。由是诸佛于此依他起相不得生死，即彼自性是涅槃故。亦不得涅槃，觉是涅槃即是分别戏论成计所执堕生死相故。是故如来不得生死不得涅槃。

阿毗达摩大乘经中，薄伽梵说法有三种，一杂染分，二清净分，三彼二分，依何密意作如是说？于依他起自性中，遍计所执自性是杂染分，圆成实自性是清净分，即依他起是彼二分，依此密意作如是说。于此义中以何喻显？以金土藏为喻显示。譬如世间金土藏中三法可得，一地界，二土，三金。于地界中土非实有而现可得，金是实有而不可得，火烧炼时土相不现金相显现。又此地界土显现时虚妄显现，金显现时真实显现，是故地界是彼二分。识亦如是，无分别智火未烧时，于此识中所有虚妄遍计所执自性显现，所有真实圆成实自性不显现。此识若为无分别智火所烧时，于此识中所有真实圆成实自性显

现，所有虚妄遍计所执自性不显现。是故此虚妄
分别识依他起自性有彼二分，如金土藏中所有
地界。

依他起性二性所依，又即此性由遍计所执故成于杂染，由圆
成实故成于清净，故说依他为彼二分。金土藏喻者，地以坚为
相，而金正是其坚，喻圆成实是依他起真实自性。土相轻松，并
有润湿，此由与风等和杂为性，非实地性，喻遍计所执，但以妄
情分别为性，非依他起真实自性。然依于地有土相现，如是依依
他起遍计所执自性显现。土金不离地有，故地是彼二分。遍计圆
成不离依他有，故依他是彼二分。余文易了。识亦如是等言，识
即依他起性，依他起法一切皆以识为性故。此中不作能缘虑解，但
是染净分所依体也。

世尊有处说一切法常，有处说一切法无
常，有处说一切法非常非无常，依何密意作如是
说？谓依他起自性由圆成实性分是常，由遍计所
执性分是无常，由彼二分非常非无常，依此密意
作如是说。如常无常无二，如是苦乐无二，净不
净无二，空不空无二，我无我无二，寂静不寂静
无二，有自性无自性无二，生不生无二，灭不灭
无二，本来寂静非本来寂静无二，自性涅槃非自
性涅槃无二，生死涅槃无二亦尔。如是等差别，一
切诸佛密意语言，由三自性应随决了，如前说常
无常等门。

圆成实性体是常住，故说名常，遍计所执体常无有，故说无常。依他起性二分所依，由遍计故非常，由圆成故非无常，故说非常亦非无常，是谓无二。苦乐无二等者，谓圆成实性是乐，是净，是不空，是我，是寂静，是有自性，是不生，是不灭，是本来寂静，是自性涅槃，是涅槃。遍计所执性是苦，是不净，是空，是无我，是不寂静，是无自性，是生，是灭，是非本来寂静，是非自性涅槃，是生死依他起性，即是彼彼无二。圆成实性是乐者，离诸苦故。是净者，一切杂染不能染故。是不空者，理实有故。是我者，常住无变易故。是寂静者，诸法自性安住法不能乱故。是有自性者，即以无性为自性故。是不生者，本来成就，非所生故。是不灭者，后亦如是，非可灭故。是本来寂静者，非如择灭断除障已而得寂静，自性寂静故。是自性涅槃者，不生不灭本来寂静故。是涅槃者，远离一切生死动乱相故。遍计所执是苦者，众苦因故，谓由遍计所执故生起诸苦。是不净者，妄想执著杂染生故。是空者，彼性恒无故。是无我者，无彼所执真实恒常主宰我故，又体无故。是不寂静者，增益损减动乱相故。是无自性者，毕竟空故。是生者，由妄想生故。是灭者，自性实无故，又正见起时此执永灭故。是非本来寂静者，由彼本来不寂静故。是非自性涅槃者，无彼如是自性涅槃故。是生死者，生死因故，又即一切生死动乱相故。依他起性即是彼彼无二者，二性所依故依圆成实分非是苦等，依遍计所执非是乐等，故即彼彼无二为性。

此中有多颂：

如法实不有，如现非一种，非法非非法，故说无二义。

依一分开显，或有或非有，依二分说言，非有非非有。

如显现非有，是故说为无。由如是显现，是故说为有。

自然自体无，自性不坚住，如执取不有，故许无自性。

由无性故成，后后所依止，无生灭本寂，自性般涅槃。

已说诸法常无常无二等义，此复以伽他具显诸法有非有无二义，无自性无生灭等义，依三自性即得显了。谓有疑言，诸佛语言恒自相违，有时说诸法有，有时说诸法非有，有时说有非有无二，有时说有色受想行识蕴处界等，有时复说一切诸法皆无自性，有时说诸法待众缘生生已即灭生灭流转因果相续，有时复说一切诸法无生无灭本来寂静自性涅槃等，故说多颂令得会通。颂中如法实不有者，如诸凡愚于所缘境所执诸法实不有故。如现非一种者，所执虽无，而有众多似相显现，依他起性非一种故，自性差别青黄赤白声香味触了别领纳种种相转，非全无故。非法非非法故说无二义者，所执无故非法。执所依缘似相显现有众多故非非法，以是非法非非法故，说无二义。依一分开显或有或非有者，依遍计执分而开显法相说示有情故，说为非有；依依他起分而开显故，亦说是有。依二分言说非有非非有者，具依遍计依他二分而说故，非有非非有。所执非有，幻相非无故。重显是义，说如显现非有等言。如彼显现凡夫便执为是实有，如见幻马显现故便执为实马，如是幻相显现非实有故说以为无，无义真实。然虽无有如彼实马遍计所执性，而有幻相依他起性分明如是而显现故，是故说为有，有义真实。或有或无，义并真实，故即复有无二之义亦自安立。如是三颂已具显示依他起相有无无二义。次下二颂如应复说遍计所执非实非有，及显圆成实性真实成就。自然自体无，自性不坚住者，依他起性待众缘生故无自然，随缘转变因异果异缘异果异故无自体，生已即灭刹那不住前后相续唯相相似非实是一皆如电光亦似流水故彼自性都不坚住。如执取不有故许无自性者，既一切法无有自然，无有自体，自性不坚，而诸愚夫乃于诸法执有自然不待缘生，实有自体，自性坚住，如是执取，岂不皆虚？由彼所执自然自体常住自性都无有故，故说诸法皆无自性，以遍计所执自性永无有故。此所释义与古不同，应互参之。由无性故成后后所依止，无生灭本寂，自性般涅槃者，此说圆成实性也。圆成实性者，即以诸法无遍计性以为性故。彼性是无，无性性有。由无性故成就后后无生灭等。以无性故无生，无生故无灭，无生无灭故本来寂静，本来寂静故自性般涅槃，法尔恒常一切诸法远离一切妄执自性，是即诸法圆成实性也。云后后所依止者，后后诸义依止前前诸义而成立故。依如是颂，诸佛如来密意言教，皆可会通，成极了义。诸有智者，应深受持。

复有四种意趣四种秘密，一切佛言应随决了。四意趣者，一平等意趣，谓如说言我昔曾于彼时彼分，即名胜观正等觉者。二别时意趣，谓如说言若诵多宝如来名者，便于无上正等菩提已得决定。又如说言由唯发愿便得往生极乐世界。三别义意趣，谓如说言若已逢事尔所殑伽河沙等佛，于大乘法方能解义。四补特伽罗意乐意趣，谓如为一补特伽罗先赞布施后还毁訾，如于布施，如是，尸罗及一分修当知亦尔。如是名为四种意趣。四秘密者，一令入秘密，谓声闻乘中或大乘中，依世俗谛理说有补特伽罗及有诸法自性差别。二相秘密，谓于是处说诸法相显三自性。三对治秘密，谓于是处说行对治八万四千。四转变秘密，谓于是处以其别义诸言诸字即显别义。如有颂言：

觉不坚为坚，善住于颠倒，极烦恼所恼，得最上菩提。

意趣秘密自相差别者，世亲云，谓佛世尊先缘此事后为他说，是名意趣。由此决定令入圣教，是名秘密。无性云，远观于他欲作摄受，名为意趣。近观于他欲令悟入，说名秘密。今谓意趣者，顺彼彼机，说彼彼教，意所对趣有不同故，而教有异，教之别者由于意趣，故说如是教有别意趣。秘密者，以余教法别诠余义。隐密令他得入圣教，非直显说径闻其义，故名秘密。意趣多对人而起，秘密谓对法而施，是为此二差别。平等意趣者，自他平等，说彼即我，由诸如来悲智愿力无不同故，说我于昔即名胜观正等觉者，非释迦佛即毗钵尸佛。别时意趣者，世亲云："谓此意趣令懒惰者由彼彼因，于彼彼法精勤修习，彼彼善根皆得增长。此中意趣显诵多宝如来名因是升进因，非唯诵名便于无上正等菩提已得决定。如有说言由一金钱得千金钱，岂于一日，意在别时。由一金钱是得千因，故作此说，此亦如是。由唯发愿便得往生极乐世界，当知亦尔。"此由无大志愿者，若不告以佛果易得，令彼骤闻菩萨难行诸事，生退缩故。别义意趣者，谓一名言有多意义，如解义言，解有三种：有由闻而解者，即是信解；有由思而解者，即比度而解；有由修而解者，即是亲证而解。义亦二种：有文义义，有实义义。经说若已逢事尔所殑伽河沙等佛于大乘法方能解义者，此以别义意趣说如是言，非谓解于文义，乃谓证解诸法真如实义也。否则宁有事佛多生，犹不解于文义者。补特伽罗意乐意趣者，观彼有情意乐不同而施教有异故。如观如是有情先时意乐悭吝故，为赞布施。后时乐施，然复于施生起执著，以施为最胜，不修余法，故复于施毁訾。如说布施功德尠小，不如戒等功德广大。岂于一法自起违诤？为令有情舍劣得胜故，于尸罗及一分修亦尔。一分修者，二释云，谓世间修。亦可凡修一法，或修小乘不修大乘者，皆一分修也。

四秘密中，一令入秘密等者，谓诸有情初机浅劣，于胜义谛未能了知，设便为彼说无有我及说诸法无自性等，彼闻惊怖反生谤毁，谓此佛法乃同空华及趣断灭，由是不复生起信向，不入佛法。佛为欲令彼初机得信入故，于大小乘中依世俗谛理说有补特伽罗，造业受果，及得出离。又说诸法蕴处界等，无常苦等自性差别，令知趣向及应厌离等。二相秘密等者，如前颂言，相等说于生，说无计所执，若说四清净是谓圆成实等。即是说诸法相，显三自性。说一切法都无所有者，密意在显遍计所执都无所有。非谓依圆亦无所有。说一切法皆如幻化者，密意在显依他起性如幻如化，非谓圆成实性亦如幻化。如是等是谓相秘密。三对治秘密等者，如说不净观为对治贪故，说慈愍观为对治嗔故，乃至说阿那波那念为对治寻思故。如是诸法各有对治，故非一切一切可修。如是所治有八万四千烦恼行故，能对治法门亦八万四千。若说实相，一法不立。故种种法，是对治秘密。四转变秘密等者，世亲云："谓于是处以说余义诸言诸字转显余义于伽他中觉不坚为坚者，不坚谓定，由不刚强驰散难调故名不坚。即于此中起尊重觉，名觉为坚。善住于颠倒者，是于颠倒能颠倒中善安住义，于无常等谓是常等名为颠倒，于无常等谓无常等是能颠倒，是于此中善安住义。极烦恼所恼者，精进劬劳名为烦恼，为众生故长时劬劳精进所恼。如有颂言，处生死久恼，但由于大悲，如是等。"得最上菩提者，谓由安住定故，得正见故，复以大悲不辞众苦为诸有情受苦恼故，以是为因能得诸佛无上菩提。

若有欲造大乘法释，略由三相应造其释。一者由说缘起，二者由说从缘所生法相，三者由说语义。此中说缘起者，如说：

言熏习所生，诸法，此从彼，异熟与转识，更互为缘生。

如是颂文，即说缘生义也。世亲释云：言熏习所生诸法者，由外分别熏习在阿赖耶识中，以此熏习为因一切法生，即是转识自性。此从彼者，此分别熏习用彼诸法为因。此即显示阿赖耶识与彼转识更互为因。如是缘起诸义，如所知依分广说。

复次，彼转识相法有相有见，识为自性。又彼以依处为相，遍计所执为相，法性为相。由此显示三自性相。如说：

从有相有见，应知彼三相。

复次，云何应释彼相。谓遍计所执相，于依

他起相中实无所有，圆成实相于中实有。由此二
种非有及有非得及得，未见已见真者同时。谓于
依他起自性中，无遍计所执故。有圆成实故，于
此转时若得彼即不得此，若得此即不得彼。如说：

依他所执无，成实于中有，故得及不得，其
中二平等。

此释缘所生法相也。如是转识法相云何？谓有相有见，识为
自性，以遍计所执等三自性为相。又彼以依处为相者，依处即依
他起自性，是遍计圆成二自性依处故。法性为相者，法性即圆成
实自性也。为证是义取证圣言，说从有相有见，应知彼三相。相
谓相识，即色声眼耳等识。见谓见识，即眼识识等。如是相识见
识摄诸识尽。应知彼三相者，谓彼相识见识应知各有遍计依他圆
成三相也。如是三相假实有无复如何耶？故次释言：谓遍计所执
相于依他起相中实无所有，圆成实于中实有等。由此二种非有及
有非得及得未见已见真者同时者，世亲云："遍计所执及圆成实
名为二种，如是二种，第一非有，第二是有，未见真者得遍计所
执不得圆成实，已见真者即此刹那得圆成实不得遍计所执。"于
此转时者，谓于此依他起自性观察随缘虑时，若得彼即不得此
者，谓诸愚夫得彼遍计所执，同时即不得此圆成实。若得此即不
得彼者，谓诸圣者已能证得圆成实时，即于遍计所执无所得时。为
显是义复证圣言，说依他所执无，成实于中有，故得及不得，其
中二平等颂。谓于依他起自性中遍计所执是无，成实于中是有，以
是因缘故得遍计时同时平等不得圆成，得圆成时同时平等不得遍
计也。如是二颂，皆先总释语义，后出经文。

说语义者，谓先说初句，后以余句分别显示，或由德处或由义处。

无性释云："如是不观说者意趣释诸义已。总释大义，故云不观说者意趣。今当随顺说者意趣释诸语义，顺释文句，故云随顺说者意趣。或由德处，或由义处者，谓由德意趣，由义意趣。已得在已圆满饶益，故名为德。未得在已随顺趣求，故名为义。"

由德处者，谓说佛功德，最清净觉。不二现行，趣无相法，住于佛住，逮得一切佛平等性，到无障处，不可转法，所行无碍，其所安立不可思议，游于三世平等法性，其身流布一切世界。于一切法智无疑滞，于一切行成就大觉，于诸法智无有疑惑，凡所现身不可分别，一切菩萨等所求智，得佛无二住胜彼岸，不相间杂如来解脱妙智究竟，证无中边佛地平等，极于法界，尽虚空性，穷未来际。最清净觉者，应知此句由所余句分别显示，如是乃成善说法性。最清净觉者，谓佛世尊最清净觉，应知是佛二十一种功德所摄。谓于所知一向无障转功德，于有无无二相真如最胜清净能入功德，无功用佛事不休息住功德，于法身中所依意乐作业无差别功德，修一切障对治功德，降伏一切外道功德，生在世间不为世法所碍功德，安立正法功德，授记功德，于一切世界示现受用变化身功德，断疑功德，令入种

种行功德，当来法生妙智功德，如其胜解示现功
德，无量所依调伏有情加行功德，平等法身波罗
蜜多成满功德，随其胜解示现差别佛土功德，三
种佛身方处无分限功德，穷生死际常现利益安乐
一切有情功德，无尽功德等。

说佛功德，名为德处。最清净觉者，胜出世间声闻独觉及菩
萨故。如是最清净觉功德，由所余句分别显示，谓即二十一种
功德。

一不二现行者，谓于所知一向无障转功德。谓佛一向无障碍
智，于一切事品类差别无著无碍故。非如声闻等智有处有障，有
处无障，二种现行，故名不二现行。由此故名最清净觉，有大功
能，智断满故。

二趣无相法者，谓即于有无无二相真如最胜清净能入功
德，无相法即真如，以离有相无相无二相故。此智能入，故名为
趣。超过二乘及诸菩萨故名最胜，断离二障故名清净。如是趣
入，名最胜清净能入功德。由此故名最清净觉。

三住于佛住者，此即无功用佛事不休息住功德,所云住者,谓
天住，梵住，圣住。于天住四静虑中，佛恒住第四静虑。梵住，谓
慈悲喜舍四无量心，佛恒住于悲，圣住谓空无相无愿，佛恒住
空。如是名为佛住。住佛住中能不作功用于诸佛事有情功德能无
间断，非如声闻要作功用方能成办利有情事，由此故名最清净觉。

四逮得一切佛平等性者，即是于法身中所依意乐作业无差别
功德。诸佛平等性者，谓皆以清净智为所依，皆有利益安乐一切
有情胜意乐，皆作受用变化利他事业，如是三者无有差别，故名

逮得一切佛平等性。

五到无障处者，即是修一切障对治功德。谓已串习一切烦恼及所知障对治圣道，一切种智定自在性已到永离一切习气所依趣处。

六不可转法者，即是降伏一切外道功德。谓教证二法皆不为他所能动转，胜过摧伏诸外道故。

七所行无碍者，即是生在世间不为世法所碍功德。诸佛不舍世间，常行于世间，虽行于世间而不为世法所碍。如有颂言，诸佛常游于世间，利乐一切有情类，八法热风邪分别，不能倾动不拘碍。

八其所安立不可思议者，谓即安立正法功德。谓契经等十二分教名所安立正法，如是安立无量甚深，出世后得正智所起，非诸愚夫觉慧所行故。

九游于三世平等法性者，即是授记功德。谓观过去未来等事，平等平等，皆如现在现所见事，故能预识未来种种事起而授记故。

十其身流布一切世界者，即是于一切世界示现受用变化身功德。谓随所化遍诸世界，能于一时俱遍示现无量受用变化两身，利乐他故。

十一于一切法智无疑滞者，即是断疑功德。于一切境自善决定，由是因缘普能断除他一切疑。

十二于一切行成就大觉者，即是令入种种行功德。谓佛于他有情诸根胜解界行差别对治正行成就大觉，由是教授教诫普能令入种种正行故。

十三于诸法智无有疑惑者，即是当来法生妙智功德。谓圣声闻于诸有情谓其全无少分善根而弃舍者，佛能知彼后时善法当生，现证知彼久远余生微少善根种子随逐。

十四凡所现身不可分别者，即是如其胜解示现功德。谓一佛身随他有情胜解差别所见形色大小种种不同，不可分别孰是真身，孰非真身。

十五一切菩萨等所求智者，谓即无量所依调伏有情加行功德。世亲云："谓无量菩萨所依能作调伏诸有情事，此非诸佛已得自他平等更求此智。唯有诸佛已作如是胜调伏事。"无性云："谓由无量菩萨所依，为欲调伏诸有情故，发起加行，佛增上力闻法为先获得妙智。异类菩萨摄受付嘱展转相续无间而转，由此证得一切菩萨等所求智。"今谓佛智圆满，成就调伏有情加行功德，故为无量有情所依，如是之智是诸菩萨等所求故名一切菩萨等所求智。菩萨无边修行，为调伏有情令得度故。

十六得佛无二住胜彼岸者，即是平等法身波罗蜜多成满功德。波罗蜜多成满故名住胜彼岸，由已超过十地菩萨波罗蜜多，故名住胜彼岸。由是成就诸佛无二平等法身。

十七不相间杂如来解脱妙智究竟者，即是随其胜解示现差别佛土功德。无性云："谓观众生胜解差别，现金银等种种佛土不相间杂，世尊胜解现在前时，随众所乐悉皆显现无不了知，是故说名如来解脱妙智究竟。"此中胜解说为解脱。

十八证无中边佛地平等者，谓即三种佛身方处无分限功德。诸佛三身平等周遍，十方世界无有分限，故无中边。身所依名地，身遍十方无分限，故佛地平等无有中边，凡所有地等是佛地。

十九极于法界者，即是穷生死际常现利益安乐一切有情功德。无性云："谓此法界最清净故，能起等流契经等法，极此法界，于当来世一切有情如其所应常能现作利益安乐。"

二十尽虚空性者，即是无尽功德。无性云："如彼虚空无边无际，无尽无减，无生无灭，无有变易，于一切时现前容受一切质碍。法身亦尔，常现前作一切有情利乐为相，尽一切界遍作众生诸饶益事无有休息。"

二十一穷未来际者，即是究竟功德。未来无际，穷极无际常作有情利益安乐，故彼功德究竟成就无有断绝。由此故名最清净觉。

无性释云："由此功德之所庄严最清净觉，显薄伽梵异诸声闻独觉菩萨，觉最胜故。云何而得此最胜觉？故次说言，不二现行。诸声闻等于所知境有二现行，所谓正智，不染无智。佛无此故，智德圆满。为显如来断德圆满，故次说言趣无相法，不住生死涅槃故。以何方便得此涅槃？故次说言，住于佛住。由薄伽梵于空大悲善安住故，不住生死，不住涅槃。如是佛住与余为共为不共耶？故次说言，逮得一切佛平等性。诸佛一切行相展转和杂住故。如是已说自利圆满，次当广说利他圆满。为显已得一切所化障碍对治，故次说言到无障处。有诸魔等能退转法，能障有情所作义利，今于此中无有是事，故次说言不可转法。于诸所作有情利益安乐事中，无有高下能为拘碍，故次说言所行无碍。依此方便能作有情诸饶益事，故次说言其所安立不可思议。如是加行诸佛世尊为性平等为各差别？不尔。何者？游于三世平等法性，三世诸佛利有情事皆相似故。如是所作利有情事为于一一诸世界中次第作耶？不尔。何者？其身流布一切世界，顿于一切诸世界中现成佛故。为显能断于彼彼处所生起疑，故次说言于一切法智无疑滞。所化有情种性别故，如其所应方便化导，为欲显此巧方便智，故次说言于一切行成就大觉。即依如是所化有情有能无能善巧差别，故次说言于诸法智无有疑惑。即于所化有情邪正及俱行中所应现相不可分别，为现此事故次说言凡所现身不可分别。引发任持不定种性声闻菩萨故赞大乘，为显此事故次说言一切苦萨等所求智。为遮所化诸有情类于大师所疑一切智非一切智，故次说言得佛无二住胜彼岸。闻一切佛得平等言即谓一切应同一性，为遮此疑故次说言不相间杂如来解脱妙智究竟。非一非异，其相云何？为答此问，故次说言证无中边佛地平等。常无常等一切皆是二边相摄，云何无相？为遮此难，故次说言极于法界，谓最清净离诸戏论是法界相。如是种类利众生事，为经几时？故次说言尽虚空性穷未来际。

复次，由义处者，如说若诸菩萨成就三十二法，乃名菩萨。谓于一切有情起利益安乐增上意乐故。令入一切智智故，自知我今何假智故，摧伏慢故，坚牢胜意乐故，非假怜愍故，于亲非亲平等心故，永作善友乃至涅槃为后边故，应量而语故，含笑先言故，无限大悲故，于所受事无退弱故，无厌倦意故，闻义无厌故，于自作罪深见过故，于他作罪不嗔而诲故，于一切威仪中恒修治菩提心故，不希异熟而行施故，不依一切有趣受持戒故，于诸有情无有恚碍而行忍故，为欲摄受一切善法勤精进故，舍无色界修静虑故，方便相应修般若故，由四摄事摄方便故，于持戒破戒善友无二故，以殷重心听闻正法故，以殷重心住阿练若故，于世杂事不爱乐故，于下劣乘曾不欣乐故，于大乘中深见功德故，远离恶友故，亲近善友故，恒修治四梵住故，常游戏五神通故，依趣智故，于住正行不住正行诸有情类不弃舍故，言决定故，重谛实故，大菩提心恒为首故。如是诸句，应知皆是初句差别，谓于一切有情起利益安乐增上意乐。此利益安乐增上意乐句，有十六业差别应知。此中十六业者，一展转加行业，二无颠倒业，三不待他请自然加行业，四不动坏业，五无求染业。此有三句差别应知，谓无染系故，于恩非恩无爱恚故，于生生中恒随转故。六相称语身业，此有二句差别应知。七于乐于苦于无二中平等业，八无下劣业，九无退转业，十摄方便业，十一厌恶所治业，此有二句差别应知。十二无间作意业。十三胜进行业，此有七句差别应知，谓六波罗蜜多正加行故，及四摄事正加行故。十四成满加行业，此有六句差别应知，谓亲近善士故，听闻正法故，住阿练若故，离恶寻思故，作意功德故，此复有二句差别应知，助伴功德故，此复有二句差别应知。十五成满业，此有三句差别应知，谓无量清净故，得大威力故，证得功德故。十六安立彼业，此有四句差别应知，谓御众功德故，决定无疑教授教诫故，财法摄一故，无杂染心故。如是诸句，应知皆是初句差别。

何谓菩萨？谓于一切有情常起利益安乐增上意乐者是名菩萨。如是意乐由何显现？由能成就三十二法证知显现，谓即令入一切智智等。如是三十二法摄于十六作业，谓展转加行业等。

所谓于一切有情常起利益安乐增上意乐者，教化令他发正行业，二世俱利，是名利益。布施令他现前享乐，是为安乐。或有利益而非安乐，若于作不善业者现前治罚逼恼禁制。或有安乐而非利益，如于愚騃行非义者施与财法。或有利益亦是安乐，如于乐善法者施与财法随顺饶益。于利他行中如是，自利行中亦然。如盛贪者强修梵行，如乐欲者受用种种有罪境界，如薄尘者乐修梵行，如应当知。此中菩萨作如是心，云何皆令一切有情当得无上利益安乐，悲愍愿力最殊胜故，说名增上意乐。

令入一切智智故者，此即第一展转加行业。譬如一灯转燃千灯，由能令他得成佛故，他复于他展转化导令得成佛如是佛种不断故利济无断，由此业故利益安乐增上意乐则得显现。如是于后一切句中利益安乐增上意乐皆应配释。

自知我今何假智故者，此即第二无颠倒业。执有实我作他饶益，虽行施等不离相故，而是颠倒。今能自知我唯是假，无有我人众生寿者，由此智故凡所作业无有颠倒。

摧伏慢故者，此即第三，不待他请自然加行业。摄他如自，无我慢心，是故他虽不请自然加行而为说法，为诸众生不请善友。

坚牢胜意乐者，此即第四不动坏业，誓处无边生死大海，不为众苦之所动坏，菩提悲愿转增胜故。又不以有情行邪行故动坏菩萨利益安乐增上意乐坚固之心。

非假怜愍故，于亲非亲平等心故，永作善友乃至涅槃为后边故，此三即是第五无求染业。谓若所行有求有染者，即非于他起真怜愍，于亲非亲爱恚差别，虽暂作亲友所求不遂忠爱既竭遂舍弃故。由彼所作业无求无染故非假怜愍，于亲非亲平等饶益，乃至涅槃永作善友。

应量而语故，含笑先言故者，此二即是第六相称语身业。语如其量，不令他厌。含笑先言，不令他恼。由是生起他适悦心，于菩萨教随顺奉行故。

无限大悲故者，此即第七于乐于苦于无二中平等业，于苦有情愍其苦苦，于乐有情愍其坏苦，于不苦不乐有情愍其行苦，平等观察一切有情皆被生死众苦随逐，平等怜愍无有差别故。

于所受事无退弱故者，此即第八无下劣业。以诸有情罪苦重担而自负荷，无有退弱，非如下劣声闻但求自度，于度他事生退弱故。

无厌倦意故者，此即第九无退转业。既自负荷有情重担，即当受彼无量大苦，虽受众苦心不厌倦，恒行精进无退转故。

闻义无厌故者，此即第十摄方便业，谓由多闻成善巧智饶益有情故。设于闻义厌心者，即便不能成善巧智。于他无量胜解有情，即无方便随机化度广作饶益。

于自作罪深见过故，于他作罪不嗔而诲故者，此二即是十一厌恶所治业，此中所治，即自他作罪。此能对治，即是厌恶。惭愧正知，能深见自过不当复为，于他作罪悲愍教诲，令他生起惭愧正知自能厌恶治所作罪。由能自见罪过清净自正，乃能令他格外信从。然于他罪生嗔恚者，即便于他不作饶益起诸教诲，虽有所诲亦弗信从。故诸菩萨深自检束，又复于他深生哀愍。如世有言，若自犯愆过，经时不观察，不如理远离，慢不取其德。又有颂言，怜愍如一子，诲举他所犯，决定令受持，后不复当犯。

于一切威仪中恒修治菩提心故者，此即十二无间作意业。谓于一切行住坐卧诸所作事中，无间发起菩提心故。如《华严经·净行品》中说："……若敷床座，当愿众生敷善法座见真实相。……若始举足，当愿众生越度生死善法满足。被著衣裳，当愿众生服诸善根每知惭愧。……左右便利，当愿众生蠲除污秽无淫怒痴。……"如是等。

不希异熟而行施故，不依一切有趣受持戒故，于诸有情无有恚碍而行忍故，为欲摄受一切善法勤精进故，舍无色界修静虑故，方便相应修般若故，由四摄事摄方便故者，此七即是十三胜进行业。六度四摄是诸菩萨最胜修行，由此行故于极喜等后后地中转得增胜，乃至圆证无上大菩提果，是故说名胜进行业。于六度中舍无色界修静虑者，无色界中无有利益有情事故。方便相应修般若者，大悲相应修习妙慧，能作有情诸利乐事。如有颂言：双修习慧悲，能作他利乐，利他行正道，一向趣菩提。由四摄事摄方便故者，布施爱语利行同事，是四摄事，由能摄受饶益诸有情故。此是摄他方便，故名摄方便。布施是随摄方便，先以种种财物布施饶益有情，为欲令彼听受所说奉教行故。爱语是能摄方便，开晓愚痴，令于正理摄受瞻察故。利行是令入方便，拔彼有情出不善处，于其善处劝导调伏安处建立。同事是随转方便，于正事业与他共行，令彼随转，圆满净信无疑怖故。

于持戒破戒善友无二故，以殷重心听闻正法故，以殷重心住阿练若故，于世杂事不爱乐故，于下劣乘曾不欣乐故，于大乘中深见功德故，远离恶友故，亲近善友故者，此即十四成满加行业。由此诸行能令胜进行业成满加行，故名成满加行业。释中以其六句释经八句。谓亲近善友故等，于持戒破戒二种说法师，为闻法故，恭敬法故，起善友想，无有差别善友无二。如有颂言，若有戒足虽羸劣，而能辩说利多人，如佛大师应供养，爱彼善说故相似。菩萨取人之长，不计其短，是故持戒破戒，善友无二。如此方名亲近善友。若非然者，生末法世责备求全，便无善友可亲者故。若尔，无缘进求正法。住阿练若者，谓住寂静处，由此摄心思惟正法易入定故。于世杂事不爱乐故者，此即离恶寻思，由不爱乐不寻思彼故，谓即远离欲、恚、害，亲邑国土，不死等不正寻思。于下劣乘曾不欣乐，于大乘中深见功德者，此二即作意功德，时时不舍无上菩提广大作意故。远离恶友亲近善友者，此二即助伴功德，得好助伴增长功德故。或谓上既说言于持戒破戒善友无二，后复说远离恶友何耶？彼虽破戒能说法故，增长正见，故亦善友。此云恶友者，都无利益纯有违害者也。

恒修治四种住故，常游戏五神通故，依趣智故者，此即十五成满业。无性云："成满之相名成满业。"由诸菩萨四无量心圆满清净，故恒修治四种梵住。由彼依智不依于识，所有三业皆是功德。成满之相，名成满业。

于住正行不住正行诸有情类不弃舍故，言决定故，重谛实故，大菩提心恒为首故者，此即十六安立彼业。谓安立彼彼所化有情于正法中，令彼净信趣入证得故。于住正行不住正行诸有情类不弃舍者，即御众功德。无性云："于持戒犯戒有情驱摈摄受，俱欲令其出不善处安立善处，名不弃舍。"言决定者，即决定无疑教授教诫。言不决定，即不威肃，不能令他禁止修行。重谛实者，即财法摄一。世亲云："由言诚谛，以法摄取衣服等财，还如是施。"无性云："谓财法二摄合成一种，积集财法无异分别，平等分布，如先所许如是施与，除现所无。"大菩提心恒为首者，即无杂染心。凡有所作终不贪求他供事等，唯求证得无上菩提，亦安立他于菩提故。

如说：

由最初句故，句别德种类，由最初句故，句别义差别。

此伽他中即为显示前所说义说如圣言。

如是已说所知相分。此中总义，略有十二：谓所知三相故，唯识无义故，唯识三相故，四智悟入故，遍计广义故，三性一异故，三性种类故，三性有无故，三性异门故，依他八喻故，释诸密意故，造释三相故。中间理教成立及诸余义复有多种，如应当知。

附：菩萨三十二法十六种业相摄表

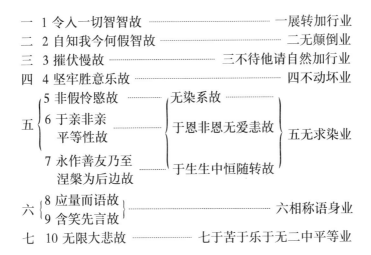

八　11 于所受事无退弱故 ────── 八无下劣业
九　12 无厌倦意故 ────── 九无退转业
十　13 闻义无厌故 ────── 十摄方便业
十一 ｛14 于自作罪深见过故
　　　15 于他作罪不嗔而诲故｝ ── 十一厌恶所治业
十二 16 于一切威仪中恒修治菩提心故 ── 十二无间作意业
十三 17 不希异熟而行施故
十四 18 不依一切有趣受持戒故
十五 19 于诸有情无有恚碍而行忍故
十六 20 为欲摄受一切善法勤精进 ── 十三胜进行业
十七 21 舍无色界修静虑故
十八 22 方便相应修般若故
十九 23 由四摄事摄方便故
二十 24 于持戒破戒善友无二故 ── 亲近善友
二一 25 以殷重心听闻正法故 ── 听闻正法
二二 26 以殷重心住阿练若故 ── 住阿练若
二三 27 于世杂事不爱乐故 ── 离恶寻思
二四 ｛28 于下劣乘曾不欣乐故
　　　29 于大乘中深见功德故｝ ── 作意功德
二五 ｛30 远离恶友故
　　　31 亲近善友故｝ ── 助伴功德
（右列合辖：十四成满加行业）
二六 32 恒修治四梵住故 ── 无量清净
二七 33 常游戏五神通故 ── 得大威力 ── 十五成满业
二八 34 依趣智故 ── 证得功德
二九 35 于住正行不住正行诸有情类不弃舍故 ── 御众功德
三十 36 言决定故 ── 决定无疑 / 教授教诫 ── 十六安立彼业
三一 37 重谛实故 ── 财法摄一
三二 38 大菩提心恒为首故 ── 无杂染心

　　上表依经总有三十八句，而云成就三十二法者，合五六七三句共为一法，八九二句共为一法，十四十五二句共为一法，二八二九二句共为一法，三一、三二句共为一法，共为三十二法。

入所知相分第四

如是已说所知相，入所知相云何应见？多闻熏习所依，非阿赖耶识所摄，如阿赖耶识成种子；如理作意所摄，似法似义而生，似所取事，有见意言。

已说所知三相，次当显示何者云何悟入实证如是所知三相，故此品来。此中入所知相者，谓即多闻熏习，如理作意，是为入所知相，由此悟入故，如是悟入故。由此悟入者，谓多闻熏习。如是悟入者，谓如理作意。云何由多闻熏习而悟入耶？以彼多闻熏习为所依，能生起如理作意故。非阿赖耶识所摄者，此简如是所依，异阿赖耶识为杂染法依，以是最净法界等流性故。如阿赖耶识成种子者，此显熏习为所依义，亦如阿赖耶识为杂染法种子，此为当来净法种故。既由如是多闻熏习为所依故，如是便有如理作意所摄，似法似义生起，似所取事，有见意言，如是而得悟入。此中似法似义以何为体？以意言为体。（云意言者，世亲云："意地寻思，说名意言。"意以名想言说为所缘相，故名意言也。即此亦可名意相也。意相现前分明照了，名有见意言也。）如是似法似义意言何所似耶？曰，似所取事。何谓所取事？曰，所知相，即所取事也。谓诸菩萨为欲悟入所知相故，亲近善友，听闻正法；即依多闻熏习为因，而起如理作意；如如如理作意故，如是如是即于识上有似所取似法似义，似所取事影像相生；如是影像，意言所摄；由斯意言现在前故，便能如实遍知所知相义；从是以后，便能实证诸法实相，是为见道；当知此即加行道，是能入门故，非谓已入。无性释云："言似法者，谓契经等，如十地等。言似义者，谓彼所诠无我性等。似彼行相而生起故，说为似法似义而生。似所取事者，如彼所取而显现故。言有见者，谓意取识俱。言意言者，所谓意识或与见分俱所取能取性。"

此中谁能悟入所应知相？大乘多闻熏习相续，已得逢事无量诸佛出现于世，已得一向决定胜解，已善积集诸善根故，善备福智资粮菩萨。

上已略说入所知相，次当了知谁能悟入所应知相，为诸凡夫，或诸声闻，或独觉耶？曰，否，唯有菩萨。如是菩萨，何位所摄？曰，非入地，已悟入故；亦非种性，彼犹无能故；唯有善备福智资粮菩萨能悟入耳。福谓福德，智谓智慧。由彼善能备具如是二种资粮，故能悟入所应知相。所以者何？以彼已善积集诸善根故。积集善根，名备资粮。如是善根由何积集？略有三因：谓于大乘法教多闻熏习相续故，已得逢事无量诸佛出现于世，于大乘教已得一向决定胜解。世亲云："又即如是福智资粮，云何渐次而得圆满；谓由因力，由善友力，由作意力，由依持力。此中两句，即是二力，如数应知。作意力者，即是一向决定胜解。此用大乘熏习为因，事佛为缘，以有一向决定胜解，能修正行，修正行故积集善根，如是名为由作意力善修福智二种资粮，由此渐次善修福智二资粮故，能入大地，如是名为由依持力。"

何处能入？谓即于彼有见似法似义意言，大乘法相等所生起，胜解行地、见道、修道、究竟道中。于一切法唯有识性，随闻胜解故，如理通达故，治一切障故，离一切障故。

何处能入者，谓以何境界为所缘处，及何位处而能悟入也。谓即于彼大乘法相等所生起有见似法似义意言为所缘处，得能悟入。大乘法相等所生起者，是即最净法界等流多闻熏习等所生起义。胜解行地、见道、修道、究竟道中者，能入位处也。依于如是四位皆得悟入，然悟入有异：初胜解行地缘是意言境，于一切法唯有识性随闻胜解决定印持；次于见道位于唯识性如理通达，不依于文现观自心故；次修道位数数修习如是现观，对治一切修所断障；次究竟位现观圆满，对治究竟，离一切障而成佛果。当知初位，是能悟入，次位是正悟入，三位是悟入功能，四位是已悟入果。

由何能入？由善根力所任持故。谓三种相练磨心故，断四处故，缘法义境，止观恒常，殷重加行，无放逸故。

由何能入？此说悟入之因。要由福智善根力所任持乃得悟入。谓三种相练磨心故等者，此即显示由善根力任持相也。由是任持，故能三相练心，令不退屈，断于四处，勤修止观，由是故能，入所知相。此下但释三相练心，断于四处不别广释。勤修止观者当知四种寻思，四如实智等，即是大乘止观。勤修此故，即是缘法义境，止观恒常，殷重加行，无有放逸。

无量诸世界，无量人有情，刹那刹那证觉无上正等菩提，是为第一练磨其心。由此意乐能行施等波罗蜜多，我已获得如是意乐，我由此故少用功力修习施等波罗蜜多，当得圆满，是为第二练磨其心。若有成就诸有障善于命终时即便可爱一切自体圆满而生，我有妙善无障碍善，云何尔时不当获得一切圆满，是名第三练磨其心。此中有颂：

人趣诸有情，处数皆无量，念念证等觉，故不应退屈。

诸净心意乐，能修行施等，此胜者已得，故能修施等。

善者于死时，得随乐自满，胜善由永断，圆满云何无。

此中释三相练磨心，谓由对治三种退屈心故。云三种退屈心者，一者由观无上菩提极难证觉，而生退屈。二者由观波罗蜜多菩萨胜行，极难修行，而生退屈。三者观于无上广大佛果，极难成满，而生退屈。故以三相练磨其心：一者观于无量处世界，无量数有情，刹那刹那皆有证得无上菩提者，彼既丈夫我亦尔，有为者亦若是，云何于彼生退屈耶？即此练磨彼屈弱心，猛勇奋发，发起大愿。二者观察施等波罗蜜多，虽若难行甚奇希有，然若有得自他一体清净意乐者，于行施等都无所难，如母于子，意乐胜故，一切能施，都不求报。如是意乐我今已得，我观有情一切苦乐失德无有不若自身作受者，皆乐拔济，故虽少用功力亦能修习施等波罗蜜多，令得圆满。云少用功力者，谓不待勉强加力，能行施等故。由此练磨彼屈弱心，猛勇愤发，发起胜行。三者观察世间有情，若有成就诸有障善者，于命终时便有人天可爱异熟自体圆满而生。云有障善者，谓有漏善，以彼不能对治烦恼等障故。世间善法得果既然，出世大乘因果亦尔。我既能修无障妙善，云何不得三十二相八十随好十力四无畏等圆满佛果耶？云无障碍善者，谓大乘无漏善，俱断一切烦恼所知障，非是彼障所障碍故。以彼劣因，况此胜善，故于佛果练心无退，猛勇求证。

由离声闻独觉作意，断作意故。由于大乘诸疑离疑，以能永断异慧疑故。由离所闻所思法中我我所执，断法执故。由于现前现住安立一切相中无所作意，无所分别，断分别故。此中有颂：

现前自然住，安立一切相，智者不分别，得最上菩提。

此释断四处也。一断作意，谓断于声闻乘等下劣作意故，谓发彼心求证彼境，由此为因退堕二乘。二断异慧疑，异慧疑者，谓于大乘甚深教理，由诸邪慧谬解僻执起妄疑故，由此为因，于大乘教不专趣求。三断法执，虽于大乘教法闻思信解，而执我能闻思，我所听闻，我所思义，由此为因起增上慢，但著法执境，不能起现观故。四断分别，云分别者，谓加行道中为观唯识依他遍计圆成等相故，即由定心现前现住安立诸相，谓是唯识，依他、遍计、圆成实等，是谓分别。断分别者，将入见道，了知如是唯识等相，亦是自心虚妄现故，未能实证真唯识相；由是因缘即于彼相，无所作意，无所分别；由此便能遣除诸相，实证现观，得无分别智，是为断分别。菩萨由断四处故，不堕劣乘，专趣大乘，于大乘法离我我所不起法执，复于内心所起诸相而不分别，由是故能顺趣真境也。颂文易知。

由何云何而得悟入？

由何者，能入因。云何者，能入方便。此中止观作意亦是能入因，亦是入方便，故双问起也。无性云，"此中双问，作具所作。由有作者入所作业，应知定有能作之具，自现观相是所作事，决定应知有如是如是所作方便。是故今当二俱解释。"世亲云："为显由此如是悟入，故为此问。"

由闻熏习种类，如理作意所摄似法似义有见意言。

此说止观作意所起所缘境界也。无性云："此中先辩能入之具。"世亲云："由此悟入今当显示，此中由闻熏习种类者，谓由闻熏习为因，即前所说悟入任持大乘熏习等所生故，应知是圆成实自性所摄。"

由四寻思，谓由名、义、自性、差别假立寻思，及由四种如实遍智，谓由名事自性差别假立如实遍智，如是皆同不可得故。以诸菩萨如是如实为入唯识勤修加行，即于似文似义意言推求文名唯是意言，推求依此文名之义亦唯意言，推求名义自性差别唯是假立。若时证得唯有意言，尔时证知若名若义自性差别皆是假立。自性差别义相无故，同不可得。由四寻思及由四种如实遍智，于此似文似义意言便能悟入唯有识性。

世亲云："如是悟入，今当显示。"无性云："依如先说能悟入具，发起如是所作方便。"此中四寻思者，谓一名寻思，推求文名唯意言故。二义寻思，推求依此文名之义，亦唯意言故。三自性假立寻思，推求名义所有自性，谓色受等唯假立故。四差别假立寻思，推求名义所有差别常无常等唯是假立故。所以者何？诸法自性，性离言说，不可言说。名想言说，唯是意识计度增益有故，故彼名言唯意言境。依彼名言所起义觉，亦唯意言，本无体故。名之与义既俱非实，由是于彼执有种种自性差别当知唯是意言假立耳。是谓四寻思。四如实遍智者，谓一名寻思所引如实智，于名推求得决定已，如实遍知一切名言唯是意言故。二事寻思所引如实智，于义推求得决定已，如实遍知诸所知事名言所诠唯意言故。三自性假立寻思所引如实智，四差别假立寻思所引如实智，于彼自性假立差别假立推求得决定已，如实遍知一切自性差别皆不可得唯是假立故。初于理推求名为寻思，次于理决定名如实遍智。寻思是因，实智是果。菩萨为入唯识，故勤加行修习如是寻思实智，由是方便于彼似文似义意言便能悟入唯有识性，观彼名义自性差别皆不可得。论中文义说名似文似义者，唯是意言皆体是识，似彼遍计所执离识名义非实离识有名义故。

于此悟入唯识性中，何所悟入，如何悟入？入唯识性，相见二性，及种种性。若名，若义，自性，差别，假自性差别义，如是六种义皆无故。所取能取性现前故，一时现似种种相义而生起故。如暗中绳，显现似蛇。譬如绳上蛇非真实，以无有故。若已了知彼义无者，蛇觉虽灭，绳觉犹在。若以微细品类分析，此又虚妄，色香味触为其相故。此觉为依，绳觉当灭，如是于彼似文似义六相意言，伏除非实六相义时，唯识性觉犹如蛇觉，亦当除遣，由圆成实自性觉故。

何所悟入者，所悟入义。如何悟入者，悟入譬喻。云所悟入义者，谓有三种：一入唯识性，下云"若名若义自性差别假自性差别义如是六种义皆无故"。唯是意言，唯是识也。自性差别既皆是假，何复更立假自性差别二种耶？二释无释。今意释云：虽自性差别胜义皆假，然世俗中犹有分别，俗中无倒世间极成，此中但名自性差别。若有颠倒与世相违所立自性差别，当知此中说名假自性差别。（邵明叔、牛次封两居士云：假自性差别者，假有二种：一有体施设假，如色心心所等；二无体施设假，如不相应行等。此中假自性差别，就无体假说也。其义为精。）二入相见二性，下云"所取能取性现前故"，意说虽唯是识，而似所取能取相见二分而现在前，由斯有于世间能所取相。三悟入种种性，下云"一时现似种种相义而生起故"，意说相见各有种种之相，于一时起。如一色相，有青黄等，了此见分，一时俱了，有诸行相。由斯世间，有众多相，一时建立。设但悟入唯识性而不能悟入相见二性及种种性者，应于世间成一合相，不应世间有其能取所取及种种相俱时安布；是故悟入唯识性时，亦当悟入相见种种性。即依一识如是生时，即能变现相见二分，及种种相故彼相见分及种种相性似不同，皆唯是识故。如是异中见同，同中见异，乃为真实善巧。唯识但说一切法相皆唯是识，不说唯识无诸相故。彼说入唯识性者，三界万法唯识所变，不说唯识，无界趣等法故。无性释入唯识义云：谓此识义亦无义性，非唯外义是无所有。又以相见自证一识三分说名种种，具如彼释。云入譬喻者，谓蛇绳喻。二释俱云：此喻悟入三种自性。如于暗室见绳，妄执为蛇，蛇非实有，喻遍计所执性。绳合缘生，喻依他起。由悟知绳故，除遣蛇执。此喻通达唯识依他起故，除遣名义六相遍计所执。复于绳上若以微细品类分析，此又虚妄，色香味触为其相故，此觉为依绳觉当灭。此喻若能通达圆成实性时，依他起性唯识性觉亦并除遣。文中于彼似文似义六相意言伏除非实六相义时者，谓于依他起性六相意言上，伏除遍计所执非实六相之义。唯识性觉犹如蛇觉亦当除遣者，谓若执有实唯识性亦是遍计所执，如于绳上所起蛇觉，亦当除遣。由圆成实自性觉故者，此显除遣唯识性觉所依，谓由圆成实自性觉智故能除遣微细所执唯识义觉也。

如是菩萨悟入意言似义相故，悟入遍计所执性。悟入唯识故，悟入依他起性。云何悟入圆成实性？若已灭除意言闻法熏习种类唯识之想，尔时菩萨已遣义想，一切似义无容得生，故似唯识亦不得生，由是因缘住一切义无分别名，于法界中便得现见相应而住，尔时菩萨平等平等所缘能缘无分别智已得生起，由此菩萨名已悟入圆成实性。

悟入意言似义相故悟入遍计所执性者，谓由了知诸义皆非实义唯是意言现似义相而生，此即悟入彼彼诸义唯是遍计所执性，即此名为悟入遍计所执性，非实有法为所悟入，但悟诸义是计所执性。故世亲云，谓知诸义唯是遍计所作。无性云，谓了知意言似义相现无有遍计所执实义。悟入唯识故悟入依他起性者，悟入诸法性唯是识，所执实义唯是意言皆非实有，由是悟入依他起性。识从种子及根境等依他生故。为显悟入圆成实性，故复问起。若已灭除意言闻法熏习种类唯识之想者，谓除遣由闻熏习所起唯识义想，此是自识所变意言为相，所谓"现前立少物，谓是唯识性"者是也。如是识变唯识之相以为唯识性故，非实证于唯识性者，所谓"以有所得故，非实住唯识"也。故此唯识之想亦应除灭。尔时菩萨已遣义想者，谓除遣唯识想时，菩萨先已遣除一切识外义想。一切似义无容得生者，已除义想故似义不生。故似唯识亦不得生者，由此似唯识性亦是似义故，亦不得生。世亲云：计有识时，即有义故。由是因缘住一切义无分别名者，谓于尔时观一切义若境若识无有分别皆同一名，所谓无名，说义固非，说识亦妄，所以者何？一切诸法不可言说，性离言说故。又如说言，一切诸法皆同一相，所谓无相。无相之相是为诸法实相，无名之名是一切义无分别名，此名即是十名中第十究竟名也。由住如是无分别名故，于唯识想亦已灭除，于法界中便得现见相应而住，即于尔时菩萨平等平等所缘能缘无分别智已得生起，所缘谓法界，能缘谓正智。智与法界平等平等无有增益无有损减如如相应而现证故，说名平等，所缘能缘无分别智。此智生故，现证法界，由此菩萨名已悟入圆成实性，离一切相一切分别实证诸法真实性故。

此中有颂：

法，补特伽罗，法，义，略，广，姓，不净，净，究
竟，名所行差别。

世亲释云："如前所说住一切义无分别名，何等为名，几品
类义？为答此问，以颂显示名类差别。是诸菩萨所缘名类略有十
种：一法名，谓眼等。二补特伽罗名，谓我等。三法名，谓十二
分教。四义名，谓此十二分教所诠诸义。五略名，谓一切法为无
为等。六广名，谓色受等及虚空等。七姓名，谓阿字为初，呵字
为后。八不净名，谓诸异生。九净名，谓诸见谛。十究竟名，谓
一切法总相所缘，即是二智所缘境界，谓出世智及后得智，以一
切法真如实际为所缘故，以一切法种种相别为所缘故，如十地
等，此中意取于一切义总相缘智所缘境界。"

如是菩萨悟入唯识性故，悟入所知相。悟入
此故，入极喜地。善达法界，生如来家。得一切
有情平等心性，得一切菩萨平等心性，得一切佛
平等心性，此即名为菩萨见道。

此显菩萨见道。见谓现观，现观即道名为见道。何所见道？谓
悟入唯识性故，悟入所知相。如是见道，何果何相？谓入极喜
地，善达法界等。十地初地，名极喜地。已得无漏真智故，善达
法界，已证如来法界家中，已得大乘正性离生，为佛真子，绍隆
佛种，使不断绝，是故说名生如来家。由达一切有情无我性故，及
得大我阿世耶故，如于自身欲尽众苦，于他亦尔，名得一切有情
平等心性。与诸菩萨意乐加行皆平等故，名得一切菩萨平等心
性。见佛法界与己法界无差别故，名得诸佛平等心性，如是一切

是为菩萨见道果相。

复次，为何义故入唯识性？由缘总法出世止观智故，由此后得种种相识智故，为断及相阿赖耶识诸相种子，为长能触法身种子，为转所依，为欲证得一切佛法，为欲证得一切智智入唯识性。又后得智于一切阿赖耶识所生一切了别相中，见如幻等性无倒转，是故菩萨譬如幻师，于所幻事于诸相中及说因果常无颠倒。

为何义故入唯识性者，此显入所知相所愿求义。总说所为，为欲证得一切智智。别显次第因相，说为断及相阿赖耶识诸相种子等。由缘总法出世止观智故，由此后得种种相识智故者，此显能断证者。谓由悟入唯识性故，证得出世根本后得二智，由此二智能断杂染种子，乃至证得一切智智。此中为断及相阿赖耶识诸相种子者，世亲云："此中及相，是及因义，于阿赖耶识中诸杂染法种子名阿赖耶识诸相种子。复举相者，为欲显示即彼种子是所缘相。"此意智先于彼正见正知，次后于彼而断除故，相是其因断是其果。无性云："为断阿赖耶识中似色等相诸法种子及能熏相。"为长能触法身种子者，诸无漏种能触法身。如一分证，初智已能。如全分证，必由如是根本后得二智熏习长养始得，依于十地次第熏习乃能具证诸佛法身故。为转所依者，断染成净，为转舍阿赖耶识所依，转得无垢大圆镜智故。为欲证得一切佛法者，为欲生起力无畏等诸佛法故。为欲证得一切智智者，为欲证得无垢无碍诸佛智故。为显后得智差别功用，故说又后得智等。言于一切阿赖耶识所生一切了别相中者，此说赖耶所生诸有为相诸差别相。见如幻等性无倒转者，如实无倒证见彼相虚妄显现无实义故。是故菩萨譬如幻师于所幻事者，虽现示彼不为彼迷，及于幻相不为他转得自在故。于诸相中及说因果常无颠倒者，此显菩萨为度众生以世言说诠说一切法及说彼法因果皆无颠倒，令他有情如法正知及正修行。根本无分别智无如是用。

　　于此悟入唯识性时，有四种三摩地，是四种顺抉择分依止，云何应知？应知由四寻思，于下品无义忍中有明得三摩地，是暖顺抉择分依止。于上品无义忍中有明增三摩地，是顶顺抉择分依止。复由四种如实遍智。已入唯识，于无义中已得决定，有入真义一分三摩地，是谛顺忍依止。从此无间伏唯识想，有无间三摩地，是世第一法依止。应知如是诸三摩地，是现观边。

顺抉择分者，抉择即是见道现观。见道加行，名顺抉择分。随顺趋入彼抉择故。此加行位，依四寻思四如实智胜劣初终，别立为四，名四种顺抉择分，谓暖、顶、忍、世第一法。如是四种顺抉择分有四种三摩地为所依止。依止者，为彼因故，建立彼故。如依止地建立宫室。定慧相依，亦复如是。此四三摩地者，谓明得定，明增定，入真义一分定，无间定。此四分四定如何相依，复以何义得暖等名？谓依明得定，发下寻思，创观所取名等四法皆自心变，假施设有，实不可得，唯有意言别无义故，于是建立暖顺抉择分。此定初得明智，名明得定。道火前相，故复名暖。此四寻思于无有义爱乐认可，名无义忍。初观力弱，故名下品。依明增定发上寻思，深观所取诸义无故，建立顶顺抉择分。明慧转增，名明增定。寻思位极，故名为顶。此于无义认乐转深，故名上品无义忍。依入真义一分三摩地发下如实智，于无所取决定印持，于无能取亦顺乐忍，由斯建立谛顺忍。虽已决定无有义相，然犹未能伏彼能取唯识之相，故名入真义一分三摩地。虽未能伏唯识之相，然于无有能取识亦顺乐故，名谛顺忍。谛谓真实法无我性。此忍顺彼，名谛顺忍。依无间三摩地发上如实智，伏唯识想，印二取空，立世第一法。依此无间必入见道，立无间三摩地名。异生法中此最胜故，名世第一法。如是诸三摩地是现观边者，谓亲近临入现观故。

　　如是菩萨已入于地，已得见道，已入唯识，于修道中云何修行？于如所说安立十地摄一切经皆现前中，由缘总法出世后得止观智故，经于无量百千俱胝那庾多劫，数修习故，而得转依，为欲证得三种佛身精勤修行。

此说见道已后如何修行。于如所说安立十地者，谓随入地先后胜劣安立极喜离垢等十地。摄一切经皆现前中者，此即总法所缘皆现在前，总摄一切经义皆令于心上显现故。由缘总法者，无性云："相杂缘故，无缘别法而修正智，若不尔者无分别智所集资粮不应得有。"云何缘耶？谓能了达一切经中所说诸法皆是显现真法界故，皆是说彼因缘行果义故，能如是缘即是总缘一切经义。出世后得止观智者，是即根本无分别智，及无漏后得智。经于无量百千俱胝那庾多劫，数修习故，而得转依者，谓由二智经无量劫修习故而得断除一切杂染所依，及能转得清净所依。三种佛身，如后广说。此中云十地者，义显修行所依位故。摄一切经皆现前中者，此显所缘所修行故。云出世后得止观智者，此显能缘能修智故。经于无量劫者，此显修行时分长远故。而得转依者，此显修行果故。为欲证得三种佛身精勤修行者，此显修行所愿求故。

声闻现观，菩萨现观有何差别？谓菩萨现观与声闻异，由十一种差别应知：一由所缘差别，以大乘法为所缘故。二由资持差别，以大福智二种资粮为资持故。三由通达差别，以能通达补特伽罗法无我故。四由涅槃差别，摄受无住大涅槃故。五由地差别，依于十地而出离故。六七由清净差别，断烦恼习净佛土故。八由于自他得平等心差别，成熟有情加行无休息故。九由生差别，生如来家故。十由受生差别，常于诸佛大集会中摄受生故。十一由果差别，十力无畏不共佛法无量功德果成满故。

菩萨声闻俱由现观修行成果。菩萨与彼有何异者？异十一种：一由所缘差别，菩萨以大乘摩诃般若真如法界等甚深大法以为所缘，声闻不尔，但以四谛十二缘起等声闻法为所缘故。二由资持差别，菩萨以大福智二种资粮所谓六度四摄等无量极难行行为资持故，得证现观，非如声闻，但以少小善根福智为资持故而入现观。三由通达差别，云通达者，即是现观所证，菩萨现观俱证人法二无我性，非如声闻但证人无我性。四由涅槃差别，涅槃者，现观所得，菩萨摄受不住生死不住涅槃功德无尽大涅槃故，非如声闻现观，但得唯自解脱无余涅槃。五由地差别，地谓现观所依，菩萨现观依于十地，经历无量那庾多劫而成满故，而得出离，云出离者，离一切障成果究竟，非如声闻依预流等四向四果，经历少劫，便得出离。六七由清净差别，菩萨现观俱能断除一切烦恼及烦恼习气，声闻现观但能断除烦恼故，余习犹存。云习气者，虽无烦恼，然其所作似有烦恼。又菩萨现观能净佛土，无量福德无量智慧庄严佛土摄益有情故。声闻现观唯能厌弃断染世间，全不能转清净身土。八由于自他得平等心差别，菩萨视他如自，普令舍于杂染得清净故，成熟有情加行无息，非如声闻现观但能自利舍弃众生。九由生差别，菩萨俱证二空法界，生如来家，成佛体性，为佛真子。声闻不尔，但得一分解脱谛理，不能绍继诸佛事业，如婢子故。十由受生差别，菩萨现观常于诸佛无漏受用身土会中随意往生受彼果利故，非如声闻但由诸佛变化身土之所摄受，未得涅槃唯生世间，已得涅槃永尽生死。此中生与受生二差别者，生谓生得如来种智，受生谓于佛众会摄受异熟增上等果。生谓永生，受生谓别感。十一由果差别，菩萨现观能得十力四无畏十八不共佛法等无量功德果成满故，非如声闻五分法身既成满已唯趣涅槃都无胜用。如是一切，是为菩萨现观功德，业用无上，利益自他故。

此中有二颂：

名事互为客，其性应寻思。于二亦当推，唯量及唯假。

实智观无义，唯有分别三。彼无故此无，是即入三性。

此下诸颂，二释俱明，不更重释。如世亲释云："将入真观，故说二颂。名事互为客，其性应寻思者，谓名于事为客，事于名为客，非称彼体故。由定而观，故名寻思。于二亦当推，唯量及唯假者，应当推寻义之自性差别并无，唯有识量，唯有自性差别假立。言实智者，应知即是如实遍智。谓由四种寻思为因，发生四种如实遍智。所言观无义，唯有分别三者，谓观义本无所有，唯有三种虚妄分别，谓名分别，自性分别，差别分别。彼无故此无者，谓义无故分别亦无。何以故？若有所分别义，可有能缘分别。由义无所有故，当知分别亦无。是即入三性者，谓即此中悟入三性：观见名事互为客故，即是悟入遍计所执性；观见二种本无有义，唯有分别量，唯有名自性差别假立故，即是悟入依他起性；亦不观见此分别故，即是悟入圆成实性。如是名为悟入三性。"

复有教授二颂，如《分别瑜伽论》说：

菩萨于定位，观影唯是心。义想既灭除，审观唯自想。

如是住内心，知所取非有。次能取亦无，后触无所得。

世亲释云："为入真观，授以正教，于此义中说其二颂。菩萨依定位观影唯是心者，谓观似法似义影像唯是其心。谁能观？谓菩萨。在何位？于定位。义想既灭除，审观唯自想者，谓此位中义想既遣，审观似法似义之相，唯是自心。如是住内心者，如摄自心住于无义，即是令心住于内心。知所取非有者，谓了所取义无所有。次能取亦无者，由所取义既是非有，故能取心能取之性亦不得成。后触无所得者，谓从此后触证真如，由此真如无所得故，名无所得。"

复有别五现观伽陀，如《大乘经庄严论》说：

福德智慧二资粮，菩萨善备无边际；

于法思量善决已，故了义趣唯言类。

若知诸义唯是言，即住似彼唯心理。

便能现证真法界，是故二相悉蠲除；

体知离心无别物，由此即会心非有；

智者了达二皆无，等住二无真法界。

慧者无分别智力，周遍平等常顺行，

灭依榛梗过失聚，如大良药消众毒。

佛说妙法善成立，安慧并根法界中，

了知念趣唯分别，勇猛疾归德海岸。

世亲释云："复有现观伽陀，如经《庄严论》说。其中难解，于此显示。福德智慧二资粮，菩萨善备无边际者，资粮有二种：一福德资粮，二智慧资粮，谓施等三波罗蜜多是福德资粮，第六般若波罗蜜多是智慧资粮，精进波罗蜜多二资粮摄，何以故？若为智慧而行精进是智慧资粮，若为福德而行精进是福德资粮，如是静虑波罗蜜多，亦通二种，若缘无量而修静虑是福德资粮，余是智慧资粮。如是资粮，是谁所有？谓诸菩萨。长远难度，名无边际。如无边语，非无有边，但以多故得无边称，此亦如是。于法思量善决已者，要由定后思惟诸法方善决定，非余所能。故了义趣唯言类者，谓了知诸义唯意言为因。若知诸义唯是言，即住似彼唯心理者，谓若了知是义显现唯是意言，即住似义唯心正理。便能现证真法界，是故二相悉蠲除者，谓从此后现证真如，永离所取能取二相。如入现证，次当显示。体知离心无别物，由此即会心非有者，体知离心无所缘义。彼无有故，即会能缘心亦非有。知者了达二皆无者，谓诸菩萨了达此二悉皆是无。等住二无真法界者，谓平等住离义离心真实法界。慧者无分别智力者，谓诸菩萨无分别智所有势力。周遍平等常顺行者，于平等中随顺而行，观契经等一切诸法犹如虚空性平等故。内外诸法皆如是观，故名周遍。常者，恒时。灭依榛梗过失聚，如大良药消众毒者，灭谓除灭。依谓所依，即所依中杂染法因。极难了故，如溪谷林榛梗难入。过失聚者，是杂染法熏习自性。佛说妙法善成立，安慧并根法界中者，谓由佛教善安其慧置真如中，及能缘彼根本心中。根本心者，谓缘如来所有正教总为一相，应知即是无分别心。了知念趣唯分别者，谓彼安住根本心已，为说正教，由后得智念诸义趣，知此念趣唯是分别。勇猛疾归德海岸者，谓诸菩萨由无分别智及后得智巧方便故，速趣佛果功德海岸。如是五颂总略义者，谓第一颂显资粮道，第二初半显加行道，后半、第三显于见道，第四一颂显于修道，第五一颂显究竟道。"

如是已释入所知相分竟。此中总义者，一总出相故，二谁能悟入？已备资粮菩萨能悟入故。三何处能入？略于胜解行地、见道、修道、究竟道中，能悟入故。四由何能入？由善根力所任持故而能悟入，谓三相练心，断四处，勤修止观无放逸故。五由何云何而得悟入？由缘闻思意言境界，由四寻思，四如实智，而悟入故。六于此悟入唯识性中何所悟入？如何悟入？入唯识性，相见二性，及种种性。如暗中绳，显现似蛇，蛇觉非实，但是绳故。次更分析，绳亦非真，色香味触为其相故。如是于彼似义六相除相义时，唯识性觉犹如蛇觉亦当除遣。如是菩萨次第悟入遍计，依他，圆成实性。七菩萨悟入三性故，悟入所知相，入极喜地，名为见道。八为何义故悟入唯识性？为转所依，证诸佛法，得一切智智故。为达幻性，善说法故。九于悟入时有四三摩地，为顺抉择分依止。十见道已，于十地中，由止观智精进修行。十一声闻现观菩萨现观，十一相别。十二援引多颂圣教成立。

摄大乘论疏下册卷三

彼入因果分第五

如是已说入所知相，彼入因果云何可见？谓
由施、戒、忍、精进、静虑、般若，六种波罗蜜多。

上来已说多闻熏习如理作意入所知相，此品更说彼入因
果。由彼彼法得入所知相，名彼入因。由入所知相故，成就彼彼
法，名彼入果。如是因果其体是何？谓即施等六种波罗蜜多。义
谓六到彼岸，即是六度。由此六法能越世间破二重障到于实相真
彼岸故，名波罗蜜多。

云何由六波罗蜜多得入唯识，复云何六波罗
蜜多成彼入果？

此问六度为彼入因果所由。

谓此菩萨不著财位，不犯尸罗，于苦无动，于
修无懈，于如是等散动因中不现行时心专一
境，便能如理简择诸法，得入唯识。

此答六度为彼入因。所以者何？由诸菩萨行惠施故，不著财
位。不著财位故，乃能发大愿不为欲累。由诸菩萨严持净戒故，不
犯尸罗。不犯尸罗故，乃能端身正行不造恶业。由诸菩萨修安忍

故，于苦无动。于苦无动故，乃能坚持志业，安慈益他，于法审择信心不退。由诸菩萨行精进故，于修无懈。于修无懈故，勇决果毅，速备善法，成满福智。由诸菩萨习静虑故，于如是等散动因中不现行时心专一境。云散动因者，即是贪著财位，违犯尸罗，于苦不忍，于修懈怠。由能令心驰逐外境扰乱。散动名散动因。于如是等因不现行者，即是由修施戒忍精进四波罗蜜多故对治彼因令不生起义。由彼不起故，心专一境。云专一境者，所谓多闻熏习所依非阿赖耶识所摄如阿赖耶识成种子，如理作意所摄似法似义而生似所取事有见意言，即于如是意言境中专注一趣而观察故，名为静虑。以离烦恼散动而虑境故，由是便能发生实智，如理简择诸法性相，即是般若，从此故能得入唯识。设著财位，则不能净守尸罗。设不能净守尸罗，则不能于苦无动。设不能苦无动，则不能于修无懈。设不能于修无懈，则不能远离散动心专一境。如是便即不能如理简择诸法，即不得入唯识。是故入所知相，总以六度为因。盖现观正觉无漏出世，要先积集无量无边福德智慧二种资粮，善根成就，伏离现缠，业行殊胜，乃能引发净种现行，实证法界。非但闻思计度，便能入也。是故前云四种寻思，四如实智，依明得等三摩地生。彼三摩地，当知复由施戒等起，故离六度现观无因也。

　　菩萨依六波罗蜜多入唯识已，证得六种清净增上意乐所摄波罗蜜多。是故于此，设离六种波罗蜜多现起加行，由于圣教得胜解故，及由爱重随喜欣乐诸作意故，恒常无间相应方便，修习六种波罗蜜多速得圆满。

此答六波罗蜜多为彼入果。此果何以异彼入因？谓由清净增上意乐之所摄故，性是无漏，前有漏故。由有漏六度为因入所知相已，复由入所知相故证得无漏六度，故此无漏六度是彼入果。是故于此设离六种波罗蜜多现起加行乃至修习六度速得圆满者，此显清净增上意乐所摄六度义，由彼不待勉强力励加行，是故名离现起加行。由于圣教得胜解者，谓于六度相应圣教，虽极甚深而能信解。爱重作意者，谓于已得波罗蜜多见胜功德深生爱味。随喜作意者，谓于十方一切世界他相续中波罗蜜多深生广喜。欣乐作意者，谓如已到最胜彼岸诸佛所得清净意乐，愿我及彼一切有情亦当证得即由如是胜解作意故，虽不力励现起加行，自能恒常无间相应方便修习六度速得圆满。

此中有三颂：

已圆满白法，及得利疾忍，菩萨于自乘，甚深广大教，

等觉唯分别，得无分别智，希求胜解净，故意乐清净，

前及此法流，皆得见诸佛，了知菩提近，以无难得故。

由此三颂，总显清净增上意乐有七种相。谓资粮故，堪忍故，所缘故，作意故，自体故，瑞相故，胜利故。如其次第诸句伽他应知显示。

此以三颂显清净增上意乐有七种相。已圆满白法者，显资粮相，谓此意乐由先于胜解行地中善备资粮白法圆满始得如是清净意乐故。及得利疾忍者，此显堪忍相。忍有三品，谓软中上。此

中最善，名利疾忍。由如是忍乃得如是清净意乐。菩萨于自乘甚深广大教者，此显所缘相。清净意乐以大乘教为所缘缘而得清净故。由彼宣说无量甚深广大事故。法无我性，名甚深事。虚空藏等诸三摩地，名广大事。等觉唯分别得无分别智者，此显作意相。由是作意得清净故，平等觉知一切诸法唯有分别唯识变故，由此能得无分别智令意乐净。无性释此得无分别智为对治相，即共有八相。希求胜解净故意乐清净者，此显自体相。希求谓欲，胜解即信，此二净故意乐清净，意乐以信欲为自体故。前此及法流皆得见诸佛者，此显瑞相相。前谓意乐清净位前，此谓清净意乐位中，法流即说在三摩地中，处于定中见诸佛故。了知菩提近以无难得故者，此显胜利相。谓由清净意乐故得见诸佛，见诸佛故成佛非难，由是了知菩提近，得此能得胜方便故得不为难，修集资粮势力成熟有堪能故。如是七相总显清净意乐所有体相。

何因缘故波罗蜜多唯有六数？成立对治所治障故，证诸佛法所依处故，随顺成熟诸有情故。为欲对治不发趣因故，立施戒波罗蜜多。不发趣因，谓著财位及著室家。为欲对治虽已发趣复退还因故，立忍进波罗蜜多。退还因者，谓处生死有情违犯所生众苦，及于长时善品加行所生疲怠。为欲对治虽已发趣不复退还而失坏因故，立定慧波罗蜜多。失坏因者，谓诸散动及邪恶慧。如是成立对治所治障故，唯立六数。又前四波罗蜜多，是不散动因。次一波罗蜜多，不散动成就。此不散动为依止故，如实等觉诸法真义，便能证得一切佛法。如是证诸佛法所依处故，唯立六数。由施波罗蜜多故，于诸有情能正摄受。由戒波罗蜜多故，于诸有情能不毁害。由忍波罗蜜多故，虽遭毁害而能忍受。由精进波罗蜜多故，能助经营彼所应作。即由如是摄利因缘，令诸有情于成熟事有所堪任。从此已后，心未定者令其得定，心已定者令得解脱，于开悟时彼得成熟。如是随顺成熟一切有情，唯立六数，应如是知。

已知六度为彼入因果，六度体相故应广辩，是故此下十相乃别六波罗蜜多。初辩其数。何故波罗蜜多不多不少，数唯六耶？总有三因，答数唯六。一者，成立对治所治障故，数唯有六。云所治障者，谓不发趣因，发已退还因，虽不退还而失坏因，由斯建立施戒忍进静虑般若，对治三障其用已周，是故六度不多不少。此中不发趣者，谓厌离杂染趣证菩提者，食著财位及著室家，由斯不能发趣求证。由施戒故，彼著得除施能对治贪著财位，戒能对治贪著室家故，由斯便能发趣求证，故此二法于不发趣因障为能对治。此中云虽已发趣复退还因者，为证菩提事非容易，中必经于种种苦恼，及当长时广大加行，如弗堪忍及起倦怠，则虽发趣而退还故，故立忍进对治退堕。忍能对治处生死中有情违犯所生众苦所有不忍，精进能治善品加行长时倦怠故。此中虽已发趣不复退还而失坏因者，谓虽无有顾恋能忍众苦及无倦怠不复退还，然心散动故，不能得定，故弗能证。及由邪恶慧故而起邪证，于不真实不究竟中谓为真实谓为究竟。由是因缘，于证菩提，即为失坏。由定慧故，能治此因。静虑能对治散动，般若能治邪恶慧故。由是因缘，于证菩提永无失坏。是为六度对治三障义。二者，成立能证佛法所依处故，数唯有六。云诸佛法者，谓十力四无畏等。如是佛法，依于般若大智证得。般若复因静虑而起，静虑又由施戒忍进四度成立。故此六度，为证诸佛法之所依处。前四为不散动因，五为不散动成就，由是发生实智，如实遍知诸法真义，便能证得一切佛法故。此即戒定慧三，展转相生证得诸佛法义，由是六度不增不减。三者随顺成熟诸有情故。数唯有六。云何成熟诸有情耶？摄受饶益令彼善根得成熟故。善根成熟者，谓于所治堪能断除，及于能治堪令成满，即是心未定者令其得定，心已定者令得解脱。如是波罗蜜多随顺成熟一切有情，故数唯六。论文易知。无性云，由静虑波罗蜜多心未定者令其得定，由慧波罗蜜多心已定者令得解脱。开悟时者，谓教授彼令于境界得悟入时。彼得成熟者，彼于境界已得成熟。言成熟者，谓所治障消融溃散，如痈已熟。或能对治成满可用，如食已熟。

此六种相云何可见？由六种最胜故。一由所依最胜，谓菩提心为所依故。二由事最胜，谓具足现行故。三由处最胜，谓一切有情利益安乐事为依处故。四由方便善巧最胜，谓无分别智所摄受故。五由回向最胜，谓回向无上正等菩提故。六由清净最胜，谓烦恼所知二障无障所集起故。若施是波罗蜜多耶，设波罗蜜多是施耶？有施非波罗蜜多，应作四句。如于其施，如是于余波罗蜜多亦作四句，如应当知。

次辩其相。世亲云："以何等相施等得名波罗蜜多？由诸世间及声闻等亦有施等，是故决定应说其相，谓六最胜为施等相。"所依最胜谓菩提心为所依处故者，此显六度是发无上大菩提心者之所行故，依彼心行故成最胜。二由事最胜谓具足现行故者，此显菩萨所行施等内外等事无不具足现行。如于施，内身外财头目脑髓国土城邑皆能施故，一切难行悉皆能行故，名事最胜。三由处最胜谓一切有情利益安乐事为依处故者，谓此菩萨所行施等非但为自一人，乃至以一切有情若恩若怨若中庸等若人非人胎卵湿化四生九有摄为一体，普为利益安乐诸有情等而行施戒忍进静虑般若故。四由方便善巧最胜谓无分别智所摄受故者，谓以妙智为因，于所作事离诸过咎，能令成满多生功德是谓方便善巧，一切妙智无过无分别智，以如是智不取诸相，虽行施等而无施物施者受者三种分别，是即三轮清净，由是施等功德最大最极殊胜故。五回向最胜谓回向无上正等菩提故者，谓所行施等别无他求，但以求证无上菩提故。六由清净最胜谓烦恼所知二障无障所集起故者，世亲云："谓至佛果施等方净，尔时解脱烦恼所知二种障碍所集起故。"若尔，应唯佛果乃名六波罗蜜多。亦可因位分分伏断二种障故，异声闻等但唯伏断烦恼障故，清净最胜。施戒忍等具是六相，故名波罗蜜多。由是设离如是六相虽行施等不名波罗蜜多。以是因缘，作如是问，若施是波罗蜜多耶，设波罗蜜多是施耶？答中有施非波罗蜜多应作四句者，谓离六种相而行施，是施，非波罗蜜多，是第一句。六种最胜所摄戒等，是波罗蜜多，非施，是第二句。六种最胜所摄惠施，是亦施亦波罗蜜多，是第三句。离六种相而行戒等，是非施非波罗蜜多，是第四句。如施戒等五亦各有四句，如应当知。

何因缘故如是六种波罗蜜多此次第说？谓
前波罗蜜多随顺生后波罗蜜多故。

第三辩其次第。谓由施等能生戒等，是故先说施等，次第乃
至说于般若。所以者何？必先不著财位者，乃能恬静淡泊，净守
尸罗。必能严护尸罗者，于诸违缘能正安忍。能安忍众苦者，乃
能不息精进。由精进故，乃能专注一趣令心得定。心得定故，乃
能如实遍知诸法性相。由是故知，施能顺生戒，戒顺生忍，忍顺
生精进，精进顺生静虑，静虑顺生般若。余论复说：前前粗，后
后细故，后后能持净前前故。粗者易行，故在先。细者难得，故
在后。由持戒故，施得清净。由安忍故，戒得清净。由精进故，忍
得清净。由静虑故，精进得清净。由般若故，静虑清净。以是诸
因，说是次第。

复次此诸波罗蜜多训释名言，云何可见？于
诸世间声闻独觉施等善根，最为殊胜，能到彼
岸，是故通称波罗蜜多。又能破裂悭吝贫穷，及
能引得广大财位福德资粮，故名为施。又能息灭
恶戒恶趣，及能取得善趣等持，故名为戒。又能
灭尽忿怒怨仇，及能善住自他安隐，故名为忍。又
能远离所有懈怠恶不善法，及能出生无量善法令
其增长故名精进。又能消除所有散动，及能引得
内心安住，故名静虑。又能除遣一切见趣诸邪恶
慧，及能真实品别知法，故名为慧。

第四训释名言。先总后别。总者，如是六度最为殊胜，超越
一切世间及超声闻独觉所有施等善根，到于彼岸，故六并名波罗

蜜多。别者，施等各各有其别义。如施，于因中能破悭吝，及能引发福德资粮，又于果中能裂贫穷，及得大财位，故名为施。戒于因时，能息恶戒，及得等持，果时能灭恶趣及得善趣，故名为戒。忍能灭自忿怒怨仇之心，由是自无恚恼善住安隐，不损恼他令他安隐故，名为忍。精进能对治懈怠，由是能防恶不善法令悉远离，及能勤修无量善法令其出生，及令增长故名精进。摄心一境令离烦恼所有散动，及能令心现法乐住，故名静虑于般若中所谓真实品别知法者，真实知法，即是如法真实性而知，即是如理智知。品别知法者，即是别别品类而知，即是如量智知。前是根本无分别智，后是后得有分别智。

云何应知修习如是波罗蜜多？应知此修略有五种。一现起加行修，二胜解修，三作意修，四方便善巧修，五成所作事修。此中四修如前已说。成所作事修者，谓诸如来任运佛事无有休息。于其圆满波罗蜜多，复更修习六到彼岸。又作意修者，谓修六种意乐所摄爱重随喜欣乐作意。一广大意乐，二长时意乐，三欢喜意乐，四荷恩意乐，五大志意乐，六纯善意乐。若诸菩萨乃至若干无数大劫，现证无上正等菩提，经尔所时一一刹那，假使顿舍一切身命，以殑伽河沙等世界盛满七宝，奉施如来，乃至安坐妙菩提座，如是菩萨布施意乐，犹无厌足。经尔所时一一刹那，假使三千大千世界满中炽火，于四威仪常乏

一切资生众具，戒忍精进静虑般若心恒现行，乃
至安坐妙菩提座，如是菩萨所有戒忍精进静虑般
若意乐，犹无厌足，是名菩萨广大意乐。又诸菩
萨即于此中无厌意乐，乃至安坐妙菩提座，常无
间息，是名菩萨长时意乐。又诸菩萨以其六种波
罗蜜多饶益有情，由此所作，深生欢喜，蒙益有
情所不能及，是名菩萨欢喜意乐。又诸菩萨以其
六种波罗蜜多饶益有情，见彼于己有大恩德，不
见自身于彼有恩，是名菩萨荷恩意乐。又诸菩萨
即以如是六到彼岸所集善根，深心回施一切有
情，令得可爱胜果异熟，是名菩萨大志意乐。又
诸菩萨复以如是六到彼岸所集善根，共诸有情回
求无上正等菩提，是名菩萨纯善意乐。如是菩萨
修此六种意乐所摄爱重作意。又诸菩萨于余菩萨
六种意乐修习相应无量善根，深心随喜，如是菩
萨修此六种意乐所摄随喜意乐，又诸菩萨深心欣
乐一切有情六种意乐所摄六种到彼岸修，亦愿自
身与此六种到彼岸修恒不相离，乃至安坐妙菩提
座。如是菩萨修此六种意乐所摄欣乐作意。若有
闻此菩萨六种意乐所摄作意修已，但当能起一念
信心，尚当发生无量福聚，诸恶业障亦当消灭，何
况菩萨。

第五辩修习。修习差别，略有五种。无性云："现起加行修

者，谓于施等无颠倒转，如有颂言：施者殊胜，信等具足，恭敬
应时，自手施等。又如颂言：利他加行于有情，不简有力若无力，于
一切时一切施，随力所能广饶益。胜解修者，谓由信欲而生胜
解，于佛圣教深印顺故，生乐欲故。如有颂言：虽于利业无功用，而
于佛教生胜解，由信及欲共相应，意乐常修无懈废。作意修者，谓
爱重随喜，欣乐作意所摄修习如前已说。方便善巧修者，谓无分
别智摄受修习，亦如前说。成所作事修者，谓诸如来到彼岸法，虽
极圆满，为饶益他本愿力故，不作功用，随彼所能现行施等所应
作事，此即是修，为彼修故亦名为修。"又辩作意修中，六种意
乐，一广大意乐者，谓于广大难行施戒等中无怖无厌爱重而修
故。如从发心乃至成佛，要经若干无数大劫，即于其中一一刹那
假使顿舍一切身命以殑伽河沙等世界盛满七宝奉施如来，菩萨意
乐犹无厌足。经尔所时一一刹那假使三千大千世界满中炽火
者，谓别无有处所可容菩萨修戒等故。于四威仪常乏一切资生众
具者，谓无衣食等足治众苦，令彼菩萨安隐修故，而诸菩萨即于
如是无置身处无续命处，戒忍精进静虑般若心恒现行，其修无
怠。乃至安坐妙菩提座者，谓至成佛。戒等意乐犹无厌足者，经
于如是久远难行心无厌足故。云何菩萨能有如是意乐？以诸菩萨
已入法界，知法无我，以平等心观一切法，故无种种难易久暂身
命顾恋种种分别，故能行是广大难行心无厌足。余文易了。荷恩
意乐者，无我相故，不见自身于他有恩，由诸求者令我施等得圆
满故，令我当来得妙果故，见他于我而大有恩，是为荷恩。大志
意乐者，普利一切诸有情故。纯善意乐者，离一切过故。无性
云："大志纯善，其义是一。立别名者，若以施等回求三有财位
圆满，如是意乐希求苦具，似有罪故，不名纯善。若以施等共诸

有情回求佛果，如是意乐不求苦具，都无罪故，说名纯善。"余文易知。若有闻此以下，显此作意修所有胜利。

　　此诸波罗蜜多差别云何可见？应知一一各有三品。施三品者，一法施，二财施，三无畏施。戒三品者，一律仪戒，二摄善法戒，三饶益有情戒。忍三品者，一耐怨害忍，二安受苦忍，三谛察法忍。精进三品者，一被甲精进，二加行精进，三无怯弱无退转无喜足精进。静虑三品者，一安住静虑，二引发静虑，三成所作事静虑。慧三品者，一无分别加行慧，二无分别慧，三无分别后得慧。

第六辩差别。于一一波罗蜜多中，各有三品差别。法施者，悯他愚痴，解他疑惑，成他善根而为宣说正法教故。财施者，悯他贫穷，拔他饥寒，续他生命，施与一切饮食衣服资生具故。无畏施者，悯他灾难，除他怖畏，令得安隐，施与一切力与方便故。律仪戒者，防护一切恶不善业令不造作，如五戒、八斋、比丘戒等，别别解脱诸罪恶故。摄善法戒者，摄受修行一切善法，如施、戒、忍、闻、思、修习，积集福智二资粮故。饶益有情戒者，于诸有情拔苦与乐，修四摄事诸善法故。耐怨害忍者，于他有情不饶益事打骂讥毁种种违害，以慈愍心不生嗔恚而反报故。安受苦忍者，谓修正行于正行时所有饥寒渴热险难劳累皆能安受无退转故。谛察法忍者，于佛圣教坚固印持，于非正法决了邪伪，信心坚固无转变故。被甲精进者，谓求无上正等菩提，为成就他一切有情，于中应行种种难行，大誓庄严勇决无畏愿修习故，如环甲胄入阵无畏，故名被甲。加行精进者，如所意乐，勤修加行不怠逸故。无怯弱无退转无喜足精进者，谓加行时设遇艰险心无怯弱；设逢阻挠，心无退转；设诸所行如愿成就，心不喜足。如是便能不屈不挠精进不息，直趋无上正等菩提令圆满故。此之三种即经所说有势，有勤，有勇，坚猛，不舍善轭。最初被甲即是有势。次二加行，即是有勤。第三中无怯弱，即是有勇。无退屈，即是坚猛。无喜足，即是不舍善轭。云不舍善轭者，诸戒律仪等是善法轭，能防放逸，止诸恶故。诸于所作生喜足者，即便矜骄而纵逸故，由是还复转行不善，故无喜足名不舍善轭。安住静虑者，谓得现法乐住，离慢见爱，得清净故，令自身心离染无罪适悦相应安乐而住。引发静虑者，谓欲引发六神通等殊胜功德，修最上边际静虑故。成所作事静虑者，谓欲饶益诸有情类修习静虑，引发神通，成办所有止息饥馑，疗救疫疠，拔诸惧畏，伏他骄慢邪见种种烦恼，令于苦恼咸得伏灭，于诸善法悉成就故。由初静虑生次静虑，由次静虑得后静虑，次第如是。然有安住静虑不引发神通，不成办所作事者，如小乘外道所有一分静虑，亦有引发神通不成办所作，如诸菩萨所有神通戏游，未有神通不由静虑生，未有无神通能具办有情所应作事者。无分别加行慧者，即是四加行位中智，观能所取自性空寂。总观空故，名无分别。未得真空，空前加行，故名无分别加行慧。无分别慧者，即见道后诸根本智。实证诸法空性，不起一切分别。离一切相故，无分别后得慧者，即见道以后诸后得智，是根本智后所得故。别别观察诸世俗谛，为诸有情说正法等，体是无漏，无有执著。如是具显六度差别。

如是相摄，云何可见？由此能摄一切善

法，是其相故，是随顺故，是等流故。

第七辩相摄。意说如是六度，普能摄尽一切善法。所以者何？一切善法中，如无贪等，即此六度自相故；如信惭等，即此六度随顺故；如佛十力无畏大慈悲等，是此六度等流故。当知自相，说六度体。随顺，谓六度增上缘。等流，谓即彼果。是故六度，普能摄尽一切善法。且如四摄中，布施爱语利行同事，是即财法无畏三种施摄，亦即饶益有情戒摄，亦是定慧一分摄。四无量心，静虑所摄。三十七菩提分法中四念住者，慧所摄。四正勤者，精进所摄。四神足者，静虑所摄。五根五力者，后三度摄。七觉知者，后二度摄。八道支者，戒定慧摄。六神通者，定慧所摄。方便善巧愿力智等，六度助伴所摄。十地佛地等果，六度果摄。故一切善法，皆摄入六度。

> 如是所治摄诸杂染，云何可见？是此相故，是此因故，是此果故。

第八辩所治云。所治者，即六度之所对治彼相违法。当知六度能摄一切善法故，彼所治亦能备摄一切杂染。所以者何？一切杂染法中，如悭吝，犯戒，忿恚，懈怠，散动，恶慧，是此所治之自相故，自余不信乃至邪见，是此所治诸杂染法因故。由彼所起诸不善业恶行恶果，是此悭犯忿怠等果故。当知六度既对治六度所治自体，亦当对治彼所治因，亦能对治彼所治果，故此所治摄诸杂染。

> 如是六种波罗蜜多所得胜利，云何可见？谓诸菩萨流转生死，富贵摄故，大生摄故，大朋大属之所摄故，广大事业加行成就之所摄故，无诸

恼害性薄尘垢之所摄故，善知一切工论明处之所
摄故。胜生无罪，乃至安坐妙菩提座，常能现作
一切有情一切义利，是名胜利。

第九辩胜利。谓布施等各各有其胜果利益。谓诸菩萨由布施
等故，虽未成佛流转生死，然于生死流中能得富贵大生等所摄胜
利。由施故得富贵胜利，由戒故得大生胜利。云大生者，生人天
善趣，福德寿命皆大故。由忍故得大朋大属胜利，朋谓师友徒
侣，属谓父母兄弟妻子仆使等。由精进故得广大事业加行成就胜
利，于诸广大事业无畏无怯，有力有能，力励加行令成就故。由
静虑故得无诸恼害性薄尘垢胜利，由修静虑伏除烦恼故得是
利。由智慧故得善知一切工论明处胜利，于世工巧诸论五明皆易
入故。胜生无罪，乃至安坐妙菩提座，常能现作一切有情一切义
利，是名胜利者，此显菩萨所得富贵大生等殊胜生果，异外道
故。世亲云："非如外道虽得胜生而名有罪，杂染污故。又彼胜
生皆是无常。波罗蜜多果非无常，由说乃至安坐妙菩提座故。又
彼胜生唯能自利，不能利他，由不说彼常能现作有情义利。波罗
蜜多所得胜果，常能现作一切有情一切义利。"由是可知六度胜
利胜余一切施等胜利。

如是六种波罗蜜多互相抉择，云何可见？世
尊于此一切六种波罗蜜多，或有处所以施声
说，或有处所以戒声说，或有处所以忍声说，或
有处所以勤声说，或有处所以定声说，或有处所
以慧声说。如是所说有何意趣？谓于一切波罗蜜
多修加行中，皆有一切波罗蜜多互相助成，如是

意趣。

第十辩互相抉择。云抉择者，抉择深隐义故，谓此六度分明相别。云何世尊有处以施总说六度，乃至有时总以一慧说于六度。答，意趣中，谓于一切波罗蜜多修加行中皆有一切波罗蜜多互相助成者，谓如修施时，防护身语，即是其戒。忍受恼害，即是其忍。勤施不懈，即是精进。意无扰乱，即是其定，善识因果，善知方便，即是其慧。故修施时，六度助成。如施、戒等亦尔。如有颂言：施时无贪无犯戒，无嫉无恚起慈心，诸来求者便施与，无倦无乱无异见。复有颂言：施性中现有，六波罗蜜多，财施无畏施，法施所摄故。当知财施属施，无畏施属戒忍精进，法施属定慧故。

此中有一嗢陀南颂：

数，相，及次第，训词，修，差别，摄，所治，功德，互抉择应知。

总以一颂，摄前十义，如是释六度竟。

彼修差别分第六

已说入所知相，及入因果，次当显示入已修道所有差别。于见道中唯一刹那，顿证顿得，是故见道无有地位差别。于修道中历时久远，历时既久，所证所断及所修行种种不同，是故前后有多差别，今此分明。其中细分有其七义，一总出体故，谓即十地。二建立十地因，谓由对治十种无明证十法界故。三十地得名所由。四由四种相得此十地。五由五相修成满十地，及得五果。六由增胜故说十地中别修十度。七修行诸地时分限量。

> 如是已说彼入因果，彼修差别云何可见？由菩萨十地。何等为十？一极喜地，二离垢地，三发光地，四焰慧地，五极难胜地，六现前地，七远行地，八不动地，九善慧地，十法云地。

此即第一修差别体。地谓分位，菩萨修道浅深位别，前后十种，故名十地。又地谓依持依止摄持种种功德，故得进修菩萨胜行。故《成唯识论》云，如是十地总摄有为无为功德以为自体，与所修行为胜依持，令得生长，故名为地。十地别义，如下别明。

> 如是诸地安立为十，云何可见？为欲对治十

种无明所治障故。所以者何？以于十相所知法界，有十无明所治障住。云何十相所知法界？谓初地中由遍行义，第二地中由最胜义，第三地中由胜流义，第四地中由无摄受义，第五地中由相续无差别义，第六地中由无杂染清净义，第七地中由种种法无差别义，第八地中由不增不减义、相自在依止义、土自在依止义，第九地中由智自在依止义，第十地中由业自在依止义、陀罗尼门三摩地门自在依止义。此中有三颂：

遍行，最胜义，及与胜流义，如是无摄义，相续无别义，

无杂染净义，种种无别义，不增不减义，四自在依义，

法界中有十，不染污无明，治此所治障，故安立十地。

复次应知如是无明，于声闻等非染污，于诸菩萨是染污。

第二十地安立因。为欲对治十种无明所治障故者，为欲对治彼十种无明所治障故，立能对治十种功德为十地也。所以者何？下明十无明所治障。此十，《成唯识论》名十重障，一异生性障，谓二障中分别起者，依彼种立异生性故，虽通二障，今此唯取所知一分，不共声闻。故二邪行障，谓所知障俱生一分，及彼所起误犯三业，彼障二地极净尸罗。三暗钝障，所知障中俱生

一分，令所闻思修法忘失，彼障三地胜定总持，及彼所发殊胜三慧。四微细烦恼现行障，所知障中俱生一分，第六识俱身见等摄，最下品故，不作意缘故，远随现行故，说名微细，彼障四地菩提分法。身见等言，亦摄无始所知障摄定爱法爱。五于下乘般涅槃障，所知障中俱生一分，令厌生死乐趣涅槃，同下二乘厌苦欣乐，彼障五地无差别道。六粗相现行障，所知障中俱生一分，执有染净粗相现行，彼障六地无染净道。七细相现行障，所知障中俱生一分，执有生灭细相现行，彼障七地妙无相道。八无相中作加行障，所知障中俱生一分，令无相观不任运起，障八地中无功用道。九利他中不欲行障，所知障中俱生一分，令于利乐有情事中不欲勤行，乐修己利，彼障九地四无碍解。十于诸法中未得自在障，所知障中俱生一分，令于诸法不得自在，彼障十地大法智云，及所含藏所起事业。虽所知障通见慢等，无明为首故，但说无明。如是无明，迷法界起。若证法界，断此无明。法界随义相差别有十种，故此无明亦别为十。所云十相所知法界者，法界即真如。真如体一，由十义知，故云十相所知法界。于初地中由遍行义证此法界，谓此法界二空所显，无有一法而不在故。于二地中最胜所显，谓此法界具无边德，于一切法最为胜故。于三地中胜流所显，谓此法界所流教法，于余教法最为胜故。于四地中无摄受所显，谓此法界无所系属，非我执等所依取故。于五地中相续无差别义所显，谓此法界有情共同，非如色等随诸相续有差别故。于六地中由无杂染清净义所显，谓此法界本性无染，亦不可说后方净故。于七地中由种种无差别义所显，谓此法界虽多教法种种安立，体无异故。于八地中由不增不减义、相自在依止义、土自在依止义所显，谓此法界染法减时而无有减，净法增时而无有增，又证此法界已现相现土皆自在故。于九地中由智自在依止义所显，谓此法界是四无碍解自在所依止故，证得此时于彼自在。于十地中由业自在依止义，陀罗尼门三摩地门自在依止义所显，谓若证得此法界时，随其所欲得身语意业用自在，依五神通随自作业皆能成办，得文义持诸陀罗尼自在能持佛所宣说文义无忘，得三摩地自在于诸等至能持能断，随其所欲虚空藏等诸三摩地三摩钵底自在现前故。法界十义于初地中已达一切，而能行证犹未圆满，为令安住如其所得法界胜住品别现行，是故后后差别建立。迷此十相法界无明所以名不染污者，以不造业受诸异熟果故。声闻但求涅槃解脱生死，此不为障，故名不染污。然能障法界，于无上大菩提果令不证故，于诸菩萨便成染污。

复次，何故初地说名极喜？由此最初得能成办自他义利胜功能故。何故二地说名离垢？由极远离犯戒垢故。何故三地说名发光？由无退转等持等至所依止故，大法光明所依止故。何故四地说名焰慧？由诸菩提分法焚灭一切障故。何故五地名极难胜？由真谛智与世间智更互相违，合此难合令相应故。何故六地说名现前？由缘起智为所依止，能令般若波罗蜜多现在前故。何故七地说名远行？至功用行最后边故。何故八地说名不动？由一切相有功用行不能动故。何故九地说名善慧？由得最胜无碍智故。何故十地说名法云？由得总缘一切法智，含藏一切陀罗尼门三摩地门，譬如大云能覆如空广大障故，又于法身能圆满故。

第三，十地得名所由。由彼修行功德利益种种不同，是故十地得名有异。于初地中初获圣性，具证二空，俱能成办自他义利胜功能故，发极大喜，故名极喜。非如二乘入现观已，但求自利无有利他广大喜故。此中喜者，谓即意乐。意乐广大，名极喜也。于二地中名离垢者，由此地中性戒具足，非如初地思择护戒，诸犯戒垢已极远离。于三地中名发光者，由此地中增上心学成就，证希有定，能发智光照了诸法，定为慧依，故名发光。已得不失，名无退转。心一境性，故名等持。正受现忍。故名等至。四地名焰慧者，此下三地名增上慧住，此地修行菩提分法，烧烦恼薪慧焰增故。五地名极难胜者，谓此地中以出世智修习四谛不住生死，由大悲故以世俗智工巧业等摄受贫穷引入圣道，如是真俗二智行相互违，合此难合令相应故，名极难胜。六地名现前者，谓此地中修习缘起，于三慧中最上品故，由缘起智令无分别最胜般若波罗蜜多自在现前故名现前。七地名远行者，以前诸地于无相住有时现前有时不起，入此地中于无相住由加行力恒令现前，自此以后入第八地即得恒时无相无功用住，是故此地至功用行最后边故，名远行地。八地名不动者，具能远离诸相诸行动乱心故。七地虽已不为诸相烦恼所动，然犹时时起心动念功用加行，至此地中唯是任运无动念，故名不动地。九地名善慧者，由此地中成就最胜法义词辩四无碍解，能遍十方善说法故。十地名法云者，世亲释云"由此地中所有总缘一切法智，譬如大云，陀罗尼门三摩地门犹如净水，此智所藏如云含水；又如大云能覆虚空，如是总缘一切法智普能覆灭诸广大障；又于法身能圆满者，如大云起周遍虚空，如是此智于诸菩萨所依法身悉能周遍"而证得故。《成唯识论》云：大法智云含众德水，荫蔽一切如空粗重，充满法身故。如是此地总以三义名法云地，一者所得总缘法智含众德故，二者能断一切障故，三者能遍证法身故。

　　得此诸地云何可见？由四种相。一得胜解，谓得诸地深信解故。二得正行，谓得诸地相应十种正法行故。三得通达，谓于初地达法界时，遍能通达一切地故。四得成满，谓修诸地到究竟故。

　　第四由四种相得此十地。无性释云："依得诸地说如是言，由四种相。一得胜解谓得诸地深信解者，于地教法决定印可真实如是。二得正行谓得诸地相应十种正法行者，得于教法十种法行，谓于诸地相应教法，书写，供养，转施，听闻，披读，受持，开示，讽诵，思惟，修习。三得通达谓于初地得法界时遍能通达一切地者，若于初地正通达时，速能通达后一切地，此种类故。如有颂言：如竹破初节，余节速能破，得初地真智，诸地疾当成。四得成满谓修诸地到究竟者，谓地地中果分成满，或最后满。"如是四相，依前后立，最初信解，最后成满，由信解故而得正行，得正行故而得通达，由得通达而得成满，前前为因得，后后为果得，彼得因及得彼果通名为得，故得有四种相也。

　　修此诸地云何可见？谓诸菩萨于地地中修奢摩他毗钵舍那，由五相修。何等为五？谓集总修，无相修，无功用修，炽盛修，无喜足修。如

是五修，令诸菩萨成办五果。谓念念中销融一切
粗重依止，离种种相得法苑乐，能正了知周遍无
量无分限相大法光明，顺清净分无所分别无相现
行，为令法身圆满成办，能正摄受后后胜因。

第五由五相修成满十地，及得五果。无性释云："于地地中
者，谓诸地非一，故作重言。奢摩他者，谓能对治诸散动定。毗
钵舍那者，谓能对治诸颠倒慧。于地地中修此二种，皆由五相数
数修习。五相即是集总修等。集总修者，谓集一切总为一聚，简
要修习。余骨锁等事境界观亦集一切总为一聚要略修习，为简彼
故，说无相修于离众相真法界中遣事差别而修习故。虽无相修，或
有功用。为显此修不藉功力任运而转，故次复说无功用修，离作
功用任运转故。虽无功用任运而修，或胜或劣二种不定。故复第
四，说炽盛修。言炽盛修者，即是增胜。虽炽盛修或少所得便生
喜足，谓且修此余何用为？故最后说无喜足修，非但无相及无功
用，炽盛而修，何者？为证最上佛果应勤修习销融一切粗重依止
者，阿赖耶识名粗重依止，损坏彼聚故名销融，如大良药销诸病
块。离种种想得法苑乐者，离我离法佛等相想，苑谓于中可以游
玩，法谓法界，法即是苑，故名法苑。于此喜悦，名法苑乐，证
此故名得法苑乐。如王宫外上妙苑园，游戏其中，受胜喜乐，法
界亦尔。能正了知周遍无量无分限相大法光明者，谓正通达十方
无边无分量相，显照行故名法光明，如善诵习文字光明。顺清净
分无所分别无相现行者，当来佛果名清净分，此能引彼故名为
顺。无所分别无相现行，如佛轮王鲜白盖等。为令法身圆满成办
能正摄受后后胜因者，谓第十地说名圆满，若在佛地说名成办感

此之因最为殊胜说名胜因，前前诸因所招集故说名后后。如是五修随其数量得五种果。"

　　由增胜故说十地中别修十种波罗蜜多。于前六地所修六种波罗蜜多，如先已说。后四地中所修四者，一方便善巧波罗蜜多，谓以前六波罗蜜多所集善根，共诸有情回求无上正等菩提故。二愿波罗蜜多，谓发种种微妙大愿，引摄当来波罗蜜多殊胜众缘故。三力波罗蜜多，谓由思择修习二力，令前六种波罗蜜多无间现行故。四智波罗蜜多，谓由前六波罗蜜多成立妙智，受用法乐成熟有情故。又此四种波罗蜜多，应知般若波罗蜜多无分别智后得智摄。又于一切地中非不修习一切波罗蜜多。如是法门是波罗蜜多藏之所摄。

　　第六，由增胜故说十地中别修十度。云增胜故者，谓十地中地地皆同具修十度，然由增胜故但说初地修行布施，二地修戒，三地修忍，乃至十地修智。如《十地经》中作如是说：初地布施波罗蜜多最为殊胜，其余一切波罗蜜多非不修习，随力随分。乃至第十地中智波罗蜜多最为增胜，其余一切波罗蜜多非不修习，随力随分。云十波罗蜜多者，前六如先彼入因果分已说，即施、戒、忍、进、静虑、般若。后四波罗蜜多谓方便善巧、愿、力及智。所云方便善巧者，谓以少功力成办大果。如此中言，以前六度共诸有情回求菩提。所行六度虽复相同，唯以回向方便得果大故。云共诸有情者，作诸有情一切义利故。回向菩提者，不希异熟世利，但求佛果故。世亲释云："方便善巧，显示般若及以大悲。谓以前六波罗蜜多所集善根共诸有情，此由大悲。回求无上正等菩提不求帝释等富乐果，由了知故不起烦恼，此即般若。"无性释云："不舍生死而求涅槃，是则说名方便善巧。若以六度所集善根共诸有情为欲饶益诸有情故不舍有情，当知即是不舍生死，若以此善回求无上正等菩提，为证无上佛菩提故，当知即是希求涅槃。"悲智双运，不舍生死而求涅槃，如是以行六波罗蜜，是故说名方便善巧也。所云愿者，谓即欲乐，于未得事发大誓愿决定证得，故名为愿。由愿广大故，修行广大，发起精进，一切难行皆能行故，故能引摄当来波罗蜜多殊胜众缘，如生善处大生等。所云力者，谓即思择修习二力。言思择力者，以比量智决定印持，善达因果，善识方便，令前六种波罗蜜多，无间现行令不退失，令胜进故。修习力者，谓以现证智任持六种波罗蜜多，无间现行令不退失，令胜进故。愿谓希求当来，力乃任持现在，是二差别。所云智者，谓于诸法决断为性，亦于有情根差别等决定为性，由是故能施设建立大乘教法自受法乐，及能为他诸有情等随机示导说法断疑引摄悟入令得成熟。又此四种波罗蜜多应知般若波罗蜜多无分别智后得智摄者，此就地上七地以往增胜修习，故皆以后得智为体。若说地前，亦修四者，加行智摄。如《解深密经》说此四度助成前六度，方便善巧助成施戒忍，愿助精进，力助静虑，智助般若，如彼广说。由此四度，有处不立，以离前六，别无体故。设但说六者，当知后四皆第六摄。如是法门是到彼岸藏所摄者，世亲云："此中一切大乘教法皆通说名到彼岸藏。如是所引十地法门，是彼藏摄，非声闻藏。由彼摄故，一切地中皆修一切波罗蜜多。"

复次，凡经几时修行诸地可得圆满？有五补特伽罗，经三无数大劫。谓胜解行补特伽罗，经初无数大劫修行圆满。清净增上意乐行补特伽罗，及有相行无相行补特伽罗，于前六地及第七地，经第二无数大劫修行圆满。即此无功用行补特伽罗，从此已上至第十地，经第三无数大劫修行圆满。此中有颂：

清净增上力，坚固心升进，名菩萨初修，无数三大劫。

第七修行诸地时分限量。世亲释云："有五补特伽罗经三无数大劫者，谓胜解行补特伽罗于胜解行地中经初无数大劫修行圆满。既圆满已，通达真如，故成就清净增上意乐行补特伽罗。此清净增上意乐行遍十地中，此在六地名有相行补特伽罗，在第七地名无相有功用行补特伽罗，此经第二无数大劫修行圆满入第八地，名无功用行补特伽罗，此无功用行犹未成满，若至第九第十地中，无功用行方得成满。此经第三无数大劫修行圆满。如是唯一补特伽罗，位差别故，建立五种。譬如预流一来不还。如说经三无数大劫得佛菩提，无始生死数修施等，数值诸佛，齐于何时名最初修三无数大劫？故以伽他显释此问。清净增上力者，谓善根力，及大愿力。由善根力，应知所治不能降伏。由大愿力，应知常值诸善知识。坚固心升进者，谓发牢固心起增进行。牢固心者，应知所发大菩提心诸恶友力不能令舍。增进行者，应知现在及生生中善法常增，终无退减。齐是名为最初修行三无数劫。"云何菩萨必经如是长远劫量乃修圆满耶？因大果大，故修行劫量亦极长大。

增上戒学分第七

如是已说因果修差别，此中增上戒殊胜云何可见？如菩萨地正受菩萨律仪中说。复次，应知略由四种殊胜，故此殊胜。一由差别殊胜，二由共不共学处殊胜，三由广大殊胜，四由甚深殊胜。

上来已说因果及修差别，自下当更显增上戒等三学。由此三学摄六度故，是即十地之所修故，故云此中。意谓此因果中，此修差别中也。学有三种，先说戒学，是二学依故。三学云增上者，戒学为增上引生心学，心学为增上引生慧学，慧学为增上引证涅槃成满菩提故。以顺益义，为胜因义，故名增上。如是三学通大小二乘，为欲了知大乘三学异于声闻，故初问言此中增上戒殊胜云何可见。答，如菩萨地正受菩萨律仪中说。意谓欲详知此增上戒学殊胜之相，应如菩萨地中正受菩萨律仪中广说，是即彼地戒波罗蜜多品中委细所说九种戒相，谓自性戒，一切戒，难行戒，一切门戒，善士戒，一切种戒，遂求戒，此世他世乐戒，清净戒等。彼已广说，令不具说。今但略由差别，共不共学处，广大甚深，四种殊胜，显此戒学殊胜。

差别殊胜者，谓菩萨戒有三品别。一律仪
戒，二摄善法戒，三饶益有情戒。此中律仪戒，应
知二戒建立义故。摄善法戒，应知修集一切佛法
建立义故。饶益有情戒，应知成熟一切有情建立
义故。

差别殊胜者，谓声闻乘唯有一种律仪戒，无余二戒三种差
别，大乘具三。由此差别殊胜故，大乘戒殊胜也。律仪者，谓戒
律轨仪，令佛七众弟子别别解脱杀盗等性罪及余遮罪，由是令彼
所行所为动合律仪，故名律仪戒。云摄善法戒者，摄谓摄持增
长，善法谓即诸佛十力等无量善法，由施戒忍等能引摄当来佛果
善法，故此施等正行说名摄善法戒也。又摄谓摄属，施等即善法
故，誓行施等即摄善法戒也。饶益有情戒者，于他有情与乐拔
苦，行四摄等，饶益有情即戒，故名饶益有情戒也。声闻但求自
利，故无饶益有情戒。不求无上菩提，故无摄善法戒。求涅槃故，有
律仪戒。由是二乘差别，大乘殊胜。次云此律仪戒应知二戒建立
义者，谓此律仪戒为余二戒之所依止，所由建立也。所以者何？亏
损律仪犯罪过者，莫由摄修善法故。自身不正，莫由饶益有情
故。摄善法戒应知修集一切佛法建立义故者，谓此摄善法戒为依
止故，乃能修集建立诸佛十力四无畏一切佛法故。饶益有情戒应
知成熟一切有情建立义者，谓此饶益有情戒为依止处，乃能建立
成熟有情令得信入乃至解脱等事故。此显三戒业用差别也。

共不共学处殊胜者，谓诸菩萨一切性罪不现
行故，与声闻共。相似遮罪有现行故，与彼不
共。于此学处，有声闻犯菩萨不犯，有菩萨犯声

闻不犯。菩萨具有身语心戒，声闻唯有身语二戒。是故菩萨心亦有犯，非诸声闻。以要言之，一切饶益有情无罪身语意业，菩萨一切皆应现行，皆应修学。如是应知，说名为共不共殊胜。

共不共学处者，所应修持所应制止处，名为学处。共谓大小二乘共学共持，不共谓大小二乘各别受学各别行持。由大小二乘所学有共不共故，由斯得见大乘律仪殊胜殊胜。此中何者为共何者不共，谓诸菩萨一切性罪不现行故，与声闻共，相似遮罪有现行故，与彼不共。云性罪者，如杀盗等，由贪嗔等不善法生，能恼自他，自性是罪，故名性罪。此是大小等所戒制，故是共学。云相似遮罪者，如掘生地，断生草等，不由贪嗔等不善法生。然相似杀等罪，故为遮止世间讥慊等，遮令不作，作已成罪，故名相似遮罪。如是遮罪声闻乘中一切不应现行，然在菩萨善权利物时可现行，设拘小戒无利有情大功用故。于此学处以下通明不共。世亲云："有声闻犯菩萨不犯，如两安居，观益有情，辄行经宿。有菩萨犯声闻不犯者，谓观有益而故不行。是故菩萨心亦有犯非诸声闻者，谓唯内起欲等寻思，菩萨犯戒，非声闻等。一切饶益有情无罪身语意业，菩萨一切皆应现行皆应学者，谓能饶益而无有罪，如是三业，菩萨应修。或虽饶益而非无罪，如以女等非法之物授与他人，为遮此事故说无罪。"

广大殊胜者，复由四种广大故。一由种种无量学处广大故，二由摄受无量福德广大故，三由摄受一切有情利益安乐意乐广大故，四由建立无上正等菩提广大故。

种种无量学处广大者，三千威仪，八万细行，摄善益他，种种品类无有量故，戒体广大。摄受无量福德广大者，由此广大无量尸罗，具能修行无量善业，故能摄受无量福德资粮，是为能摄福德广大。摄受一切有情利益安乐意乐广大者，异声闻戒唯求自利，菩萨戒者具能摄受一切有情利益安乐，意乐广大是故广大。建立无上正等菩提广大者由如是，戒能正建立无上正等菩提，异声闻戒惟得解脱，得大果故是故广大。由是四种广大，故戒殊胜。

甚深殊胜者，谓诸菩萨由是品类方便善巧，行杀生等十种作业而无有罪，生无量福，速证无上正等菩提。又诸菩萨现行变化身语两业，应知亦是甚深尸罗。由此因缘或作国王，示行种种恼有情事，安立有情毗奈耶中。又现种种诸本生事，示行逼恼诸余有情，真实摄受诸余有情，先令他心深生净信，后转成熟。是名菩萨所学尸罗甚深殊胜。

前云共不共殊胜中但云相似遮罪有现行故与彼不共，虽为殊胜，犹非甚深。今此乃说行杀生等十种作业，而无有罪，生无量福，速证菩提等，则是性罪可犯，反生功德也，是故甚深。如菩萨戒品中说："若诸菩萨安住菩萨净戒律仪，善权方便为利他故，于诸性罪少分现行，由此因缘于菩萨戒无所违犯生多功德。谓如菩萨见劫盗贼，为贪财故，欲杀多生，或复欲害大德声闻独觉菩萨，或复欲作多无间业，见是事已发心思惟，我若断彼恶众生命堕那落迦，如其不断无间业成当受大苦。我宁杀彼堕那落迦，终不令其受无间苦。如是菩萨意乐思惟，于彼众生或以善心或无记心知此事已，为当来故深生惭愧，以怜悯心而断彼命。由是因缘，于菩萨戒无所违犯生多功德。"如是乃至说于绮语亦尔。如是种种所以无罪生功德者，谓由如是品类方便善巧故。云方便善巧者，虽行彼事，而非实由贪等不善心起，乃由悲愿妙智起故，故所作业相似性罪，实应正理，作功德也，是故甚深。若尔，应无后三支。菩萨地但说七支性罪善权不犯，不说十支故。今云十支者何也？无性云："爱乐善法，憎恶不善，见诸邪性，说名后三。依止此故，行杀等七。……或行前七不起后三，大数言十。或已伏除，为试彼力，故心暂起，不能招苦，故无有罪。能助道故，生无量福。"又诸菩萨现行变化身语两业应知亦是甚深尸罗等者，谓无实事，但以神通变化之力，示现化身化语二业，由此化业故，或作国王示行种种恼有情事。谓如《华严·入法界品》，无厌足王化诸有情，化现刀山剑树油镬等，令受极大苦恼。令余实有情见是罪业果报，因生怖惧，不造诸恶，悉造善业。由是安立余实有情于毗奈耶中。毗奈耶义谓调伏，即正戒律仪也。又现种种诸本生事者，世亲释云："如毗湿婆安咀罗等诸本生事。此中菩萨以其男女施婆罗门，皆是变化。"示行逼恼诸余有情，真实摄受诸余有情等者，谓凡逼恼有情事，皆若犯于菩萨饶益有情戒。然真实乃是摄受有情，令先生信，后转成熟，故是甚深殊胜也。云先令他心深生净信者，示现善恶因果，令他观见，生净信故。后转成熟者，既得净信修善远恶已，次乃断除见执，证二空理，令得成熟故。

由此略说四种殊胜，应知菩萨尸罗律仪最为殊胜。如是差别菩萨学处，应知复有无量差别。如毗奈耶瞿沙方广契经中说。

结显大乘增上戒学殊胜略说四种，广则无量，如《瞿沙经》说义未尽也。

增上心学分第八

　　如是已说增上戒殊胜，增上心殊胜云何可见？略由六种差别应知。一由所缘差别故，二由种种差别故，三由对治差别故，四由堪能差别故，五由引发差别故，六由作业差别故。

　　已说增上戒学殊胜相，次显增上心学殊胜相。如此心学，以何为体？以定为体。如下说云：种种差别者，谓大乘光明，集福定王、贤守、健行等三摩地，种种无量故。然则何故不言定学，而言心学耶？《解脱道论·净行品》云：言心学者，心谓有情所有心识，一切烦恼及诸善法共所依止，以皆是心相应行故。此心由与烦恼俱故，便尔沉迷颠倒，驰散奔流，造诸恶业，受诸苦果。由与善法相应起故，便能如理修习世出世间一切正道得彼道果。世间善业，谓十善四禅四无色定等。出世间正道，谓即无漏善业，出世定慧等。故求出世道者，不但严守净戒远离恶业修正身行便已成办，必更伏除心中所有烦恼，令得清净鲜白，纯一无动，不为烦恼之所间杂，然后乃能成就世出世道。如是伏除烦恼令心清白之学，是为心学。戒学从行为上禁止，故名戒学。心学从心行上调治，故名心学。心行既得调治纯一无动已，便于智慧而得增上，令彼生长，故名增上心学。此心所以能纯一无动者，必由定力而后得成，又即此纯一无动之境，名为定境。是故心学，通名定学。然求定者，为求心行纯一伏除烦恼也。即此伏除之功调治之用非唯依定，盖必止观并用功行乃成。故但言定，因行不具。心行纯一清白无动者，不唯得定，亦发通慧。故但言定，果用不圆，故《瑜伽》诸论，通名增上心学。因既赅于止观，果复通于通慧，而伏除烦恼调练心行之意尤重焉。此所以名增上心学之义也。为显大乘增上心学异声闻乘，总以六差别相说其殊胜，谓所缘等，自下别释。

所缘差别者，谓大乘法为所缘故。

云所缘者，谓心学所缘，即是止观境界。由于彼法一心专注审谛思惟不外驰散，久便得定，实证彼境。故修心学，必先取所缘。由境界异，得果亦异。如空，无相，无愿，三三摩地，均由所缘不同而定别故。如是大小二乘心学差别，最初亦以所缘差别而有差别。小乘但以小乘教法为所缘故，大乘别以甚深空理广大慈悲诸大乘教法为所缘故。所缘殊胜故，心学殊胜。

种种差别者，谓大乘光明、集福定王、贤守、
健行等三摩地，种种无量故。

心学以定为体。定有多种，故云种种。如是种种，与声闻异。一者体相异，如此所说大乘光明集福定王贤守健行诸三摩地，威德势力甚大甚深，非诸声闻定境界故，此四定差别者，《成唯识论》云："大乘光明定，谓此能发照了大乘理教行果智光明故。二集福王定，谓此自在集无边福，如王势力无等双故。三贤守定，谓

此能守世出世间贤善法故。四健行定，谓佛菩萨大健有情之所行故。"二者数量差别，如诸经说菩萨三昧无量无边，非诸声闻所能梦想故。此中所述，特举上首，等余一切。

对治差别者，谓一切法总相缘智，以楔出楔道理，遣阿赖耶识中一切障粗重故。

无性释云："无分别智所缘真如，是一切法共相所显，故说此智名总相缘。定能发此能对治智，亦名对治。圣道微妙，故如细楔。所治种子其性粗重，故如粗楔。"此中对治与声闻别者，声闻三昧不能发起无分别智故，即不能遣阿赖耶识一切障粗重，彼但能遣烦恼障粗重故，此则能遣烦恼障所知障一切粗重，故二差别。

堪能差别者，谓住静虑乐，随其所欲即受生故。

彼诸声闻已离欲界欲，已生上界静虑，即不复能还生欲界利益有情，由彼静虑与此相违故，无有随欲利生受生堪能。菩萨不尔，所得静虑最极静妙，虽住彼中而能随欲受生，利益有情，往生欲界，而复能不退静虑乐。故此堪能，最极殊胜，不同声闻唯趣寂灭。

引发差别者，谓能引发一切世界无碍神通故。

由定能发神通，大小皆能。而二差别者，彼所引发威力大小有差别故。大论云："诸佛菩萨以一切世界一切有情界为威力境，声闻但以二千世界及有情界为神通境，独觉但以三千世界为神通境。"非其境者，彼神通力即不能及，便成有碍。诸佛菩萨以一切世界为境，故彼神通威力遍于一切世界皆无碍也。

作业差别者，谓能振动、炽然、遍满、显示、转变、往来、卷舒，一切色像皆入身中，所往同类，或显或隐，所作自在，伏他神通，施辩念乐，放大光明，引发如是大神通故。

大乘增上心学能作无量殊胜事业，声闻不能，是为作业差别。此中略说三种：一者引发广大神通能作振动十八变业故，二者引发摄诸难行十难行业故，三者引发修到彼岸等四种业故。此诸神通作业，即是神境智通中能变通也。更有能化通，及余随念宿住智通，天耳，天眼，心差别，漏尽智通等，此略不说。此中一振动者，依定自在，普能震动寺馆舍宅村邑聚落城郭国土；地狱，饿鬼，傍生，人，天，五趣世界；一四大洲，一千二千三千大千世界，乃至无量无数三千大千世界故。二炽然，依定自在身上发火，身下注水，身下发火，身上注水，入火界定，举身洞然，遍诸身分出种种焰，青黄赤白红紫碧缘颇胝迦色，是名炽然。三流布，流布光明，随量大小，乃至无量世界皆充满故。四示现，随彼所化沙门婆罗门声闻菩萨天龙药叉人非人等，示现下诸恶趣，上诸天界，或余佛土诸佛菩萨种种境界，令悉见闻现证知故。五转变，或于地起水胜解，或于水起地胜解，如是乃至于火风等起余大解，即随所欲而转变故。转变地等为水火风等，转变水火风为地等。色声香味触等，随欲转变，亦复如是。又于大地转变金等，或于金宝转变粪秽，转变好色有情令成丑恶，转变丑恶令成姝妙，如是一切皆随意故。六往来，于诸墙壁山石等中纵身往来无有滞碍，广说乃至往来梵世，上至色究竟天，或复傍于无量三千大千世界若往若来皆无碍故。七卷八舒，能卷一切雪山王等如一极微，舒一极微令成雪山故。九众像入身，依定自在能以种种现前大众及诸村邑大地山林内己身中故。十同类往趣，随彼所化一切有情，若刹帝利，婆罗门等，若天若神，皆随其类同彼色像，似彼言音，如彼名义而为说法，示现教导赞励庆慰，化事既终，欻然隐没，没后时众迭相顾言，不知没者天耶人耶是名同类往趣。随类现身而应化故。十一显，十二隐，于大众前隐没自身，或复显现，令人不测，而化导故。十三所作自在，普于一切诸有情界往来住等所作事中，皆自在转，令去即去，令住即住，令来即来，令语即语，咸自在故。十四制他神通，谓诸上地菩萨，其神通力能遍制伏下地菩萨，或声闻独觉及外道等所有神通。十五能施辩才，于诸有情辩才穷尽能与辩才令不穷故。十六能施忆念，于法失念令生忆念故。十七能施安乐，于听法者令离诸盖身心轻安，能专听法，又能息除非人所作灾厉疾疫，令诸有情离诸损害故。十八放大光明，身放光明往十方界，或令诸恶趣蒙光息苦，或令威德天人八部蒙光觉悟，皆来集会，或令余方诸大菩萨皆来集会，成办无量有情利益事故。如是种种神通，具如大论菩萨地中威力品说。

又能引发摄诸难行十难行故。十难行者，一自誓难行，誓受无上菩提愿故。二不退难行，生死众苦不能退故。三不背难行，一切有情虽行邪行而不弃故。四现前难行，怨有情所现作一切饶益事故。五不染难行，生在世间不为世法所染污故。六胜解难行，于大乘中虽未能了，然于一切

广大甚深生信解故。七通达难行，具能通达补特
伽罗法无我故。八随觉难行，于诸如来所说甚深
秘密言词能随觉故。九不离不染难行，不舍生死
而不染故。十加行难行，能修诸佛安住解脱一切
障碍，穷生死际不作功用，常起一切有情一切义
利行故。

第二摄诸难行十难行业者，谓一切难行，总不越此十种难
行。即此十种行业，能遍摄尽一切难行，故名摄诸难行十难行
业。由依大乘殊胜心学故，于此种种难行能修能行，不以为难。故
为彼定作业差别，由彼声闻无能行此故。一自誓难行者，由此定
力，于无上菩提誓愿坚固故。二不退难行者，发宏誓已，复由定
力不因生死众苦而退菩提心故，三不背难行者，由此定力普利有
情，不因有情行有邪正，心生向背，有所弃舍故。四现前难行者，于
我怀怨有情，以恶意来违损于我，不忿不怒，不报其怨，反能现
前与作诸饶益事，他来嗔恼报以慈祥，他来损害施以利乐，如是
现前报怨以德最难行故。五不染难行者，为度有情誓处生死，虽
处生死不为世间八法所染污故。六胜解难行者，于大乘中广大甚
深一切教法虽无妙智明了通达，而以淳厚质直至诚信心，决定印
持生胜解故。七通达难行者，补特伽罗无我尚易通达，二乘亦
能。诸法无我，此理甚深，声闻不了，菩萨具能通达二无我故。八
随觉难行者，于佛所说甚深秘密言词，舍随闻义觉不闻义甚为难
故。九不离不染难行者，二乘厌离生死乐趣涅槃，世间厌舍涅槃
染著生死，菩萨不舍生死而亦不染，超越世间，亦超二乘，甚为
难故。十加行难行者，具能加行成就佛法成熟有情，智慧无上悲

愿无尽，如是加行最难行故。如是难行具能行故，是为菩萨增上心学作业殊胜。

复次，随觉难行中，于佛何等秘密言词，彼诸菩萨能随觉了？谓如经言：云何菩萨能行惠施？若诸菩萨无少所施，然于十方无量世界广行惠施。云何菩萨乐行惠施？若诸菩萨于一切施都无欲乐。云何菩萨于惠施中深生信解？若诸菩萨不信如来而行布施。云何菩萨于施策励？若诸菩萨于惠施中不自策励。云何菩萨于施耽乐？若诸菩萨无有暂时少有所施。云何菩萨其施广大？若诸菩萨于惠施中离娑洛想。云何菩萨其施清净？若诸菩萨殟波陀悭。云何菩萨其施究竟？若诸菩萨不住究竟。云何菩萨其施自在？若诸菩萨于惠施中不自在转。云何菩萨其施无尽？若诸菩萨不住无尽。如于布施，于戒为初于慧为后，随其所应当知亦尔。

随觉难行其义未了，故复重释。略以三段文句具显如来秘密言教，余者类知。此初菩萨十相修行六度密句，谓诸菩萨凡所修行，已能超过凡夫、二乘，故彼修行所有行相亦异常情也。无性云："若诸菩萨无少所施等者，谓诸菩萨一切有情摄为己体，通达自他平等性故，彼行施时，即菩萨施，故无少施名能行施。又以一切所有财物施于一切，是故说名无少所施。又所施物施者受者皆不可得，三轮清净，是故说名无少所施。若诸菩萨于一切施都无欲乐者,此既遮言是不乐义,于来求施当施我施先施我施,此等一切皆无欲乐,唯乐攀援安住涅槃而行惠施。若诸菩萨不信如来而行布施者,谓证法性自了自信而行惠施,非唯信他。若诸菩萨于惠施中不自策励者,谓能任运常行施故,不须自策而能策他劝令施故。若诸菩萨无有暂时少有所施者,是一切时一切施义。若诸菩萨于惠施中离婆洛想者,此婆洛言显目坚实,密诠流散,今取密义。离流散想,即三摩地,是心住定而行施义。若诸菩萨殟波陀悭者,殟波陀言显目生起,密诠拔足。今取密义,拔除悭足而行惠施。若诸菩萨不住究竟者,不同一向趣寂声闻安住究竟无余涅槃。若诸菩萨于惠施中不自在转者,谓令悭等施所治障不自在转。若诸菩萨不住无尽者,谓得圆满无尽增上究竟佛果而不安住。何者?起化,为饶益他常行行惠施。如于布施,于戒乃至当知亦尔者,类通余五。谓如经言云何菩萨能具尸罗,若诸菩萨不护少戒。谓见自他平等性故,他护净戒,即是自己具足尸罗。"

云何能杀生?若断众生生死流转。云何不与取?若诸有情无有与者自然摄取。云何欲邪行?若于诸欲了知是邪而修正行。云何能妄语?若于妄中能说为妄。云何贝戍尼?若能常居最胜空住。云何波鲁师?若善安住所知彼岸。云何绮间语?若正说法品类差别。云何能贪欲?若有数数欲自证得无上静虑。云何能嗔恚?若于其心能正憎害一切烦恼。云何能邪见?若一切处遍行邪性皆如实见。

第二释能杀生等十句密义。无性云:"如经中说,苾刍,我是能杀等者，此中显彼所说意趣。若断众生生死流转者，断是杀义，与问相应。无有与者，自然摄取者，是无他求，自摄益义。若于诸欲了知是邪而修正行者，谓如实知若境界欲，若分别欲，唯是邪乱。如有颂言：佛说贪恚痴，皆从分别起，净不净颠倒，此亦为缘生。净不净颠倒，为缘而有者，彼自性皆无，故欲非真实。若于妄中能说为妄者，说妄为妄，故名妄语。如有颂言：一切虚妄法，世尊如实说，于虚妄法中，诸行最虚妄。若能常居最胜空住者，依世训释文词道理，答上所问贝戌尼。言此贝戌尼显目离间语，密诠常胜空。贝表胜义，戌表空义，尼表常义。今取密义，问答相应。显则不尔。波鲁师等训释文词道理亦尔。此波鲁师，显目粗恶语，密诠住彼岸。今取密义，是故说言若善安住所知彼岸。所知彼岸，是一切智，佛于其中能善安住，名波鲁师。若正说法品类差别者，释绮间语，其义易了。若有数数欲自证得无上静虑者，如上训释文词道理，诸佛身中所有静虑说为无上。若于其心能正憎害一切烦恼者，已灭已断，是憎害义。若一切处遍行邪性皆如实见者，谓见一切虚妄分别邪乱为性。"

甚深佛法者，云何名为甚深佛法？此中应释。谓常住法是诸佛法，以其法身是常住故。又断灭法是诸佛法，以一切障永断灭故。又生起法是诸佛法，以变化身现生起故。又有所得法是诸佛法，八万四千诸有情行，及彼对治皆可得故。又有贪法是诸佛法，自誓摄受有贪有情为己体故。又有嗔法是诸佛法，又有痴法是诸佛法，又异生法是诸佛法，应知亦尔。又无染法是诸佛

法，成满真如一切障垢不能染故。又无污法是诸
佛法，生在世间诸世间法不能污故，是故说名甚
深佛法。

第三释甚深佛法。无性云："谓余经说，若常住法是诸佛法，广
说乃至又无污法是诸佛法，此中密意今当显示。以其法身是常住
者，法身即是转依为相，离一切障，常住真如无变易故。或无垢
秽无有罣碍无上妙智，如无色界而非异熟，是无漏故，此亦常住
法身所摄。无差别故，非业烦恼所能为故。八万四千诸有情行及
彼对治皆可得者，八万四千法蕴，能治有贪有嗔有痴等分有情行
故，四种各有二万一千。又无染法是诸佛法者，善净真如一切障
垢不能染故。余义易了，不须重释。佛说如是秘密言词复有何
果？谓令说者，易可安立总括义故，易为他说，即此因故能令闻
者易可受持，资粮易满，受持教故易达法性，资粮满故得佛证
净，得大我故，法僧亦尔，并最胜故，由此证得现法乐住，觉知
彼故于智者前论议抉择入聪敏数，为斯十义说秘密言。声闻乘中
亦说杀害于父母等密意言词，十利亦尔。"此上三种秘密言词，显
有世间相违、自语相违等过。达其义者，一切无违，是故说名秘
密言词。

又能引发修到彼岸，成熟有情，净佛国土，诸
佛法故，应知亦是菩萨等持作业差别。

作业差别大段第三。引发修到彼岸者，依殊胜定，令施戒等
均到彼岸，引发真智成大觉故。成熟有情者，起诸神通摄受降伏
饶益成就诸有情等，令入正法，得胜解故。能净佛土者，断除障
垢，作诸净业，愿力神通转变世界成净土故。修诸佛法者，能正

修集力无畏等一切佛法，令成满故。如是四业，应知亦是菩萨等持作业差别，非声闻等所能作故。

增上慧学分第九

　　如是已说增上心殊胜，增上慧殊胜云何可见？谓无分别智，若自性，若所依，若因缘，若所缘，若行相，若任持，若助伴，若异熟，若等流，若出离，若至究竟，若加行无分别后得胜利，若差别，若无分别后得譬喻，若无功用作事，若甚深，应知无分别智名增上慧殊胜。

　　心既得定，能发真智，故次心学说增上慧学。慧谓智慧，于所观境简择决断为性。简别是非，抉择邪正，决定裁断彼诸事理无疑惑故。虽诸智慧并以简择决断为性，然彼简择有谬非谬，其所决断有执非执。由是智慧，染净善恶种种差别，世出世间漏无漏等又各不同。虽同出世，体并无漏，而三乘智慧又各悬殊。今此增上慧学，以何智慧为体耶？谓以无分别智为其体性。云无分别智者，是离一切遍计所执分别，于所观境现观亲证，达法实际，决断无惑义。超诸世智，亦异二乘，于慧学中最为殊胜，是为大乘增上慧学。此无分别智体相深细，有易究了，故以十六门义，广辩其相，谓自性等，如下广释。

　　此中无分别智，离五种相以为自性，一离无
　作意故，二离过有寻有伺地故，三离想受灭寂静
　故，四离色自性故，五离于真义异计度故。离此
　五相，应知是名无分别智。

此智体相深广，难以世俗语言诠表其性，故以离五种相而显其体。一离无作意。诸心心法皆由作意为先而起分别，此智既无分别，得非无有作意故耶？答，无分别智非无作意。作意虽有，而无分别。设异此者，熟眠，醉，闷，无作意故，应成无分别。二离过有寻有伺地。于意言境浅深推度，是名寻伺。由寻伺故，于诸事理有所分别。此智无分别，将非过有寻有伺地耶？有寻有伺地者，谓欲界初禅。过是以上二三禅等，皆无寻伺，故名过有寻有伺地。答，离过有寻有伺地。设谓二禅以上即是无分别智者，云何经说"三界心心所皆虚妄分别"？以彼世间体唯有漏故。无分别智，不同于彼。三离想受灭寂静。灭尽定中，想受不行，名想受灭寂静。由彼故无分别。此无分别智，将非即彼想受灭寂静耶？答，不同彼。谓诸圣者厌诸劳务，止息想作意为先，入灭尽定。彼定唯息劳倦，无别作用。此无分别智实证真如，能断二障，智用无上，云何同彼灭尽定耶？且想受既灭，智体亦无，云何得成无分别智？四离色自性。色自性者，谓无分别。此智无分别，将非即色性耶？答，异于彼。彼色自性，顽钝无思，云何能有实证现观诸法性义？此智现观实证法性，故此自性不同于色。五离于真义异计度故，或谓此智既非无作意，又离有寻伺地，非同灭尽定，亦非色自性，将非于真实义起异计度耶？答？此无分别智，非于真义起异计度。所以者何？设异计度成分别故。此无分别，故

无计度。如是此智，五相既遣，即此智体实相可知。谓如是智，如理作意之所引生，超过三界，体唯无漏，现观诸法，断除诸障，体用深广不可思议，由于真义现观实证都不生起分别计度，由斯说名无分别智。云现观者，智为能观，真义所观，能观所观二俱现前亲证取故，不待思量分别计度，故名现观。即此现观，又名实证。不同闻思所成智慧，虽于真义都无谬解，然由信解比度知故，不名现观，不名实证。即彼智体，是有分别。故唯此智，名无分别。如是已说此智自性。

于如所说无分别智成立相中复说多颂：

诸菩萨自性，远离五种相，是无分别智，不异计于真。

为欲显示如前所说无分别智十六门义成立相中，复说多颂。此即初颂自性义也。

无分别智所依云何？颂曰：

诸菩萨所依，非心而是心，是无分别智，非思义种类。

诸慧所依，所谓心也，然心以思量为体性故，此智应成有分别也。故此颂言诸菩萨所依，非心而是心。非心者，体无分别，绝思量故。而是心者，智证明了，现观诸法，异色性故。非思义种类者，二释俱云："此智所依由非思义故，非是心。然异色故，由心为因数习势力所引生故，而亦是心，名心种类。"然则此智所依果是心耶果非心耶？曰，实是心。然与彼智同是无漏，无有分别，出过世间心故，名为非心。即显此智，所依为出世间心也。

此智因缘者，颂曰：

诸菩萨因缘，有言闻熏习，是无分别智，及
如理作意。

谓此智以多闻熏习如理作意以为因缘。谓诸菩萨由于诸佛诸
大菩萨大乘法藏亲近多闻熏习力故于大乘教引生正见，即彼闻熏
正见为因起正思惟如理作意，即由如理作意极善修习故，远离一
切颠倒妄见，伏除一切分别所起我法二执，由是次第引生出世无
分别智，是故说言多闻熏习如理作意为此智因。颂中有言，谓此
多闻如理作意皆以语言文字为境。由所闻者，唯是言故。又所思
者，意言境故。语言文字唯分别境，云何能与无分别智为因缘
耶？由正言境，遣邪言境，由于彼彼世间戏论渐次除遣都无执
故。次于闻熏作意意言亦复除遣，由斯便能引发出世无分别智。由
彼能违世间戏论，及能随顺离言境故，于彼闻思故能引发无分别
智。此中因缘谓引发增上，非谓亲生彼智种子，自有无漏法尔智
种为彼因故。

此智所缘者，颂曰：

诸菩萨所缘，不可言法性，是无分别智，无
我性真如。

谓此菩萨无分别智，以不可言法性无我性真如以为所缘。所
云不可言法性者，谓一切法性离言说，不可言说，自性法尔远离
一切遍计所执故。如前所知相分中云，由名前觉无称体相违故。由
名有众多，多体相违故。由名不决定，杂体相违故。以是证知，一
切法性，不可言说。云无我性者，我有二种：一者补特伽罗我，二
者法我。云补特伽罗我者，于五蕴聚集相续中，执有主宰常一之
实我，作业受果。云法我者，于因缘所生法上执有恒常真实之自

性，能起诸用故。彼二我无，故云无我。由何应知二无我耶？五蕴聚集，非实一故。相续流转，非实常故。随业受生，无主宰故。以是故知，补特伽罗无我。待因缘生，无自性故。生已即灭。性非常故。随情变异，无实体故。以是证知，诸法无我。如是不可言性，及无我性，是为诸法实性。如是实性，名为真如。真谓真实，显非虚妄。如谓恒常，显无变异。一切诸法自性实尔恒不可说，无有我故。即此又名空性、实相、法界、胜义、实际等，如余处辩。此不广说，无分别智即以如是不可言性，及无我性真如实际以为所缘，以离一切遍计所执实证诸法究竟理故，非诸二乘所能证知。诸佛菩萨唯以真如为所缘缘亦缘余法耶？曰，加行智，后得智，亦缘余一切法。此显根本无分别智，唯缘真如耳。然加行后得虽缘余一切法，而皆顺趣真如故，由此等流故，但说菩萨智所缘不可言法性无我性真如也。无分别智行相如何？颂曰：

　　诸菩萨行相，复于所缘中，是无分别智，彼

所知无相。

云行相者，行谓行解，相谓相状。诸心心所缘境界时，有行解生。如是行解，即心等用。随心心所种种不同，彼行解相亦种种异。如识于境，以了别为相，受以领纳为相，想以取相为相，行以造作为相，欲以希望为相，胜解印持为相，念不忘失为相，定以专注‧趣平等为相，慧以观察决断为相，如是等相，谓即行相。此以心心所法种类不同分别行相。如是无分别智行相如何？曰，仍以观察决断为相。七觉支中，即择法故。现观法性断二执故。然此行相，与诸凡夫外道世俗智慧复何差别？曰，诸菩萨行相，复于所缘中，彼所知无相。谓诸凡夫观诸法时，行于有相。此无分别智，于所缘中，行于无相。所云相者，谓或言说随觉，或言说随眠，于诸法上生起种种言说戏论，分别执著，谓此是色，此是受等，此是男女，此是苦乐，此是真实，此是虚妄，此是善，此不善，此是我有，此非我有，此是世俗，此是胜义，此是生死，此是涅槃，如是等等言说所摄妄相生起，心智依之起解起证，是谓凡夫，行于有相。谓以诸相观察诸法，便执诸法为是等相，不于诸法起实证故。云何执相观境非实证耶？以一切法无有相故。是故经言：一切诸法皆同一相，所谓无相。言无相者，非谓诸法空无所有，体用都无，但说诸法体相法尔安住自相，非可以余言说等相诠表显了实证取故。譬如说火，口不被烧，说食说衣，不得饱暖，明知水火饮食等名想言说之相，非即实水火等相也。菩萨了知一切诸法皆不可说，不可表示，不可执取，安住法界，皆同一相，所谓无相，是故于法离言绝虑不取一相。然虽了知诸法无相，设以无相观诸法时，当知无相即成有相，以彼取于离言相故，取无相故，乃至取于真如法界实际相故，仍于诸法不得自相。如是依闻思慧知无相已，加行位中次第遣执，既遣有相，复遣无相，更复遣于遣相之相，诸相尽遣，一相不执，最胜止观根本智起，实证真如，现观诸法，虽实证如不作如解，现观诸法无有法解。《瑜伽·真实品》云：又诸菩萨由能深入法无我智，于一切法离言自性如实知已，达无少法及少品类可起分别，唯取其事，唯取真如，不作是念此是唯事，是唯真如，但行于义。是为菩萨无分别智所有行相，以于所缘真如法性平等平等真实现观不取相故。执相观如，智与如隔，名非现观。执相观如，但得相故，不名证如，由离相观，不取相故，是故说名现观实证真如法性。如是现观实证等义，当知犹是加行后得无分别智施设建立，真现观中不得如是现观等相故。如契经言：云何此中名胜义谛？谓于其中智亦不行。又如问言，曼殊室利，言慧眼者，当何所观？答言，若有少所观者，即非慧眼。由此慧眼无分别故，不观有为，亦复不能观于无为，以诸无为非此慧眼所应行故。又如佛言：云何名为真实行解？谓于诸法都无行解，是则名为真实行解。又如经言，如来菩提都无现观。诸如是等，《掌珍论》中具广宣说。如是已说，此智行相。为释所缘及智行相所有诸疑，复说二颂：

相应自性义，所分别非余，字展转相应，是谓相应义。

非离彼能诠，智于所诠转，非诠不同故，一切不可言。

世亲释云："若一切法皆不可言，复以何等为所分别？为释此故，说如是言。相应自性义，所分别非余，谓即相应为自性义，是所分别，非离于此，故言非余。此云何成？为重成立，复说是言：字展转相应，是谓相应义。谓别别字相续宣传以成其义，是相应义。如说斫刍，二字不断，说成眼义。是相应义为所分别。又一切法皆不可言因何成立？故复说言：非离彼能诠，智于所诠转。由若不了能诠之名，于所诠义觉知不起。故一切法，皆不可言。若言要待能诠之名于所诠义有觉知起，为遮此故，复说是言，非诠不同故。以能诠名与所诠义互不相称，各异相故，能诠所诠皆不可说，由此因故，说一切法皆不可言。"

无分别智何所任持？颂曰：

诸菩萨任持，是无分别智，后所得诸行，为进趣增长。

云何任持？谓由如是无分别智为因，有力任持后得诸善功德，令彼进趣后后胜境增长广大故。如地为依，任持万物，令生住成长等。无性释云："后所得诸行者，谓无分别后得智中所得种种菩萨诸行。此行皆以智为所依。为进趣增长者，谓为增长菩萨诸行，此说任持有要所用，无颠倒故，能持诸行。"真实品中广如是说："如是菩萨行胜义故，于一切法平等平等，以真如慧如实观察，于一切处具平等见，具平等心，得最胜舍。依止此舍，于诸明处一切善巧勤修习时，虽复遭遇一切劬劳一切苦难而不退转，速急能令身无劳倦心无劳倦，于诸善巧速能成办。得大念力，不因善巧而自贡高，亦于他所无有秘吝。于诸善巧心无怯弱，有所堪能，所行无障，具足坚固甲铠加行。是诸菩萨于生死中如如流转遭大苦难，如是如是于其无上正等菩提堪能增长。如如获得尊贵殊胜，如是如是于诸有情憍慢渐减。如如证得智慧殊胜，如是如是倍于他所难诘诤讼喧杂语论本惑随惑犯禁现行能数观察深心弃舍。如如功德展转增长，如是如是转覆自善不求他知，亦不希求利养恭敬。如是等类菩萨所有众多胜利，是菩提分，随顺菩提，皆依彼智。是故一切已得菩提，当得今得，皆依彼智。除此更无若劣若胜。"自下又说："菩萨乘御如是无戏论理，获得如是众多胜利，为自成熟诸佛法故，为成熟他三乘法故，修行正行，所谓六度四摄，敬礼有德，悲愍有过，慈济怨者，酬报有恩，诸如是等，当知名为菩萨乘御无戏论理，依极真智，起正加行。"盖诸有情，由彼不得菩萨最胜无分别智故，凡所有行皆有所著，一切凡夫著住生死，一切二乘著住涅槃，由著生死便杂染心流转生死，由著涅槃便著寂灭舍大悲心，由是不能任持菩萨为自成熟为成熟他所有殊胜广大功德诸菩萨行。由诸菩萨得根本智，知一切法空无我故，本性平等，故能于诸世间不染不著，于出世间不深愿乐，以其大我阿世耶故遍于有情生慈悲心作诸利益，认其诸法阿世耶故遍于诸法不取不舍，由是故能不住生死不住涅槃，成熟有情生大功德，故诸菩萨后得胜行进趣增长，皆以此智为任持也。

无分别智助伴者，颂曰：

> 诸菩萨助伴，说为二种道，是无分别智，五
> 到彼岸性。

世亲释云："二种道者，一资粮道，二依止道。资粮道者，谓施、戒、忍及与精进波罗蜜多。依止道者，即是静虑波罗蜜多。由前所说波罗蜜多所生诸善及诸静虑波罗蜜多，无分别智便得生长，此智名慧波罗蜜多。"即说无分别智以余五度为助伴也。由前四度善法资粮，及五静虑为所依止，此智生故。设无四度，尚不能得免诸罪恶，况得静虑？静虑不起，心意躁扰，无等持力，如于浊水，不生明慧也。复次，由惠施故不著身财，由净戒故不著五欲，由安忍故不著冤亲谛择诸法，由精进故勇猛奋发不著懈怠，由静虑故降伏烦恼境不能乱，由是心意超越，诸行境界不蔽其智，不累其明，然后般若明慧乃从心生，等观诸法实证真性，故由五度助实智生也。

无分别智异熟者，颂曰：

> 诸菩萨异熟，于佛二会中，是无分别智，由
> 加行证得。

云异熟者，谓由业力感得后有器界根身异熟识等，是为异熟果。由与因业，性异时异，变异而熟，故名异熟。异熟因者，实

是三界所摄有漏诸业。无分别智，体是无漏，出世间性，能正对治三界业果，云何此说无分别智得异熟果成异熟因耶？无性释云："即增上果假名异熟，由此资熏余有漏业令感异熟，故立此名。"谓诸菩萨由此无分别智平等观察一切法故，不住生死不住涅槃，为诸有情誓受生死，是以资熏世间善业，令得最胜殊妙色身，成就自他三乘圣道，是故此智名有异熟。此智异熟生于何所？曰，于佛二会中。世亲释云："谓受用身会中，及变化身会中。若无分别加行转时，于变化身会中受生，受异熟果。若已证得无分别智，于受用身会中受生，受异熟果。为显此义，故复说由加行证得。"此说菩萨生法王家也。或谓诸佛世尊出离三界，受用变化身土智影，皆是无漏，五趣不摄，云何说名异熟果耶？当知诸佛身土皆是无漏，界趣不摄。菩萨变者，即体有漏，界趣所摄。同处同时，互遍无杂，各随识变，如光相网。菩萨身土，即是异熟，佛非异熟。此如《无垢称经》舍利子等见佛土垢秽，持髻梵王即见清净，佛以足趾按地，即时咸见清净佛土功德庄严，一切大众叹未曾有。尔时世尊告舍利子，"我佛国土，常净若此，为欲成熟下劣有情，是故示现无边过失杂秽土耳。舍利子，譬如三十三天同宝器食，随业所招其食有异。如是舍利子，无量有情生一佛土，随心净秽，所见有异。若人心净，便见此土无量功德妙宝庄严。"同一佛土随心净秽如是，同一佛会异熟非异熟亦然。故诸菩萨，虽生诸佛二会中，而彼业果仍是异熟耳。或谓菩萨为度有情故受生死，何故不说生有情众中，但说生佛会中耶？曰，由于佛会闻法修行自成熟已，次乃有能成熟他故。下化本于上求故。又诸菩萨亦于五趣随类受生，然非殊胜，此就胜说，是故不遮。复次，此中无分别智异熟果者，但就菩萨未成佛前说，已成佛后异熟体空，彼无分别智不感异熟果也。

此智等流复为何耶？颂曰：

> 诸菩萨等流，于后后生中，是无分别智，自
> 体转增胜。

由前自法势用因缘，令自后法势用增长，名等流果。自类所流，名等流也。此无分别智等流果者，谓于后后佛二会中，无分别智自体势用展转增胜，是即此智等流果。由于此智无漏净善，已得无退，但有增长，是故后后乃至成佛得果不绝。

无分别智出离云何？颂曰：

> 诸菩萨出离，得成办相应，是无分别智，应
> 知于十地。

解脱世间烦恼系缚，进趣如来大般涅槃，是谓一切菩萨出离。如是出离，有其二种：一得相应出离，二成办相应出离。初获此智名得相应，次复无量百千大劫成办相应，由彼成办如来无上大涅槃故。应知于十地者，十地义如修差别分说。此智初地唯名得，尔后九地乃名成办。既得已后，次第成办故。是故菩萨经无数劫，乃证涅槃，于时方名已到究竟。

此智究竟其相云何？颂曰：

> 诸菩萨究竟，得清净三身，是无分别智，得
> 最上自在。

此智究竟得清净三身，及得最胜自在以为其相。言三身者，谓自性受用变化三身。言自在者，谓寿、心、众具、业、生、胜解、愿、神力、智、法，十种自在，具如彼果智分广说。二释俱云：如是三身初地名得。成佛究竟，故名清净。

无分别智胜利云何？当知随于三种无分别智，各别有其殊胜利益，谓能不为诸行所染故。云三智者，谓加行无分别智，根本无分别智，后得无分别智。从他闻说无分别理深生胜解，依止胜解寻求思择，是谓加行无分别智。由此能生无分别智，是故亦得无分别名。此智如何，从何，由何无染？颂曰：

　　　　如虚空无染，是无分别智，种种极重恶，由
唯信胜解。

　　如虚空无染者，谓如虚空自体清净，一切客尘不能染著故。种种极重恶中，谓即三恶道业、五无间业等。由唯信胜解者，谓由此加行无分别智于无分别理深信胜解故。此复云何？谓由此加行无分别智，于无分别理深信胜解已，便无颠倒，不更起于种种极重恶故。譬如虚空，不为尘染。加行无分别智不为种种极重恶染，亦复如是。或谓亦有聪慧极灵巧人，博通三藏，善解空理，而乃造于种种极恶重罪，如有恶取空者，无罪无福，无因无果，佛说自堕，亦令他堕，死入牛羊等类中故。曰，彼非真实加行无分别智，由于圣教不如理观，起增上慢，虽有俗慧而无净信真胜解故。当知彼是邪见所摄，诸佛说为不可救者，真得此智者，于如来教如理通达起极净信，至诚倚任，无增上慢心，不特于无分别理胜解寻求，亦于净戒禅定严守勤习，如空无染，卒不起于极恶罪也。此中云极重恶无染者，意显尚为诸微细罪之所染也。由彼未能断诸烦恼，实证法性故。

　　次根本无分别智无染胜利云何？颂曰：

　　　　如虚空无染，是无分别智，解脱一切障，得
成办相应。

谓此根本无分别智，由于初地得相应故，及后十地成办相应故，解脱诸障，如空无染。此中一切障者，谓烦恼障，所知障。二乘唯断烦恼障，菩萨一切断故。于得相应，能断分别所起二障。次后十地，乃至成佛，能断俱生二障。

次后得无分别智无染胜利云何？颂曰：

> 如虚空无染，是无分别智，常行于世间，非
> 世法所染。

从于根本无分别智后所生得，故名后得。由此后得无分别智观诸有情诸利乐事，故思往彼世间受生作诸事业，是故说言常行于世间。虽行世间，而如虚空，虽有种种客尘云雾生起出没，而于彼空自体无染。如是后得无分别智，种种世法亦不染故。云世法者，略有八种：一利，二衰，三誉，四毁，五称，六讥，七苦，八乐。世间有情，我法二执坚固执持，内为情蔽，外为物转，见利则趋，于衰则避，闻誉而喜，闻毁则忧，称则心高，讥则心忿，于苦怖畏，于乐耽求，颠倒纷纭，莫能自主，如驰野马，如戏猢狲，弱丧无归，痴狂弗救，至可哀也。菩萨由得真空无我智故，了知万法境界体空，内不执我，外不著物，故能见利不欣，于衰不退，誉称无喜，讥毁无忧，于乐无耽，于苦无畏，悲智宏深，八风不动，故能以心转物，济世度生，而不随境异心，超然解脱也。是为菩萨后得胜利。加行根本后得三种无分别智有何差别？颂曰：

> 如痖求受义，如痖正受义，如非痖受义，三
> 智譬如是。

> 如愚求受义，如愚正受义，如非愚受义，三
> 智譬如是。

如五求受义，如五正受义，如末那受义，三智譬如是。

如未解于论，求论受法义，次第譬三智，应知加行等。

无性释云："为显三智行相差别说如是喻。如痖求受义者，譬如痖人求受境界，而未能受，亦不能说。如是加行无分别智，求证真如，而未能证，寂无言说，当知亦尔。如痖正受义者，譬如痖人正受境界，无所言说。如是根本无分别智正证真如，离诸戏论，当知亦尔。如非痖受义者，如不痖人受诸境界，亦起言说。如是后得无分别智，反照真如，现证境界，能起言教，当知亦尔。由此道理，释如愚颂。（世亲云，无所了别，说名为愚。）如五求受义者，譬如五识求受境界，虽有所求而无分别。如是加行无分别智，当知亦尔。如五正受义者，譬如五识正受境界，离诸分别。（五识缘境现量所得，不作异解，故离分别。）根本智亦尔。如末那受义者，譬如意识能受境界，亦能分别，后得智亦尔。如未解于论，求论受法义者，如未解论求诵于论，而未能诵，加行智亦尔。如温习论，领受文字，根本智亦尔。如已听习通达法义，后得智亦尔。由如是等众多譬喻，如数次第，喻加行等三智差别。

根本后得二智差别譬喻者，颂曰：

如人正闭目，是无分别智，即彼复开目，后得智亦尔。

应知如虚空，是无分别智，于中现色相，后得智亦尔。

闭目虚空，显根本智无有分别，无所行相。开目色相，显后得智是有分别，有所行相。是为二智体相差别。然不说言根本智如盲如空，无所觉证，非心数法。亦不说言，后得智虚妄分别，于乱相转。本智现观，实证诸法性故；后智如理，分别诸法相故。俱是出世无漏真智，喻显一分差别相故，更不表余，学者应知。痖愚等喻，亦复如是。

世亲释云："如虚空者，譬如虚空，周遍无染，非能分别，非所分别，如是根本无分别智，应知亦尔。遍一切法一味空性，故名周遍。一切诸法所不能染，故名无染。（此显本智遍证诸法一味性空，而不为一切行染义。）自无分别，是故说名非能分别。亦不为他分别行相（不为他分别所行相故），是故说名非所分别。如是应知，无分别智，譬如虚空。现色相者，譬如虚空所现色像，是可分别，如是后得无分别智应知亦尔。是所分别，亦能分别。"

无分别智无功用作事者，谓如是智修成佛果，既离功用作意分别，云何能成利益安乐诸有情事？颂曰：

如末尼天乐，无思成自事，种种佛事成，常离思亦尔。

谓诸菩萨无始时来，大悲愿力最胜白法成于佛果，性是饶益悲智体故，不作功用不待思惟，法尔随缘于诸有情应度脱者即便能作种种佛事，如如意珠及彼天乐，虽无是念，我当放光，我当出声，随彼有情福业意乐势力，不待击奏，放种种光，出种种声。诸佛菩萨无分别智、无思成事，当知亦尔。

无分别智甚深义者，无性释云：无分别智境界云何？为缘分别依他起性，为缘余境？智体亦尔，为智非智？若尔，何失？若缘分别依他起性，云何得成无分别智？若缘余境，余境定无，当

何所缘？若是其智，应有所知。若是非智。云何得名无分别
智？颂曰：

　　　非于此非余，非智而是智，与境无有异，智
成无分别。

世亲释云："非于此非余者，此智不缘分别为境，无分别故。不
缘余境，即缘依他诸分别法真如法性为境界故。法与法性，若一
若异，不可说故。此说根本无分别智不缘分别，亦不缘余。非智
而是智者，此显根本无分别智，非定是智，以于加行分别智中此
不生故。亦非非智，以从加行分别智因而得生故。"又云："以非
于此分别转故，说名非智。以非于余，即于分别法性转故，而亦
是智。前后二句，互相解释。与境无有异，智成无分别者，非如
加行无分别智有其所取能取性转，名无分别，与所取境无差别
转，平等平等，名无分别。此智不住所取能取二种性中。"

当知此智不取诸行差别相故。名不缘此依他起性，即取诸行
真如性故，名非缘余境。云何名诸行差别相及真如性耶？如说色
以方所示现为相，受领纳相，想施设相，行造作相，识了别相，如
是等相为依他诸行差别相，亦即诸行自性相。由彼诸行自性，互
相差别，说名诸行差别相。真如法性名为诸行共相，以空无我相
是色受等共有相故。色空无我，受亦空无我，乃至想行识，眼耳
鼻舌身意，菩提涅槃，亦空无我。故说真如，为诸行共相。凡智
所行，唯诸法自性差别相。所谓见色闻声乃至思惟名相皆但能得
依他起自相耳。根本无分别智，于缘色时，不取色相，唯证真如
空无我相。缘受想行识时，不取领纳乃至了别等相，唯证真如空
无我相。以是故名不缘依他。然此法性不离诸行而别有故，即法

空理名法性故，是故说言非缘余境，是为此智所缘甚深。非智而是智者，凡智唯以分别诸行差别相故能有所求，能有所取，能有所得，谓于诸行差别体相因果转变分别照了决断无谬，以是为智为慧为辩。无分别智行相异彼，都不执取如是等相，无求无取，亦无所得，无有分别，言语道断，心行处灭，惟圣默然，无辩无说。如是等相云何说彼以为智耶？然即此智证法性故，证真如故，无行而行，无得而得，穷法源底，所知边际，齐此一切正法思择皆悉退还不能越度，谓彼非智复是何等？俱以是义，说如是言：非智而是智。异凡智故，说名非智。是真智故，说云是智。是谓此智体相甚深。与境无有异，智成无分别者，此显此智行相及得名所由也。由于此智不行诸法差别相故，空无我相平等平等遍一切法，智唯证此，法性无差别，此无差别转，是故此智与境无有异也。又此智现观法性不假诸相，所缘即境实自性故，名与境无差别也。由彼与境二俱无异，是故此智名无分别，也是为此智得名甚深。

已说此智无分别义，诸余经中复说诸法皆无分别，其义云何？颂曰：

应知一切法，本性无分别，所分别无故，无分别智无。

一切诸法法性安住，法界安立，空无我性，不可言性，法尔圆成。是故不可说一切法是色是心，是假是实，是空是有，应知一切法本性无分别也。当知分别皆是有情随心假立，不得真性，不称实境。诸所分别，皆是分别自心，亦是分别言说戏论。所以者何？彼所分别诸言说性无所有故，如前已说。是故说言，所分别无故。次复颂言，无分别智无者，二释俱云：若一切法本来自性无分别者，何不一切有情之类从本以来不作功用自然解脱？由彼有情于一切法无分别性现证真智本来未生故。诸菩萨等于一切法无分别性种性为因证智已生，由此道理诸菩萨等能得解脱。非余有情现证真实，即无分别智也。此说虽诸法本来无有分别，然由无有证彼无分别性之无分别智故，一切凡夫不得解脱也。亦可此中义显诸法本无分别，诸所分别体悉是无，但随心识而转变故。如是若执此无分别智真实有者，亦见法执。是故说言，所分别无故，能分别智无。此显诸法能缘所缘，平等平等，皆性空义。

上来已依十六门义，具广分别无分别智，自下更说三智各别种类等。

此中加行无分别智有三种：谓因缘，引发，数习生差别故。

由生起差别加行智有三种。一由因缘生，谓由本具菩萨种性，会遇强缘，故生此智。二由引发生，谓由前前生中已数修习此加行智，等流引发此生加行智故。三由数习生，谓于今生数数修习而得生起如是智故。

根本无分别智亦有三种：谓喜足，无颠倒，无戏论无分别差别故。

世亲释云："此中喜足无分别者，应知已到闻思究竟，由喜足故不复分别，故名喜足无分别智。谓诸菩萨住异生地，若得闻思觉慧究竟，便生喜足，作是念言：凡所闻思，极至于此，以是义故说名喜足无分别智。（此意若说思现观者，由此现观引发四加行智，假名无分别智。无性释异此，彼说如得世间闻思两智，于少分义或已信解，或已决了，便生喜足，是即增上慢者所起邪智，与思现观异也。自余诸义，两释大同。）复有余义，应知世间亦有喜足无分别智，谓诸有情至第一有见为涅槃，便生喜足，作是念言，过此更无所应至处，故名喜足无分别智。无颠倒无分别者，谓声闻等，应知彼等通达真如得无常等四无倒智，无常等四颠倒分别，名无颠倒无分别智。无戏论无分别者，谓诸菩萨，应知菩萨于一切法乃至菩提皆无戏论，应知此智所证真如，过名言路超世智境，由是名言不能宣说，诸世间智不能了知。"根本无分别智虽说三种，应知前二皆是假说，菩萨实智唯后一种。

后得无分别智有五种：谓通达，随念，安立，和合，如意思择差别故。

此后得智由作用别，说有五种。一通达思择，从根本智出，审谛思择已能通达真如理故。二随念思择，从彼出已，随念已得证如智故。当知通达思择，应是法智；随念思择，即类智也。三安立思择，从是已后，以诸名言安立谛理，为他宣说所证境故。所证真境性离言故，故为他说名为安立。四和合思择，由根本智出，为更修证此真法界，和合诸法总观皆同此法性故，所谓无性，即总缘智。由此智故，进趣转依，或转依已，重起此智。五如意思择，此即神通智，由于境界如意转变成金等故，为得如意故起思择。是为三智种类差别。

复有多颂成立如是无分别智：

鬼傍生人天，各随其所应，等事心异故，许义非真实。

于过去事等，梦像二影中，虽所缘非实，而

境相成就。

　　若义义性成，无无分别智，此若无佛果，证
得不应理。

　　得自在菩萨，由胜解力故，如欲地等成，得
定者亦尔。

　　成就简择者，有智得定者，思惟一切法，如
义皆显现。

　　无分别智行，诸义皆不现，当知无有义，由
此亦无识。

虽前多门已具成立无分别智，犹未成立无分别理，由何因
缘，知一切法本性无分别，所分别义皆非实有，由斯成立无分别
智非颠倒耶？为释斯疑，故说多颂，当知即前所知相中四智道
理。鬼傍生人天等事心异许义非真者，即相违识相智。一处同
时，等一事上，鬼见脓河，鱼见宅舍，人见清水，天见净地，由
识不同境相异故。由是故知，所分别义，都非真实。过去事等梦
像二影所缘非实而境相成者，此即无所缘识智。过去事已灭，未
来事未生，皆非实有，然随忆想，所分别义境相成就。又于梦中
所见山河诸人物等，及于镜等，三摩地中，所见镜花水月诸影像
事，都非实有，而所分别境相成就。故知无义，境相亦成。若义
义性成，无无分别智，此若无佛果，证得不应理者，此即前说自
应无倒智。然义有别，彼说义性若成，诸缘义智应非颠倒，不由
功用佛果自成。此说义性若成，即无分别智非是实智，不应菩萨
历劫修行智成颠倒，于有见空，故即不应有无分别智。然若无有
无分别智，证得佛果即不应理，以一切佛果定由无分别智证得

故。凡情既实，佛果成虚。佛果既真，故知凡情所分别义皆非实也。得自在菩萨以下，即三种胜智随转妙智。初谓境随心变智，随胜解力转变地等成金等故。次谓境随心生智，随所思惟义显现故。三谓境随心灭智，无分别智生，诸义皆不现故。即由如是种种道理，故知诸义皆非是有。由此亦无识者，所取无故，能取亦无，所取能取相待立故。又彼能取待因缘生，如幻化故，不可执著有实自性，如所言说。由是故知所分别义，一切俱空，都非实有。无分别智，证真实理，体性非虚，以离一切虚妄执故。

般若波罗蜜多与无分别智无有差别。如说菩萨安住般若波罗蜜多，非处相应，能于所余波罗蜜多修习圆满。云何名为非处相应修习圆满，谓由远离五种处故。一远离外道我执处故，二远离未见真如菩萨分别处故，三远离生死涅槃二边处故，四远离唯断烦恼障生喜足处故，五远离不顾有情利益安乐住无余依涅槃界处故。

般若波罗蜜多即无分别智，云何知然？如经说言：菩萨安住般若波罗蜜多，非处相应，能于所余波罗蜜多修习圆满故。无性云："此中可居，说名为处。由舍此处，是故说名非处相应。"是即不住于相而修慧义。所云非处相应者，一远离外道我执处故，谓诸外道修般若时，执我能修般若，般若是我所修，菩萨般若，断此分别故。二远离未见真如菩萨分别处，未得见道凡夫菩萨，分别彼是真如，彼是般若，但住名想而观义故。三远离生死涅槃二边处，凡夫住于生死，二乘住于涅槃，菩萨于此都无分别无所住故。四远离唯断烦恼生喜足处，声闻独觉于彼喜足，不能进断法执，菩萨二障俱断，我法俱无分别故。五远离不顾有情利益安乐住无余依涅槃界处，不同声闻住无余依涅槃界处，薪尽火灭，功德俱无，无有利益有情事业。菩萨悲智等运，成就无量功德藏，穷未来际利益有情故。由是菩萨般若波罗蜜多于五种处都无所住，显菩萨般若波罗蜜多是真无分别智，以于我执名相染净有空都无分别故。由不分别，都无所住。由无住故，真到彼岸。

声闻等智与菩萨智有何差别？由五种相，应知差别。一由无分别差别，谓于蕴等法无分别故。二由非少分差别，谓于通达真如，入一切种所知境界，普为度脱一切有情，非少分故。三由无住差别，谓无住涅槃为所住故。四由毕竟差别，谓无余依涅槃界中无断尽故。五由无上差别，谓于此上无有余乘胜过此故。此中有颂：

诸大悲为体，由五相胜智，世出世满中，说此最高远。

世亲释云："此中显示声闻等智，与菩萨智，五相差别。无分别差别者，谓声闻等缘于蕴等分别识生，非菩萨智分别蕴等。非少分差别者，谓显三种非少分性：一所达真如非少分性，二所知境界非少分性，三所度有情非少分性。所达真如非少分性者，谓菩萨智具足通达补特伽罗法无我性，声闻等智入真如时唯能通达补特伽罗无我之性。所知境界非少分性者，谓菩萨智普缘一切所知境生，声闻等智唯缘苦等诸谛而生。所度有情非少分性者，谓菩萨智普为度脱一切有情勤趣菩提，声闻等智唯求自利。无住差别者，谓菩萨智正为安住无住涅槃，非声闻等，是故差别。毕竟差别者，谓声闻等于无余依涅槃界中，一切灭尽，菩萨于此涅槃界中功德无尽，是故差别。无上差别者，谓声闻等上有大乘，其菩萨乘无复有上，是故差别。为显此义，说一伽陀。世出世满中者，谓于色无色界世间满中，及于声闻乘等出世满中。

　　若诸菩萨成就如是增上尸罗，增上质多，增上般若，功德圆满，于诸财位得大自在，何故现见有诸有情匮乏财位？见彼有情于诸财位有重业障故，见彼有情若施财位障生善法故，见彼有情若乏财位厌离现前故，见彼有情若施财位即为积集不善法因故，见彼有情若施财位即便作余无量有情损恼因故，是故现见有诸有情匮乏财位。此中有颂：

　　　　见业，障，现前，积集，损恼故，现有诸有情，不感菩萨施。

上来已具显示菩萨三学，由增上戒殊胜故，具足饶益有情等三戒。由增上心殊胜故，发大神通，成办有情无量利益。由增上慧殊胜故，不取诸相不住生死不住涅槃利济有情穷未来际。既诸菩萨成满如是功德，于诸财位得大自在，具足大悲，何故不施有情财位，现见彼彼匮乏贫贱耶？答以五因，一见彼有情于诸财位有重业障故，谓多有情不植福因，宿造无量应得贫贱等业，如是虽复施彼财位弗能受用，反致病累，或时变坏，如于江水，鬼见脓河，既无利益，施彼何为？二见彼有情若施财位障生善法故，谓诸有情虽无财位重障，然由得财位故，耽著受用，懈怠放逸，由是不能生起善法，彼若贫贱反能发奋自强勤习善法故。三见彼有情若乏财位厌离现前故，谓彼有情由贫贱故能得实观世间是苦，由是发起厌生死心而求出离，若得财位反生染著生死心故。四见彼有情若施财位即便积集不善法因故，谓彼有情若得财位即便生起骄奢淫乱种种恶法，故施财位为彼积集不善法因也。五见彼有情若施财位即便作余无量有情损恼因故，谓彼有情性是弊恶宿谋不轨，未得财位尚无有力恼害有情，如得财位便当造作无边恶业，贪权专利涂炭生民，作福作威摧残异己。是故施彼财位便作有情无量损恼因也。以是因缘菩萨为欲不虚惠施故，为欲有情常起善法故，为欲有情生起厌离故，不欲有情因是财位现前积集诸不善业当来遭受极大苦故，更不欲令一人富贵令余无量有情受大损恼故，虽于财位得大自在，而以大慈大悲故都不施与一切财位，为摄是义复说伽陀，即上五因，故不重释。由是五义，学菩萨者不应妄施。一切凡夫更不应当妄希布施。于大乱世菩萨不生行施济者，共业如是，非菩萨过也。

此分总义略有其六：一者由十六门成立无分别智故，二者三智种类故，三者由无分别理成立无分别智故，四由远离五处般若波罗蜜多即无分别智故，五大小乘智五相差别显智差别故，六由五因故诸匮乏者不感宏施释他疑难故。

摄大乘论疏下册卷四

彼果断分第十

上来已说三学,学必有果,果有二种,谓断及智,故此分来。所云断者,谓即菩萨无为功德,以从烦恼所知二障断已之所得故,名彼果断。此分明彼,名彼果断分。一显其体,二详其类,三以颂显无住涅槃甚深义理。

> 如是已说增上慧殊胜, 彼果断殊胜云何可见? 断谓菩萨无住涅槃,以舍杂染,不舍生死,二所依止, 转依为相。此中生死, 谓依他起性杂染分; 涅槃, 谓依他起性清净分; 二所依止, 谓通二分依他起性, 转依谓即依他起性, 对治起时, 转舍杂染分, 转得清净分。

大小二乘俱有断果功德,大乘断果殊胜云何?故次答言,断谓菩萨无住涅槃。言涅槃者,此谓圆寂,圆谓圆满,功德成就;寂谓寂静,烦恼断除;因行既满,果德圆故;杂染既净,永无违损动乱相故。如是涅槃,有其四种:所谓自性、有余依、无余依、无住涅槃。自性涅槃一切有情之所共有,以即诸法真如理故。有余依、无余依二种涅槃三乘共有,烦恼障已断,随所余依异熟有无而建立故。无住涅槃，唯菩萨有，以彼不住生死，不住涅槃，大悲般若恒共相应，利乐自他功德无尽故。断果殊胜，唯在第四。故舍前三，但说无住。以舍杂染不舍生死者，此无住义也。虽处生死而无迷无执，正见不谬，无杂染心流转生死，故云舍杂染，即是不住生死义也。不舍生死者，此显不住涅槃义也。虽断杂染，而因位中三大僧劫流转生死，度诸有情；于果位中，示现变化诸界诸趣，度脱有情，功用无尽故。二所依止转依为相者，二谓生死，及与涅槃。自下释云此中生死谓依他起性杂染分，涅槃谓依他起性清净分者，谓遍计所执诸迷乱性，是依他起性上杂染分。由此杂染故生死流转，故名生死。圆成实性清净真如，是依他起性上清净分。由证此故，正趣还灭，故名涅槃。二所依止谓通二分依他起性者，即以依他起性为遍计圆成二性所依。依止此故，有真法性，及起遍计执故。由是而有生死涅槃，故说依他起性为生死涅槃二所依止。转依，谓即依他起性对治起时转舍杂染分转得清净分者，谓即无分别智起时，断障证真，转舍遍计所执，转得圆成实性故。如是转依，即是涅槃所有自相。二乘亦得转依，彼与大乘复何异耶？曰，所证所断一分全分异故，由是而有住不住异，广大下劣异，如下当说。

复次，此中但依三性建立生死涅槃及二所依，盖就生死涅槃所缘相说，生死以遍计为所缘，涅槃以真如为所缘故。克实而论，所缘既异，能缘亦殊。由烦恼染识故，计著妄执；由正智净心故，证得真如。由是依他起性，亦自成二分，谓染分依他及净分依他。如是转依之相，亦不但舍依他起上遍计所执，同时亦舍彼烦恼染识种子现行；不但证得依他起上真如法性，同时亦得能证彼性正智净心。故转依相，亦转舍染分依他起，转得净分依他起也。既有所舍所得,必有能舍能得故,此能舍能得,即是菩提,于彼果智中说。

又此转依略有六种:一损力益能转,谓由胜解力闻熏习住故,及由有羞耻令诸烦恼少分现行不现行故。二通达转,谓诸菩萨已入大地,于真实非真实显现不显现现前住故,乃至六地。三修习转,谓犹有障,一切相不显现,真实显现故,乃至十地。四果圆满转,谓永无障,一切相不显现,最清净真实显现,于一切相得自在故。五下劣转,谓声闻等,唯能通达补特伽罗空无我性,一向背生死,一向舍生死故。六广大转,谓诸菩萨,兼通达法空无我性,即于生死见为寂静,虽断杂染而不舍故。若诸菩萨住下劣转有何过失?不顾一切有情利益安乐事故,违越一切菩萨法故,与下劣乘同解脱故,是为过失。若诸菩萨住广大转有何功德?生死法中以自转依为所依止得自在故,于一切趣示现一切有情之身,于最胜生及三乘中种种调伏方便善巧安立所化诸有情故,是为功德。

次辩转依种类,共有六种。前四约菩萨因果位中少分满分说,后二约大乘小乘广大下劣说。一损力益能转者,谓无分别智未起,未能转舍彼遍计所执,未能证得真如实性,带相观空有所得故,亦于烦恼未能断种,然由胜解力闻熏习住故,及由有羞耻令诸烦恼少分现行或全分不现行故（中下忍位少分现行，上品忍位能令伏尽全分不现行），即此能令杂染势力渐被损伏，令清净功能渐次增益，由此故能渐得转依，由是故名损力益能转。二通达转者，谓诸菩萨胜解行位，修习满已，次入见道，住极喜地，乃至六地，名通达转，由此已能通达真如圆成实性。即此真实犹未长时显现现前住故，于入观位真实显现，非真不现，于出观位非真显现，真实不现，是故但说名通达转。于此位中，已能顿断分别二障，地地别断所知障故，虽不断除烦恼障种，而顿伏尽。有时利生故起现行，所有无漏清净依他次第增长，是谓已得少分转依。三修习转者，谓犹有障，所知障品犹有现行，烦恼障种全未断故，以是勇猛修习现观，令得断除，即由如是修习力强，能令一切不真实相永不显现，实相真如长时显现，是故此位名修习转；在第七地八九十地，犹有障故，不同果圆满转；一切相不显现故，不同通达转。《成唯识论》约初见道名通达转，由彼最初通达真如故。二地以往，乃至十地，通名修习转，以皆修道位所摄，皆能断除俱生二障粗重性故。四果圆满转者，谓前十地修道究竟，佛果功德已得圆满，永断二障粗重随眠，一切障不显现，最清净真实显现，于一切相皆得自在故，转舍杂染，转得清净皆得圆满，故名果圆满转也。云最清净真实显现者，由障尽故智转明净，所观法界最极清净而现在前，十地菩萨如以满月照物，诸佛如以白日照物，所照不殊，明净有异，故说此位最极清净真实显现，异前位真实显现也。于一切相得自在者，虽离诸相，而为度他世间有情，还能自在示诸相故。声闻涅槃无有如是诸相自在。五下劣转，谓声闻等唯能通达补特伽罗空无我性者，此显唯能证得少分真实，亦即唯能断除少分障也。一向背生死者，因中于生死一向厌背故。一向舍生死者，果中永断生死不复还出于世间利益有情故，证断狭小，慈悲薄弱，小果仅成，但求自利，以是故名下劣转依。六广大转，谓诸菩萨兼通达法空无我性，具证二真，俱断二障故。即于生死见为寂静者，观察诸法无我空理，生死流转无明行识，因缘生故，不自在故，速灭坏故，都无自性。自性空故，本来寂静。即此名为自性涅槃。由得证彼自性寂静理故，法尔于彼远离一切遍计所执贪爱染著，即此名为已断杂染。亦即由彼见彼生死即涅槃故，法尔无有极深厌背，为度有情还复故意神通游戏来生世间，故于生死亦不弃舍以是故名广大转也。智大悲大，所证所得皆广大故。

如是已说转依种类，次复进问过失功德，谓诸菩萨住下劣转成过失故，住广大转成功德故。生死法中以自转依为所依止得自在故者，此显成熟佛法自利功德，谓虽处生死而能以自转依为所依止，故能不为生死染法之所染著，反能于彼自在施为，令得成就诸胜功德。如彼粪秽，虽极染污，自在用之，培养嘉禾。菩萨不断烦恼，故令资长菩提亦尔。于一切趣示现一切有情之身，于最胜生及三乘中种种调伏方便善巧安立所化诸有情故者，此显成熟有情利他功德也。谓诸菩萨由大悲故，不舍生死有情，随类现身，于可以人天乘而得度者以人天乘法调伏之，方便善巧安立所化有情于最胜生中。云最胜生者，谓人中富贵天界安乐也。如是有可以声闻乘独觉乘菩萨乘而得度者，便以各别三乘教法而调伏之，方便善巧安立所化有情于声闻独觉菩萨乘中。如是成熟佛法，成熟有情功德，是为菩萨住广大转所有功德。反是住下劣转，失是功德，不顾一切有情义利安乐事故，无有成熟有情功德。违越一切菩萨法故，无有成熟佛法功德。与下劣乘同解脱故，失此无住大般涅槃功德，故成过失也。

此中有多颂：

诸凡夫覆真，一向显虚妄，诸菩萨舍妄，一
向显真实。

应知显不显，真义非真义，转依即解脱，随
欲自在行。

于生死涅槃，若起平等智，尔时由此证，生
死即涅槃。

由是于生死，非舍非不舍，亦即于涅槃，非
得非不得。

一切凡夫由无明等障蔽真实，故名覆真。由此遍计种种法
故，一向显于虚妄所执。一切菩萨断二障故，舍除妄执，由是真
实一向显现。应知显不显真义非真义转依即解脱者，谓应了知真
义显现非真义不显现，是为转依。如是转依即是解脱。言解脱
者，解除脱离烦恼杂染，不为彼所覆障缠缚故。随欲自在行者，由
解脱故，便能随心自在而行。定慧神通，无能障故，亦显大乘解
脱异声闻乘，此说转依所有胜益。于生死涅槃若起平等智等者，无
性云："谓遍计所执自性名为生死。此即无性，无性即空，空即
涅槃圆成实性。"世亲云："以诸杂染名为生死，即杂染法无我之
性名为涅槃。菩萨通达诸法无我平等智生，见彼诸法皆无自性，诸
有生死即是涅槃，以于其中见极寂静即涅槃故。"当知此是说证
自性涅槃。由已得证自性涅槃故，尔时于生死非舍非不舍，亦即
于涅槃非得非不得。谓既证知生死即涅槃已，何事更舍于生死，别
求得涅槃者？由是不舍生死，不求涅槃。然既了知生死即涅槃，故

一切杂染皆不显现，自性涅槃当体现成。如是即为已舍生死，以得涅槃矣。故说由是于生死非舍非不舍，亦即于涅槃非得非不得。如是不舍生死，亦非不舍；不得涅槃，亦非不得；便是无住涅槃所有体相也。又此不舍而舍，不得而得，无差别心，当体呈现，都无功用而大用当前，一刹那间转依已得，此是大小二乘解脱差别，亦是修行异处。禅宗祖师，好说明心见性，立地成佛者，其根源唯在此耶？然非资粮加行福德智慧大根利器，于此岂易承当？否则便入狂慧去了。当知因中分证，果位方圆，故必三祇十地乃为究竟。

彼果智分第十一

上来已说断果以无住涅槃为相,菩萨住此涅槃,功德无尽,利他不息。如是功德,当知即是彼果智也。由能断除烦恼所知二种障故,得大涅槃。由是最极寂静无上清净涅槃为依,有最极圆满无上光明智慧生起,是即佛智无上菩提也。说果断已,故此品来。

如是已说彼果断殊胜,彼果智殊胜云何可见?谓由三种佛身,应知彼果智殊胜。一由自性身,二由受用身,三由变化身。此中自性身者,谓诸如来法身,一切法自在转所依止故。受用身者,谓依法身,种种诸佛众会所显,清净佛土大乘法乐为所受故。变化身者,亦依法身,从睹史多天宫现没,受生,受欲,逾城出家,往外道所修诸苦行,证大菩提,转大法轮,入大涅槃故。

由三种佛身,显果智殊胜,谓自性、受用、变化三身。余处说自性法身,以真如法性无为功德为体。别立自受用身,以四智心品中真实功德,镜智所起常遍色身为体。别立他受用身,及以化身。余处复说,法身报身及以应身,统为三身。今此所说法身

入彼果智者，当知此自性身，即是自受用身报身所摄，四智实德
以为体故，又为余身所依止故，名自性身。从最极究竟妙白净法
之所成故，亦名法身。是为此论自性法身义。然四智实德，由圆
证法性而后得故，能缘必有所缘故，此自性法身亦赅摄真如。是
即有为无为真实功德，通名自性法身也。其受用身，但属他受用
耳。如是此论三身，与余经论所说相摄如次：

《佛地》唯识三身		《金光明经》三身	本论三身	指法
自性身		法身	自性身	真如
受用身	自受用身			四智实德
	他受用身	应身	受用身	利他身土功德
变化身		化身	变化身	

　　已知此论所说三身与余处差别，次释论文。此中自性身者，谓
诸如来法身，一切法自在转所依止故者，无性云："非假所立，故
名自性。是所依止，故名为身。法性即身，故名法身。或是诸法
所依止处，故名法身。"如是法身，既以有为无为真实功德为体，故
为一切法自在转之所依止。依止真如，实智转故。依止实智，自
他受用种种功德转故。体极圆故，到究竟故，最极自在无障碍
故，能自在转余一切法。受用身者，谓依法身种种诸佛众会所
显，清净佛土大乘法乐为所受故者，谓依止法身起利他功德，为
度地上菩萨，示现种种诸佛众会。诸大菩萨众所云集，故云众
会。众会非一，故云诸佛众会。诸佛悲愿平等一心，而所化菩萨
因缘系属或一或多各各差别，是故诸佛各现众会。云种种者，十
地菩萨所见诸佛身土，随自德量有差别故，故云种种。如是佛
身，由但为彼地上菩萨所示现故，居纯净土。不为二乘故，但说

大乘法。由是故以清净佛土大乘法乐为所受用。此显此身异变化身，所居之土或净或秽，所说之法三乘不一也。次变化身亦依法身等者，同由实德利他现故，亦依法身。云变化者，示同凡夫二乘，现殁，受生，乃至入涅槃故，说名变化。如来法身永离如是生灭相故，受用身中无有如是粗动相故，但名变化。

此中说一嗢陀南颂：

相，证得，自在，依止，及摄持，差别，德，甚

深，念，业，明诸佛。

诸佛法身广大甚深，故以十一门，广辩其义。一相，二证得，三自在，四依止，五摄持，六差别，七德，八甚深，九念，十业，十一明诸佛。所谓明诸佛者，即是问答抉择，释诸疑难，令于诸佛法身明了无疑也。此颂总略标举，下别广释。

诸佛法身以何为相？应知法身，略有五相：

此第一辩法身相也。略有五相，即转依等。

一转依为相，谓转灭一切障杂染分依他起性

故，转得解脱一切障于法自在转现前清净分依他

起性故。

一转依为相等者，谓此法身以转舍杂染分依他起性，转得清净分依他起性为相，是即通常所谓转识成智也。有漏染识，无漏正智，俱待缘生，同名依他起性。漏无漏别故，染净有殊。虽有漏染分依他，烦恼善法一切皆有，不唯是识，识为主故，独得识名。无漏净分依他，亦有净识，及诸善法，智为主故，独说其智。转舍染分依他有漏识等，转得净分依他无漏智等，于因位中依于染识立异熟身，于果位中依于正智立法身等，故说法身转依为相

也。此染依他起所以名一切障者，此显染义也。由体有漏故，能为一切无漏净法障碍，令不生故，名一切障。此净依他所以名解脱一切障，于法自在转现前者，此是能对治道，能解脱彼一切障故。于彼诸障既解脱已，故能于法得自在转，令得现前。谓于净法自在能证修得，于诸染法能正知断，是故说名于法自在转现前。彼果断分亦以转依为相，此二别者，彼转灭遍计所执性转得圆成实性，依遍计所执性立生死，依圆成实性立无住涅槃，是故亦名转依。此则转染分依他，得净分依他也。当知彼是所证得，此是能证得。彼是无为功德，此则有为功德也。

　　二白法所成为相，谓六波罗蜜多圆满得十自在故。此中寿自在，心自在，众具自在，由施波罗蜜多圆满故。业自在，生自在，由戒波罗蜜多圆满故。胜解自在，由忍波罗蜜多圆满故。愿自在，由精进波罗蜜多圆满故。神力自在，五通所摄，由静虑波罗蜜多圆满故。智自在，法自在，由般若波罗蜜多圆满故。

　　二白法所成为相等者，谓如来法身永断烦恼所知障故，无有无记，况诸染法？唯是净善白法所成，异诸世间杂染法所成。诸声闻等身虽断烦恼障，而习气犹存，故有有覆无覆二无记性，亦非纯净白法所成。唯如来身，纯净白法之所成耳。如是白法所成相，于何知然？于十自在而得知之。谓白净法，于诸境界无取著故，能得自在。诸杂染法，有取有著，故不自在。故由法身十种自在，知彼法身白法所成。云十自在者，谓即寿、心、众具、业、生、胜解、愿、神力、智及法自在。此十自在是白法所成相，能成彼因谓即六度,六度圆满得十自在故。因中六度是白法所成因,若说果中六度当知即是白法体也。此中以下释十自在。寿自在者,世亲云:"应知随欲齐几时住,便能如意示现己身。"无性云:"谓随所欲能舍命故。"心自在者,世亲云:"谓生死中能无染污。"无性云:"又随意乐能正为他引摄众具,于中自在运转其心,名心自在。"众具自在者,无性云:"谓饮食等诸资生具,随意所欲能积集故,众具资财其义是一。"此三自在由施波罗蜜多圆满故者,谓由财法无畏三种布施,于他有情续他慧命,除他怖畏,济他贫乏,皆圆满故,能得如是寿心资具三种自在。业自在者,于诸妙善身语意业,随欲现行而无难故。亦能自在,令他修学。生自在者,随欲往生诸趣诸界,一切如意皆得生故。此二由戒度圆满得者,谓由戒故,纯修善业。由善业故,生诸善趣。彼既圆满,故能自在随业受生。胜解自在者,谓于一切所缘境界,随心胜解而转变故。如于地等作金等解,随其胜解成金等故。此由忍度圆满得者,以于因中于诸艰难辛苦境界,能以心力坚持忍受,不随彼转,能胜伏彼。故此果中,心力自在,随自胜解转变境界。世亲云:"以修忍时,随诸有情意所乐转,故今获得于一切法皆随心转。"无性同此。愿自在者,谓随意乐一切所愿事皆成故。此由精进圆满故者,由精进力事无懈废,所愿皆成。又于有情诸利乐事皆勤为作令其愿满,故此果中得愿自在。神力自在五通所摄者,谓神境,宿命,天眼,天耳,他心差别,五通所摄一切神力,皆自在故。此由静虑圆满故者,神通威力,定所发故。彼既圆满,故此自在。智自在者,于诸法界世界有情界有情调伏界,一切智知,了达无碍故。法自在者,于诸境界善了达已,更能善巧自在施设种种微妙教法,令他有情闻法开悟,得度济故。此二由般若波罗蜜多圆满故者，谓由无分别智，圆证法性，断诸障已，故能自在无滞无碍了达诸界施设诸法。

三无二为相。谓有无无二为相，由一切法无所有故，空所显相是实有故。有为无为无二为相，由业烦恼非所为故，自在示现有为相故。异性一性无二为相，由一切佛所依无差别故，无量相续现等觉故。此中有二颂：

我执不有故，于中无别依，随前能证别，故施设有异。

种性异非虚，圆满无初故，无垢依无别，故非一非多。

三无二为相者，世间万法相待立名，非有则无，非一则异。诸佛法身，超过世间相对相故，离有无等边执相，故无二为相。有无无二为相者，法身非有无故。何故非有？由一切法无所有故。此一切法，谓世间所有遍计所执法，此非有故非有。何故非无？空所显相是实故。此空所显相，谓离一切遍计所执法所显诸法真实性相，此是实，故非无。有为无为无二为相者，谓此法身不同世间是其有为，不同二乘是其无为。何故非有为？由业烦恼非所为故，诸佛永离业生烦恼诸有为相故。何故非无为？自在示现有为相故，谓为度济诸有情故，示现应化种种趣生相似有为。当知诸佛惑业尽故，非有为；功德无尽故，非无为。异性一性无二为相者，谓诸世间或计诸佛体性是一，或计诸佛体性是异。诸佛体性非一非异，是故无二。云何非异？由一切佛所依无差别故。言所依者，有为无为真实功德，是一切法应化身土之所依故。无差别者，法性一如无差别故，功德平等无胜劣故，由是所依无差别故非异。何故非一？无量相续现等觉故。云相续者，有情异名，谓色等五蕴，由业识因果前后相续无间生起无有断灭，故云相续。即此相续各有因果各自感应，无此造业彼受果者，是故有情业界各自成流，凡圣尊卑由斯差别，无有一解脱时一切解脱，一缠缚时一切缠缚者。由是有情，体性非一。既无量相续现等正觉，即是法身，无量有情各各修因，各各证得。由是因缘，故不应许诸佛是一。所以者何？应彼因中，无量菩萨体是一故。因既不尔，果云何然？由是故知，诸佛体性，非一非异。为显此义，复说二颂。释此二颂，二释义同。我执不有故，于中无别依者，谓诸有情，由有我执分别自他各各异性。诸佛法身既无我执，即无自他，云何得有异性分别？即不可说有别依身。若尔，诸佛应是一。不尔，随前能证别，施设有异故。谓随因中能证菩萨释迦弥勒各各无量有差别故果中诸佛施设亦异，故不可说诸佛是一。为详斯义，更说次颂。种性异者，诸佛因中最初种性有差别故。云非虚者，由种性异故，加行亦异。加行异故，资粮圆满亦有多种。设唯一佛，应余菩萨所积资粮空无有果。圆满者，诸佛具作一切有情利益等事，谓正安立于三乘等。若唯一佛，应不安置诸余有情于佛乘中。所作佛事，应不圆满。无初故者，谓诸有情生死无初，诸佛亦尔。若唯一佛，即有其初。有初者，彼最初佛，从何如来，承事闻法，集积资粮？不应无因，自然成佛。由上四因，种性异故，资粮不虚故，佛事圆满故，诸佛无初故，决定决定佛应有多，体性非一。无垢依无别者，无漏法界名无垢依，由智殊胜毕竟遣除客尘垢故。诸佛如来断智功德，一切平等，故所依身，无垢清净，无二无别，以是不可定执诸佛性异。总结上义说：故非一非多。

四常住为相。谓真如清净相故，本愿所引
故，所应作事无竟期故。

四常住为相等者，二释义同。世亲云："由三因缘，显常住
相。真如清净相故者，清净真如体是常住，显成佛故，应知如来
常住为相。本愿所引故者，谓昔发愿常作一切有情利乐，所证佛
身此愿所引，由此本愿非空无果，应知如来常住为相。若谓如来
所作一切有情利乐已究竟者，此义不然，所应作事无竟期故。以
于今时犹有无边所应作事，一切有情未证涅槃故。由是因缘，应
知如来常住为相。"如来法身既以有为无为实德为体，是故以是
三因成常住相。初一是无为常住，后二是有为功德。利乐有情，愿
业无尽，故永无有般涅槃义，以是因缘异诸声闻独觉无有常住。

五不可思议为相。谓真如清净自内证故，无
有世间喻能喻故，非诸寻思所行处故。

不可思议为相等者，无性云："言思议者，谓依道理审谛思
惟起分别智，寻思所摄，譬喻所显，诸佛非此所行处故，不可思
议，超过一切寻思地故，唯应信解，不应思议。"

复次，云何如是法身最初证得？谓缘总相大
乘法境，无分别智，及后得智，五相善修，于一
切地善集资粮，金刚喻定破灭微细难破障故，此
定无间离一切障，故得转依。

第二辩此法身最初证得。齐于何时而证得耶？谓由根本后得
二智，五相修习，历于十地，乃至金刚道后，离一切障，得转依
已，最初证得。此中五相善修者，谓集总，无相，无功用，炽盛，无
喜足，五相修得，成办五果等，如前修差别分中已说。无性复云

无生，无灭，本来寂静，自性涅槃，及无自性，名五相修。金刚定者，谓此定力最极坚固，能破微细难破障故，如彼金刚能破一切，从喻得名，名金刚喻定。此定无间离一切障故得转依者，即从彼定无间道后，解脱道生，已离诸障，已得转依，即时名为最初证得如来法身。前无间道但是断障，犹未得名最初证得也。

世亲云："最初证得者，显此法身非所生起，性无为故，若所生起应是无常。"无性云："但言证得非生起者，体是常故。"即说法身唯是真如。今谓不尔，若说证得便唯无为者，即应初地名最初证得，以时实证真如理故。故此证得，兼说证得四智法身，大圆镜智于此时中最初得故。法身既合有为无为实德为性，故但云证得，不云生起耳。

复次，法身由几自在而得自在？略由五种：一由佛土、自身、相好、无边音声、无见顶相自在，由转色蕴依故。二由无罪无量广大乐住自在，由转受蕴依故。三由辩说，一切名身句身文身自在，由转想蕴依故。四由现化、变易、引摄大众，引摄白法自在，由转行蕴依故。五由圆镜、平等、观察、成所作智自在，由转识蕴依故。

第三辩此法身所得自在。此中自在者，由异因中不自在故。因中不自在者，谓五蕴之身，随业烦恼之所招感。轮回五趣，各随定业，业既种种不同，故报亦种种差别；寿命长短，身形好恶，所受苦乐，想相，思惟，意识生起，皆有定限，不能超越彼异熟报；是故因中不得自在。今此法身非异熟故，无漏五蕴之所积集，是故此身有五自在：一由转有漏色蕴依身，得无漏色蕴依身故，得于佛土、自身、相好、无边音声、无见顶相自在。谓随所欲示现种种清净佛土，应化诸身，种种相好，随诸有情机感不同身土相好有差别故。又能示现无边音声，一音说法随类得解，或随无边有情言音差别佛说法声亦无边故，又作狮子吼声震三千大千世界普令闻知无有边故。又能示现无见顶相，诸佛顶相诸大菩萨竭其神力无能见故，况诸声闻外道能见，以是显示如来身者为众中尊。二由转有漏受蕴依得无漏受蕴依故，得于无罪、无量、广大、乐住自在。离烦恼故，名为无罪。有众多故，名为无量。超越一切三界乐故，名为广大。永离一切忧苦事故，乐住自在。三由转有漏想蕴依得无漏想蕴依故，得于辩说，一切名身句身文身自在。想以取相为性，由名句文身而取于相，由是安立种种教法显法性相，为他辩说。诸佛如来由得如是自在故，随意为他宣说妙法都无有碍。四由转有漏行蕴依得无漏行蕴依故，得于现化、变易、引摄大众、引摄白法自在。世亲云："随其所欲，示现所作，故名现化。改转地等，令成金等，故名变易。如意所乐能引天龙药叉等众，应知说名引摄大众。随意所乐引诸白法，令现在前（谓六到彼岸等无量白法），应知说名引摄白法。"行以造作为性，故佛行蕴能有如是种种自在作业。五由转有漏识蕴依得无漏识蕴依故，得于圆镜、平等、观察、成所作智自在。谓由转舍有漏八识，得是四智。由转第八异熟识故，得大圆镜智。由于此智，于一切境能无忘失，无有愚迷，能现能生身土智影，如大圆镜，现众色相，分明照取，故名大圆镜智。由转第七末那识故，得平等性智。由于此智通达自他，染净诸法，一切平等；大慈悲等，恒共相应；无住涅槃，之所建立；示现受用利他身土，穷未来际，故名平等性智。由转第六意识得妙观察智，谓由此智，善观诸法自相共相，及观有情诸根差别，于大众会，能现无边作用差别，雨大法雨，断一切疑，故名妙观察智。由转眼等前五识故得成就作智，谓由此智，为欲利乐诸有情故，普于十方示现种种变化三业，成本愿力所应作事故名成所作智。如是四智，虽亦依于无漏识起，而在果中智强识劣，是故通说转于八识而得四智，非谓如来便无识等。诸佛法身由得如是五种自在，名得自在。如是自在与前白法所成为相中十种自在有何差别？前约用说，是施等果；此约体说，为自在因。是故自在，专说此五。

复次，法身由几种处应知依止？略由三处，一由种种佛住依止，此中有二颂：

诸佛证得五性喜，皆由等证自界故，离喜都由不证此，故求喜者应等证。

由能无量，及事成，法味，义，德，俱圆满，得喜最胜无过失，诸佛见常无尽故。

二由种种受用身依止，但为成熟诸菩萨故。三由种种变化身依止，多为成熟声闻等故。

第四辩此法身所作依止。云依止者，谓此为缘，生起余法，即说此法为余法依止。如是法身，为几处依止耶？答，略由三处一由种种佛住依止。云佛住者，诸佛如来，多于天住中安住第四静虑，于圣住中多分住空解脱门，于梵住中多分住悲无量，是为种种佛住。诸佛已得最胜清净涅槃，何故不住涅槃而住此天住圣住梵住中耶？答，此即如来无住涅槃相故。谓诸佛不住无为，不尽有为，无漏功德穷未来际，常住佛住利乐有情，是为诸佛涅槃与声闻异。此有二颂者，二释俱云，为显如来所证涅槃异声闻等所得涅槃，故说二颂。诸佛证得五性喜，皆由等证自界故者，二空所显真如法界，及无漏智等无边圣法，名佛自界。平等圆满证此自界，名等证自界。由等证自界故，诸佛如来得五性喜。离喜都由不证此者，谓声闻等所得涅槃犹如斩首永灭无用，是故无有如是五喜。应知彼由不证如来所证界故。故求喜者应等证者，以是因缘，诸大菩萨欲求证得五性喜者，应勤精进等证佛界。何等名为五性喜耶？次颂说言：由能无量，及事成，法味，义德，俱圆满。由能无量故，及所作事皆能成办无量故，法味圆满无量故，义圆满无量故，德圆满无量故，由是五因生五大喜，是故名为五性喜也。此中能无量者，无量诸佛所有堪能，一切平等，一切时间周遍无量无边世界，和杂而住，俱能施作一切佛事，故名能无量。云事者，事谓如来所应作事，即是利乐有情随应安立于三乘中等。成谓成办，谓所应作令圆满故。云法味圆满者，谓契经等及证真谛所起欣乐，名为法味。于此圆证，故名圆满。义圆满者，谓契经等法所诠义皆得圆满，随自意乐现在前故。德圆满者，谓神通等功德圆满。复有说言，义谓涅槃，德谓随乐所起功德，此依无性释也。世亲释异此，彼以义德圆满共为一性喜因而以得喜最胜无过失诸佛见常无尽故为第五性喜因。云得喜最胜无过失者，超过三界故名最胜。永断烦恼并习气故，名无过失。诸佛见常无尽故者，谓诸如来见次前说能无量等最胜无过失喜，穷生死际常无有尽，至无余依大涅槃界亦无尽故。由是发起，殊胜大喜。二由种种受用身依止，谓诸法身实德为依，能起种种受用身故。此受用身，但为成熟诸菩萨故者，身形广大净土庄严，说法甚深，非诸凡愚所能领受故。三由种种变化身依止，实德为依变化无量相似有为有漏身土，令诸下劣有情得受化故。多为成熟声闻等故者，此多为言，摄取胜解行地菩萨。

应知法身由几佛法之所摄持？略由六种，一由清净，谓转阿赖耶识，得法身故。二由异熟，谓转色根，得异熟智故。三由安住，谓转欲行等住，得无量智住故。四由自在，谓转种种摄受业自在，得一切世界无碍神通智自在故。五由言说，谓转一切见闻觉知言说戏论，得令一切有情心喜辩说智自在故。六由拔济，谓转拔济一切灾横过失，得拔济一切有情一切灾横过失智故。应知法身，由此所说六种佛法之所摄持。

第五辩此法身几法摄持。云摄持者，谓由余法摄受任持此法住故，即说彼法摄持此法。法身依止者，法身为余法缘。法身摄持者，余法作法身缘也。如是法身由几佛法之所摄持？略由六种。谓即清净佛法，异熟佛法，安住佛法，自在佛法，言说佛法，拔济佛法。清净佛法说转阿赖耶识得法身故者，阿赖耶识是杂染所依，积集无边有漏法种，由转彼故，舍弃一切杂染。杂染净故，有为无为一切功德咸得清净。由是因缘，证得法身，故此法身，由清净佛法之所摄持。异熟佛法谓转色根得异熟智者，谓凡夫身，由有漏色根之所摄持，佛身转舍彼有漏色根，故由异熟之所摄持。云异熟智者，能断异熟故，说名异熟智。或此佛智，是极殊胜无漏净业之所得故，无漏业果亦名异熟安住佛法谓转欲行等住得无量智住者，二释于此释义未尽，不易了达。今谓欲行等住者，三界有情，由欲行等而得安住，谓住世间欲色无色。行即心行，或可是业。由彼彼业，住彼彼界故。住彼界中，领受彼境起爱著故。由是安住世间，不出世间，说名欲行等住。等者，等取色无色行。诸佛转此欲行等住，故得无量智住。由彼不住生死，不住涅槃，无边功德不住而住，相续恒常，无穷尽故，说名得无量智住。由是无量智住安住法身，名为摄持。自在佛法谓转种种摄受业得一切世界无量神通智自在故者，云摄受业者，二释俱云：世间徇利农工商宦名摄受业。由此现业能得资财摄养其身令得住故，名摄受业。即此能令其身存在，亦名自在。诸佛永无如是所需，故永弃舍诸摄受业。然由悲愿胜定力故，转得一切世界无碍神通妙智，于诸有情随应调伏摄受成熟皆得自在。由是显现法身自在，故此自在佛法摄持法身。言说佛法谓转一切见闻觉知言说戏论，得令一切有情心喜辩说自在者，谓诸凡夫随所见闻觉知而起种种言说戏论，以是为因住人群中辨了境界摄持其身。然由所有见闻觉知非证实理故，所起言说不得实相，尽属种种增益损减虚妄戏论。诸佛断此诸戏论故，永无戏论。然由实证究竟理故，大悲妙智还得种种清净希有名句文身，如量如理正法言论，为令有情心意开解入诸正道离疑怖故，辩说自在。由是显示法身说法立教度生诸妙用故，摄持法身。拔济佛法谓转拔济一切灾横过失得拔济一切有情一切灾横过失智故者，谓诸有情在在处处恒有一切灾横过失，为离彼故造作种种技艺学说营务劳作，由能拔济彼灾横过失故，于彼自身方得存济。故此拔济，摄持自身。法身不尔，由已永离一切灾横过失处故，更不需求彼拔济业，是故转舍彼一切业。然由大悲愿力故，还得拔济一切有情一切灾横过失智，由此智故成办法身大悲业用，是故此拔济佛法摄持法身。一切凡夫总有六种摄持其身，所谓杂染为因故，色根为依故，欲等行住故，由摄受业而自在故，依见闻等言说戏论故，拔济一切灾横过失故。诸佛如来亦依六种佛法摄持法身，所谓转彼阿赖耶识清净为因故，异熟智为依故，得无量智住故，神通自在故，辩说自在故，拔济一切有情一切灾横过失智故，由是六种佛法摄持，故成法身。

　　诸佛法身当言有异当言无异？依止意乐业无别故当言无异，无量依身现等觉故当言有异。如说佛法身，受用身亦尔，意乐及业无差别故当言无异，不由依止无差别故，无量依止差别转故。应知变化身，如受用身说。

第六辩法身差别。无性释云："诸佛法身依止意乐作业无别故无有异。诸佛真如无有异故，依止无别。一切皆为利益安乐一切有情，意乐同故，意乐无别。一切皆司利他为胜，现等正觉般涅槃等种种作业，故业无别。无量依身现等觉故当言有异者，谓由无量别别依身菩提萨埵现成佛故，非无有异，如前广说。如说法身，受用亦尔。此说意乐及业无别不说依止无有差别，无量依止差别转故。谓于一切别世界中，诸佛国土众会名号，身量相好，受法乐等，各不同故。佛变化身，应知亦尔。"

　　应知法身几德相应？谓最清净四无量，解脱，胜处，遍处，无诤，愿智，四无碍解，六神通，三十二大士相，八十随好，四一切相清净，十力，四无畏，三不护，三念住，拔除习气，无忘失法，大悲，十八不共佛法，一切相妙智等功德相应。

第七辩法身功德。云最清净者，断烦恼障及所知障身中起故。诸二乘等虽亦具有四无量解脱胜处遍处无诤愿智等功德，虽清净而非最清净故。此最清净言，遍在一切功德。四无量者，谓慈无量，悲无量，喜无量，舍无量。由缘无量有情而起，故名无量。随诸有情无乐有苦，有乐无苦，于彼与乐拔苦，不离诸乐，永断烦恼，四种意乐有差别故，说为四种。

解脱者，谓八解脱，一有色观诸色解脱。有色者谓于内身未依无色定伏除见者色想故，或见者色想安立现前故。观诸色者，谓以意解观见好恶等色故。二内无色想观诸色解脱。内无色者，谓已伏见者色想，或现安立见者无色想。三净解脱身作证具足住，于净不净色依展转相待想，展转相入想，得展转一味想，名净解脱。四无边空处解脱。五无边识处解脱。六无所有处解脱。七非想非非想处解脱。八想受灭解脱身作证具足住。由定慧力解脱诸障，故名解脱。此中初二解脱变化障，第三解脱净不净变化烦恼生起障，次四解脱寂静解脱无滞碍障，离味著故。第八解脱想受灭障。胜处者，谓八胜处。一内有色想，观外色少，若好若恶，若劣若胜，于彼诸色胜知胜见，得如实想。二内有色想，观外色多，广说乃至得如实想。此二胜处，从有色观诸色解脱所出。三内无色想，观外色少，广说乃至得如实想。四内无色想，观外色多，广说乃至得如实想。此二胜处，从内无色想观外诸色解脱所出。五内无色想观外诸色若青，青显，青现，青光，犹如乌莫迦华或如婆罗疤斯深染青衣若青青显青现青光，如是内无色想观外诸色若青，青显青现青光亦尔，于彼诸色胜知胜见得如实想。六内无色想观外诸色若黄，乃至黄光，犹如羯尼迦华或如婆罗疤斯深染黄衣，若黄广说乃至得如实想。七内无色想，观外诸色若赤，乃至赤光，犹如般豆时缚迦华，或如婆罗疤斯深染赤衣，若赤广说乃至得如实想。八内无色想观外诸色若白，乃至白光，犹如乌沙斯星色，或如婆罗疤斯极鲜白衣，若白，乃至得如实想。如是四解脱从净解脱身作证具足住所出。此中解脱是意解所缘，胜处是胜伏所缘。少多等境，随意自在，或令隐没故，或随欲转故。少色者，有情数色。多色者，非有情数色。好色者，净色。恶色者，不净色。劣色者，人所有色。胜色者，天所有色。于彼诸色胜知者，由奢摩他道故。胜见者，由毗钵舍那道故。能自在转，故说名胜。得如实想者，已胜未胜无增上慢故。青是总，显现是别，光是二所生，显谓俱生青，现谓和合青，华喻俱生，衣喻和合。遍处者，谓十遍处，地，水，火，风，青，黄，赤，白，无边空处，无边识处，皆悉遍满具足住中，是名遍处。其量广大周普无边，故名遍满。此中地水火风是所依大种，青黄赤白是能依造色，若无所依亦不能观能依为遍满相，故此遍处别立地等。当知此中依解脱故造修，由胜处故起方便，由遍处故成满。若于彼得成满，即于解脱究竟。广如《杂集论》释。

八解脱	八胜处	十遍处
一有色观诸色解脱	一内有色想观外色少	一地遍处
	二内有色想观外色多	二水遍处
二内无色想观外诸色解脱	三内无色想观外色少	三火遍处
	四内无色想观外色多	四风遍处
三净解脱身作证具足住解脱	五内无色想观外色青	五青遍处
	六内无色想观外色黄	六黄遍处
	七内无色想观外色赤	七赤遍处
	八内无色想观外色白	八白遍处
四空无边处解脱		九空无边处
五识无边处解脱		十识无边处
六无所有处解脱		

八解脱	八胜处	十遍处
七非想非非想处解脱		
八想受灭解脱		

无净者，为防护他于我起净，生其烦恼，以智观察于他处所便不往故。愿智者，于欲了知三世诸事，随其所愿即如实知故。四无碍解者，一法无碍解，于一切法名差别，谓依无明等于无智无见不现观等差别中无碍解故。二义无碍解，谓于诸相及意趣无碍，相谓诸法自相共相，意趣谓别义等。三训词无碍解，谓于诸方言音及训释诸法言词无碍。诸方言音谓异国异地差别语言。训释言词谓如可破坏故名世间，可变坏故名色等。四辩才无碍解，谓于诸法差别无碍，如说诸法实有假有世俗有胜义有等。六神通者，一神境通，于诸境界能变化故。二天耳通，无边国土五趣言音能通达故。三心差别通，他有情根胜解心行俱通达故。四宿住随念智通，能了自他过去多生曾更事故。五生死智通，能观有情死此生彼何界何趣何方国土故，此亦名天眼通。六漏尽通，能了自他诸有漏法已尽未尽，及彼方便，离增上慢，令出离故。三十二大士相者，谓妙轮相印手足等。八十随好者，谓鼻修直等。四一切相清净者，一所依清净，于所依止身随所欲生取彼生故，随欲留住寿长住故，随欲舍寿即便舍故。二所缘清净，于诸境界随其所欲能变能化能通达故。三心清净，随其所欲能入无量三摩地故。四智清净，于随所欲陀罗尼门任持具足故。十力者，一处非处智力，通达诸行于所求果或顺或违因非因故。二自业智力，了知诸果自业所招，未作不得，作已不失故。三静虑解脱等持等至智力，四根胜劣智力，五种种胜解智力，六种种界智力，七遍趣行智力，八宿住随念智力，九生死智力，十漏尽智力，谓于彼彼

静虑等智诸根胜劣乃至漏尽等智，无著无碍现行故。四无畏者，一正等觉无畏，谓佛世尊自发诚言，我是真实正等觉者，若有难言于如是法不正等觉，我于彼难正见无缘。二漏尽无畏，谓发诚言，我是真实诸漏尽者，若有难言如是如是诸漏未尽，我于彼难正见无缘。三障法无畏，谓发诚言，我为弟子说障碍法，染必为障，若有难言虽染彼法不能为障，我于彼难正见无缘。四出苦道无畏，谓发法诚言我于弟子说出离道，若由难言修如是道非正出苦，我于彼难正见无缘。于此四中，皆应广说正见彼难无有缘故，得大安隐，得安隐故，都无所畏。三不护者，谓诸如来所有身业清净现行，无不清净现行身业，虑恐他知，可须藏护；语业、意业亦尔，名三不护。三念住者，如来说正法时，一类弟子恭敬属耳，住奉教心，精进修行法随法行，如来于彼无悦无喜，心不踊跃；一类弟子不生恭敬，翻前广说，如来于彼不生恚恨，不生不忍，非不任保；一类弟子亦生恭敬，亦不恭敬，乃至广说，如来于彼其心无二，谓不喜悦，亦不恚恨。于彼一切，遍处妙舍。拔除习气者，谓永拔除虽无烦恼而有烦恼相似所作腾跃等事。无忘失法者，谓于利乐诸有情事，正念正知，不过时分。大悲者，谓于有情利益意乐，大义后当说。十八不共佛法者，谓不同义，是不共义。一无有误失，如阿罗汉虽尽诸漏，为乞食故，出游城邑，或于一时与恶象恶马恶牛恶狗等共同游止，或于一时足践丛刺诸恶蛇等，齐足跳踯，或于一时入如是舍，于诸母邑不依正理而作语言，或于林野舍弃好道而行恶路，或与怨贼狮子猛兽及他妻等同共游止。如是等类，诸阿罗汉所有误失，诸佛皆无。二无卒暴音，如阿罗汉或于一时游行林野迷失道路，或入空宅扬声叫唤发大暴音，或因不染习气过失聚唇露齿而现大笑，如是等类诸阿罗汉卒暴音声，诸佛皆无。三无忘失念，如阿罗汉有不染污久远所作久远所说诸忘失念，诸佛皆无。四无种种想，如阿罗汉于有余生死一向起极厌逆想，于无余涅槃一向起极寂静想，如来于彼有余生死无余涅槃无差别想，住最胜舍。五无不定心，如阿罗汉敛心方定，出即不定。如来于彼，一切分位，无不定心。六无不择舍，如阿罗汉不以智慧简择有情诸利乐事，而便弃舍。如来无有如是等类不择而舍。七，八，九，十，十一，十二，无有欲等六种退失。如阿罗汉，于能永净所知障中有未得退，谓志欲退，精进退，念退，定退，慧退，解脱退。如是六退，诸佛皆无。十三，十四，十五，身语意业智为前导，随智而转。如阿罗汉或于一时善身业转，或于一时无记业转。语业，意业，当知亦尔。如来三业，智前导故，随智转故，无有无记。智等起故，名智前导。智俱行故，名随智转。十六，十七，十八，于三世境，若知若见，无著无碍。如阿罗汉，于三世事，非暂起心即能解故，知见有著。不能一切悉了知故，知见有碍。如来于彼三世事中，暂起心时，即遍解知一切境界，是故知见无著无碍。由是因缘，此十八种一一皆名不共佛法。一切相妙智者，谓于一切蕴界处中，善能了知一切行相。等者，等余无量功德法身相应。

此中有多颂：

为显法身相应功德自性差别，于总举后复以多颂别别颂释。总有十六颂，世亲无释，具引无性释文，不别解说。

怜愍诸有情，起和合，远离，常不舍，利乐，四
意乐归礼。

今此颂中，显四无量。怜悯诸有情者，是总句。起和合意乐

者，显慈无量，欲令有情乐和合故。起远离意乐者，显悲无量，欲令有情远离苦故。起常不舍意乐者，显喜无量欲令有情不舍乐故。起利乐意乐者，显舍无量，欲令有情获得利益及安乐故。舍谓弃舍，欲令有情舍乐受等烦恼随眠，不舍有情。又处中住，说名为舍。缘此功德，归依礼敬诸佛法身，故名归礼。余颂准此一切应知。

解脱一切障，牟尼胜世间，智周遍所知，心解脱归礼。

解脱一切障者，此句显示诸佛解脱，胜声闻等。牟尼胜世间者，此句显示诸佛胜处，胜声闻等。智周遍所知者，此句显示诸佛遍处胜声闻等。非如声闻乘等，唯有八种解脱，八种胜处，十种遍处。解脱为先而有胜处，胜处为先而有遍处，由此门故作意思惟解脱一切障，胜一切世间，智周一切境。心解脱者，具上三德，心离系缚。

此颂结云心解脱归礼，具知解脱胜处遍处总为心解脱。云心解脱者，对境名心。由于境界，已得自在，随欲变化无能障碍，胜伏所缘一切境界，随所欲现欲观种种境界无不遍满而现在前，即此名心于境已得解脱。无性此释云："佛胜声闻非唯八种解脱，八种胜处，十种遍处者，意谓如来具断定障烦恼障所知障，又于世间自在现化，于诸境界一切遍知，不唯局八种十种。如来心解脱，最净无边际故。"

能灭诸有情，一切惑无余，害烦恼，有染常哀愍，归礼。

此颂显无净。世俗智为性（云世俗智者，谓后得有分别智，相同世间故云世俗，体实无漏实非世俗），不同声闻所得无诤。将入城邑先审观察若一有情当缘我身随起一种烦恼诤者，即便不入。如来观见虽诸有情当缘佛身起诸烦恼，若彼堪任受佛化者，即便往彼方便调伏，令灭烦恼。能灭诸有情，一切惑无余者，非如声闻住无诤定方便远离，不令自身作少有情生烦恼缘，唯伏欲界有事烦恼，非余烦恼。诸佛不尔，方便能灭一切有情一切烦恼，令无有余。害烦恼者，唯害烦恼，不害有情。有染常哀愍者，若诸有情有烦恼染，佛常哀愍而不诃害。如有颂曰：如咒鬼良药，治诸鬼所魅，但诃害鬼魅，非鬼所魅者。如是大悲尊，治烦恼所魅，但诃害烦恼，不诃害有情。

此颂显如来无诤异声闻无诤。声闻无诤但能令他不于我身起烦恼诤，如来更能拔诸有情一切烦恼诤故。为欲令他得毕竟无诤，是故于彼暂时起诤因缘而不远离。悲愿大故，乃至于他行杀害等成大功德。

　　无功用，无著，无碍，常寂定，于一切问难能解释，归礼。

此颂显愿智胜声闻等。由五相故，谓由无功用故，无著故，无碍故，常寂定故，一切疑难能解释故。诸声闻等所得愿智，随其所愿而入于定，唯能知此，不知其余。佛即不尔。由无功用智不作功用，如末尼天乐，随愿能知一切境界。由无著智，于所知境皆无滞故。由无碍智，断烦恼障并习气故。由常寂定，定障断故。如有颂言：那伽行寂定，那伽住寂定，那伽坐寂定，那伽卧寂定。由此所发微妙愿智，于一切时善能解释一切问难。

　　于所依，能依，所说，言及智，能说，无碍

慧，常善说，归礼。

此颂显示四无碍解。言所依者，谓诸教法，即契经等。言能依者，谓所诠义。如是二种，皆名所说，所作业故。言智二种，皆是能说，作者作具等所起故。无碍慧者，谓于此中无退转智。常善说者，由具四种无碍解故，常能善说。若于所依无碍觉慧名法无碍，于法异门无罣碍故。若于能依无碍觉慧名义无碍，于一切法自相共相无罣碍故。或于诸法别义意趣无罣碍故。若于其言无碍觉慧，名训词无碍，于诸国土各别境界种种言词随自展转异想随说无罣碍故。或于诸法训释言词无罣碍故。若于分析诸法智中无碍觉慧，名辩说无碍，于能辨析诸法智中无罣碍故。

为彼诸有情，故现，知言，行，往，来，及出离，善教者，归礼。

此颂显示六种神通。为彼诸有情者，此是总句。善教者言，一一皆有。善者，妙也。教者，言也。为令胜进说微妙言，名善教者故。现善教者，是如意通，随所应化故往其所现大神变善教彼故。知言善教者，是天耳通，听闻远住有义言辞，一切音声，如其所应为说法故。知行善教者，是心差别通，知心胜劣善教彼故。知往善教者，是宿住随念智通，了达过去善教彼故。知来善教者，是死生智通，了达未来善教彼故。知出离善教者，是漏尽智通，知断烦恼善教彼故。

诸众生见尊，皆审知善士，暂见便深信，开导者，归礼。

此颂显示诸相随好。法身是现相好所依，故就相好归礼法身。诸众生见尊，皆审知善士者，一切世间由见世尊具相随好，皆悉审知是大善士。诸众生者，通摄当时及于后时堪受化者。暂见便深信者，暂见世尊具相随好，便生净信，知是世间善开导者。

摄受住持舍，现化及变易，等持，智自在，随
证得，归礼。

此颂显示四一切相清净。摄受住持舍者，显所依清净，依止静虑如其所欲随乐长短，能于自身摄受住持弃舍自在。现化及变易者，显所缘清净，化作种种未曾生色名为现化，转变种种已曾生色成金银等名为变易。于此一切变化品类皆得自在。等持自在者，显心清净，随其所欲三摩地门自在而转，一一刹那如其意乐能入诸定。智自在者，显智清净，如其所欲陀罗尼门任持自在。随证得者，随顺证得上四清净。

方便，归依，净，及大乘出离，于此诳众生，摧
魔者，归礼。

此颂显十力。谓于善趣恶趣方便，诸业归依，世出世净大乘出离，四种义中，魔诳众生。此中显说，能摧彼魔十力业用。言方便者，善趣方便，谓诸善业。恶趣方便，谓不善业。宣说如是趣方便时，魔于其中诳惑而住，言不如是，与是相违，说不善业为善趣方便，说诸善业为恶趣方便，或说一切皆无有因，或说一切自在天等以为其因。处非处能摧彼说。训释词者，处名所以，有所容受。若无所以，无所容受，说名非处。谓无处无容，诸众生类无因恶因而当得有。此复云何？由此有故彼有，此生故彼生，谓无明缘行等。非自在天等，令次第得生。言归依者，所谓诸业。如说世间皆由自业，业为依止，业作归依。说此业时，魔于其中诳惑而住，广如前说。由第二业异熟智力能摧彼说，无所

罣碍。谓诸有情业所分别,高下胜劣,不由无因自在天等,广如前说。所言净者,谓世间净,及出世净。暂时毕竟,伏诸烦恼,永害随眠。由诸静虑等持等至,及圣道故。说此净时,魔于其中诳惑而住,广如前说。由静虑等持等至智力,能摧彼说,无所罣碍。及大乘出离者,此显余力所作业用。谓说大乘究竟出离佛果德时,魔于其中诳惑而住,言此无上正等菩提极难可得,宜求声闻究竟出离。由余七力,能摧彼说无所罣碍。

无性此释略异《瑜伽》大论。大论十力次第中云:"谓诸如来初成佛时,先起处非处智力观察诸法,建立一切无倒因果。既观察已,次起自业智力,若有希求即于欲界同分界中可爱,殊胜异熟果者,方便为说令其远离诸不善业,令其现行所有善业。次起静虑解脱等持等至智力,若诸有情希求世间离欲道者,与其教授,令彼趣向世间离欲,令彼获得如实之道。次起所余如来十力,若诸有情希求出世离欲法者,如应为说趣出世间离欲之道,谓于此中先起根胜劣智力,如实观察希求出世离欲者根。次起种种胜解智力,如实观察彼根为先所有意乐。次起种种界智力,如实观察意乐为先所有随眠。如是了知彼根意乐及随眠已,次起遍趣行智力,如其所应,次于所缘趣入门中而得趣入。次起宿住随念智力,及死生智力。彼由如应所缘趣入门加行摄住心已,净修行已,为说中道,令其远离萨迦耶见以为根本,常断边执,为令永断一切烦恼。从此后起漏尽智力,若有如是正修方便奢摩他力之所任持,虽未永断一切烦恼,而由获得不现行故,起不作作增上慢者,令其舍离此增上慢。"如此所说,则知静虑等持等至智力,但令世间净。余之七力,令出世净,及能遍令三乘出离也。为显非但令得出世清净二乘出离,兼亦令得无住涅槃大乘出离,故说及大乘出离。

能说智及断，出离，能障碍，自他利，非余
外道伏，归礼。

此颂显示四无所畏。能说智者，谓佛诚言：我是真实正等觉
者，即是遍知一切法智。能说断者，谓佛诚言：我是真实诸漏尽
者，即是烦恼诸漏永尽。如是二种，依自利说。能说出离者，谓
佛诚言：我为弟子说出离法，真实出离。能说能障碍者，谓佛诚
言：我为弟子说能障法，真实能碍。如是二种，依利他说。如是
四种名自他利。非余外道伏者，显离怖畏释无畏义，非余外道所
能降伏，是故无畏。

处众能伏说，远离二杂染，无护无忘失，摄
御众，归礼。

此颂显示不护念住。处众能伏说者，谓处大众能伏他说，以
身业等及诸威仪皆无丑恶可须藏护，恐彼讥嫌，是故处众能伏他
说。如是即明三种不护。远离二杂染者，谓恭敬听，不恭敬听，弟
子众中善住念故，远离爱恚，如是即明三种念住。由此无护无忘
失故，能善摄御诸弟子众。

遍一切行住，无非圆智事，一切时遍知实义
者，归礼。

此颂显示拔除习气。遍一切行住者，谓于聚落，或于城邑，为
乞食故，往返经行，于树下等，身四威仪寂然而住。无非圆智事
者，谓声闻等，虽尽烦恼，犹有习气随缚所作掉举等事，如彼尊
者大目犍连，五百生中常作猕猴，由彼习气所随缚故，虽离烦
恼，而闻乐时，作猕猴跳踯。有一独觉，昔多生中曾作淫女，今

余习故，时庄饰面。如是等类，非一切智所应作事，世尊皆无，是
名如来不共功德。一切时遍知实义者者，非如外道掊刺拏等，非
是真实一切智者，故说如来是其实义一切智者。顺结颂法，故颠
倒说。或此句义前后各别。一切时遍知者，此显佛是一切智者。实
义者者，此显佛是有实义者。如人有杖，说为杖者。

　　诸有情利乐，所作不过时，所作常无虚，无
　忘失，归礼。

此颂显示无忘失法。诸有情利乐，所作不过时者，诸佛世尊
若有所化，若于尔时应有所作，即便为彼，即于尔时作所应作，终
不失时。如有颂言：譬如大海水，奔潮必应时，佛哀愍众生，赴
感常无失。所作常无虚者，谓佛所作不空无果。无忘失者，所作
应时常无忘失。

　　昼夜常六返，观一切世间，与大悲相应，利
　乐意，归礼。

此显大悲利益安乐意乐为体。此言大者，福智资粮，圆满证
故。令脱三苦，为行相故。三界有情，为所缘故。于诸有情，心
平等故。决定无有胜此者故。昼夜常六返，观一切世间者，此显
大悲所作业用，谓佛世尊，于昼夜分，各三时观，一切世间，谁
善法增，谁善法减，谁善根熟，谁善根未熟，谁是堪受胜生法器，谁
是堪受定胜法器，谁是佛乘器，谁是余乘器，如是等。

　　由行及由证，由智及由业，于一切二乘，最
　胜者，归礼。

此显十八不共佛法。言由行者，此说行时一切事业，即是如
来无有误失，乃至无有不择而舍。及由证者，即是住时六种无

退，谓欲无退乃至第六解脱无退。言由智者，谓于三世无著无碍智见而转。及由业者，即是如来身语意业智为前导随智而转。于一切二乘最胜者，此显佛于一切声闻及独觉乘最为殊胜。由与十八不共功德具相应故。

由三身至得，具相大菩提，一切处他疑皆能断，归礼。

此颂显示一切相妙智性。一切行相皆正了知名一切相妙智。此妙智体名一切相妙智性，即是一切所知境界一切行相殊胜智体。言三身者，谓自性等。由此三身，至得具相无垢无碍妙智自性大菩提果。言具相者，具一切相。有说无常等十六种行相，名一切相。菩提用彼为先因故。有余复说即此及余一切诸法皆无自性，无生无灭，本来寂静，自性涅槃，无所得相，名一切相。有余复说非于此中说治所治诸品类相，然说一切义利圆满，如如意珠，具一切相。我今观此一切相者，即是一切障断品类。所以者何？永断一切障品类故，谓断一切所知障品，及断一切习气品故。又此具相大菩提者，即是正知一切境相，是故能断一切他疑。一切处者，一切世间。他疑，即是所有人天一切疑惑，于此他疑皆悉能断。由此能断一切人天疑惑作用，显一切相妙智殊胜。

诸佛法身与如是等功德相应。复与所余自性，因，果，业，相应，转功德相应。是故应知诸佛法身无上功德，此中有二颂：

尊成实胜义，一切地皆出，至诸众生上，解脱诸有情，

无尽无等德，相应现世间，及众会可见，非

见人天等。

诸佛法身既与最清净四无量等功德相应，复与余自性等六种功德相应。二颂即释自性六德。二释义同。无性释云："尊成实胜义者，谓佛法身成实胜义真如所显，此即宣说法身自性功德相应。说力无差别相应无失，譬如说火暖德相应。一切地皆出者，是极喜等一切十地皆出离义，此则成实胜义之因。至诸众生上者，一切智性，于诸有情最为殊胜，此即成实胜义之果。解脱诸有情者，即是成实胜义之业。无尽无等德相应者，与诸功德相属相应，无边不共力无畏等无尽无等德相应故。现世间及众会可见者，谓变化身出现世间，及受用身处大众会，二皆可见。非见人天等者，谓佛法身非人天等之所能见。此说世尊三身差别，以显转义。转谓体性转变差别。于三身中，二身可见，一非可见。"

复次诸佛法身甚深最甚深，此甚深相云何可见？此中有多颂：

第八辩法身甚深。一切凡夫声闻独觉智慧难知，故说法身甚深最甚深也。此甚深相，以十二颂显。

佛无生为生，亦无住为住，诸事无功用，第四食为食。

世亲释云："此中一颂，显示生住业住甚深。佛无生为生者，显生甚深，以诸如来无业烦恼同诸凡愚所造作生，故名无生。然有与此相违之生，其相难了，名生甚深。亦无住为住者，显住甚深，无住涅槃以为住处，如是涅槃名住甚深。诸事无功用者，显业甚深，以诸如来无功用业一切等故名业甚深。第四食为食者，显住甚深，以佛所食是不清净依止住等四种食中第四食故。四种食者，一不清净依止住食，谓段等四食，令欲缠有情不净依止而得住故。二净不净依止住食，谓触等三食，令色无色缠有情净不净依止而得住故。由此依止已离下地诸烦恼故，说名为净。未离上地诸烦恼故，说名不净。是故名净不净依止。如是依止由触意思识食而住，除其段食。三一向净依止住食，谓段等四食，令声闻等清净依止而得住故。四唯示现依止住食，谓即四食诸佛示现受之得住，是故诸佛食此第四示现住食，为令能施诸有情类净信为因福德增长，虽现受食不作食事。如来食时诸天受取施佛意许诸余有情，由此因故彼有情类速证菩提。如是一切，应知总说为一甚深。"

无异亦无量，无数量一业，不坚业坚业，诸佛具三身。

世亲云："此颂显示安立数业甚深。无异亦无量者，显安立甚深。诸佛法身无差别故，说名无异。无量依止现等觉故，说名无量。无数量一业者，显数甚深。佛虽无量而同一业，是故甚深。不坚业坚业，诸佛具三身者，谓诸如来三身相应，其受用身事业坚住，其变化身业不坚住，如是事业名为甚深。"无性释与此略异。彼云："无异者，显安立甚深，以无差别而安立故。亦无量者，显数甚深，此显安立其数无量。无数量一业者，虽有无量而无别业。何者一业？变化受用业无差别成他利故。不坚业坚业者，自性身业是其坚住，余二身业是不坚住，如是一切名业甚深。"颂中云不坚业者，随机应化有起尽故。缘至而起，缘尽而息，是故不坚。云坚业者，相续恒常，穷未来际，利乐有情，无断尽故，名为坚业。

现等觉非有，一切觉非无，一一念无量，有

非有所显。

二释俱云：此颂显示现等觉甚深。然释义各异。今谓现等觉
非有者，谓非有实我实法现等正觉，此如经云，实无有法得阿耨
多罗三藐三菩提。一切觉非无者，此显一切依他起法五蕴假者现
等正觉，非是无故。此如经说，燃灯佛与我授记，作如是言，汝
于来世当得作佛号释迦牟尼。一一念无量者，此显一切觉非无义
也。所以者何？以一一念中，无边世界，有无量菩萨现等觉故。有
非有所显者，谓此如来法身现等正觉有及非有之所显现，非有实
我实法现等正觉故，亦非一切觉都无。此如经云，如来者即诸
法如义。又云，如来所得阿耨多罗三藐三菩提，于是中无实无
虚。亦可如来现等正觉，不如凡愚执有无相，实证真如，离相分
别，故云有非有所显也。

非染非离染，由欲得出离，了知欲无欲，悟

入欲法性。

世亲释云："此颂显示离欲甚深。非染非离染者，贪欲无故，说
名非染。以无染故，离染亦无。所以者何？贪染若有，可有离染。染
既是无，故无离染。由欲得出离者，由伏断贪缠，留贪随眠，故
得究竟出离。若不留随眠，应同声闻等入般涅槃故。了知欲无欲
悟入欲法性者，了知遍计所执贪欲无贪欲性，即能悟入欲法真
如。"凡夫贪欲炽然，故沦生死。二乘速尽贪欲，故速出离。唯
大菩萨，不尽贪欲，不求出离。然即于欲证欲实性，不随欲转，而
转以欲成就菩萨大悲事业，度诸有情共趋出离，是故说名离欲
甚深。

诸佛过诸蕴，安住诸蕴中，与彼非一异，不
舍而善寂。

此颂显示断蕴甚深。二释大同。世亲云："诸佛过诸蕴，安
住诸蕴中者，谓诸如来超过色等五种取蕴，住无所得法性蕴中。与
彼非一异者，虽已舍遍计所执诸蕴，而与彼非异，以即安住彼法
性故。亦复不一，若是一者，遍计所执应同法性成清净境。不舍
而善寂者，谓不弃舍圆成实蕴，即是妙善涅槃体故。"今谓诸佛
过诸蕴者，已能断除有漏有为五取蕴故。安住诸蕴中者，不尽有
为，不住无为，安住无漏五无取蕴故。与彼非一异者，法身与诸
蕴不可说一，为无为异故，总相别相异故。不可说异，离有为相
无无为性故，离彼别相五蕴，无别总相法身故。不舍而善寂者，不
如声闻断灭五蕴故不舍。而善寂者，即此无漏体是寂静，无有烦
恼动乱相故。

诸佛事相杂，犹如大海水，我已现当作，他
利无是思。

此颂显示成熟甚深。二释大同。世亲释云："诸佛事相杂者，谓
诸如来成熟有情一切事业，悉皆平等。其喻云何？犹如大海水。譬
如大海，众流所入，其水相杂，为鱼鳖等同所受用。诸佛亦尔，同
入法界，所作事业和合无二，等为成熟有情受用。我已现当作
者，于三时中随一一时作。他利无是思者，不作是思，我于他利
已现当作。然无功用，能作一切利益安乐诸有情事。譬如世间，末
尼天乐。"诸佛事相杂者，此如有诸有情于诸佛如来皆应受化，于
一时间于一处所，诸佛如来共现一身而说法等，故云相杂。虽作
如是化他事业，而无自他我执分别，任意随缘无异作意，故不思

惟我已现作当作他利。如是成熟是故甚深。

　　众生罪不现，如月于破器，遍满诸世间，由

法光如日。

　　此颂显示显现甚深。世亲释云："若诸世间不见诸佛，而说诸佛其身常住，佛身既常，何故不见？众生罪不现，如月于破器者，如破器中水不得住，水不住故，月则不现。如是有情身中无有奢摩他水，佛月不现。水喻等持，体清润故。遍满诸世间犹法光如日者，谓今世间佛虽不现，然遍一切施作佛事。由说契经应颂等法，譬如日光遍满世间作诸佛事成熟有情。"此说由众生罪不见如来清净法身，虽不见彼清净法身，而彼法身流法光明自如日轮遍照世间，是故说名显现甚深。无性意云，譬如生盲不见日月，是盲者过，非日月咎。如来法身亦尔，其不见者非如来咎。

　　或现等正觉，或涅槃如火，此未曾非有，诸

佛身常故。

　　此颂显示等觉涅槃甚深。无性释云："如世间火，有处烧燃，有处息灭。诸佛亦尔，于诸善根未成熟者，现等正觉令其成熟速得解脱，于诸善根已得成熟已解脱者，现般涅槃，无所为故。"此未曾非有者，言此或未现正觉，或未般涅槃，或曾现等觉，或曾般涅槃，皆非实有。何以故？诸佛身常故。诸佛法身有为无为功德皆常，故更无有如是等事。但是应化身所作，非真实尔。

　　佛于非圣法，人趣及恶趣，非梵行法中，最

胜自体住。

　　此颂显示住甚深。圣住天住梵住名最胜自体住。佛缘非圣诸不善法，住空无愿无相诸圣住中。佛缘人趣恶趣，住诸静虑等至

诸天住中。佛缘非梵行法，住慈悲喜舍诸梵住中。是故说佛最胜
自体住。

佛一切处行，亦不行一处，于一切身现，非
六根所行。

此颂显示自体甚深。二释俱云：佛一切处行者，后得智遍行
一切善不善无记为无为漏无漏法中故。亦不行一处者，根本智不
行一切差别法故。于一切身现者，谓变化身于诸界趣皆现身故。非
六根所行者，彼实常身非诸有情六根所行故。无性云：言自体
者，即是如来常住法界及所成德总名自体。亦可佛一切智缘一切
法，故一切处行。而于诸法无执取故，不行一切处。彼法性身是
一切法一味性故，于一切现。而无差别，非分别六根所行境故。

烦恼伏不灭，如毒咒所害，留惑至惑尽，证
佛一切智。

此颂显示断烦恼甚深。无性释云："烦恼伏不灭者，谓菩萨
位中伏诸烦恼而未永断。如毒咒所害者，譬如众毒为神验咒之所
损害，体虽未灭而不为患。烦恼亦尔，由念智力伏现行缠，随眠
犹在。何故烦恼随眠犹在？恐同声闻乘，速般涅槃故。由此道
理，烦恼为因，至烦恼尽，得一切智。如有颂言：念智力所制，烦
恼证菩提，如毒咒所持，过失成功德。"

烦恼成觉分，生死为涅槃，具大方便故，诸
佛不思议。

此颂显示不可思议甚深。世亲释云："谓诸菩萨具大方便，烦
恼集谛转成觉分，生死苦谛即为涅槃。如是一切诸佛圣教，如前
所说三因缘故，不可思议，谓自内证故等。"此中烦恼成觉分者，分

是因义，由留烦恼资生生死成大功德，证大菩提，故此烦恼成菩提因，以是故说烦恼成觉分。生死为涅槃者，由得法空无我智者现观生死自性本空，即是自性涅槃。又由不尽生死，不舍生死故，以是能得无住涅槃，故说生死为涅槃。具大方便故者，谓彼烦恼不为菩提之障，生死不为涅槃之障，反为其因者，以诸佛菩萨具大方便故。广大智慧，广大慈悲，名大方便。如非如是大方便者，烦恼生死不成觉分，不为涅槃，反为彼障，速当断除。否则不得证于无上菩提大般涅槃也。即以如是大方便故，诸佛如来不可思议。佛无烦恼生死，果中说因，故说诸佛也。

应知如是所说甚深有十二种：谓生住业住甚深，安立数业甚深，现等觉甚深，离欲甚深，断蕴甚深，成熟甚深，显现甚深，示现等觉涅槃甚深，住甚深，显示自体甚深，断烦恼甚深，不可思议甚深。

总结诸颂甚深差别。一一别相，如前应知。

若诸菩萨念佛法身，由几种念应修此念？略说菩萨念佛法身，由七种念，应修此念。一者诸佛于一切法得自在转，应修此念，于一切世界得无碍通故。此中有颂：

有情界周遍，具障而阙因，二种决定转，诸佛无自在。

二者如来其身常住，应修此念，真如无间解脱垢故。三者如来最胜无罪，应修此念，一切烦恼及所知障并离系故。四者如来无有功用，应修此念，不作功用一切佛事无休息故。五者如来受大富乐，应修此念，清净佛土大富乐故。六者如来离诸染污，应修此念，生在世间，一切世法不能染故。七者如来能成大事，应修此念，示现等觉般涅槃等，一切有情未成熟者能令成熟已成熟者令解脱故。此中有二颂：

圆满属自心，具常住，清净，无功用，能施有情大法乐，

遍行无依止，平等利多生，一切佛，智者，应修一切念。

第九辩念佛法身及彼净土。初念法身，有七种念：谓于一切法得自在转等。初诸佛于一切法得自在转应修此念者，意显念佛法身，当由念彼法身所具功德，由于别别功德得正念故，名为念佛法身。自下应修此念言，义亦同此。于一切世界得无碍通故者，此显于一切法得自在转因，由具无碍大神通故，遍于一切世界威力自在，异声闻等于异世界神通有碍，故此如来于一切法皆得自在。然于此中有非然者，谓诸如来既于诸法皆得自在，何故有情不尽涅槃得大菩提修善法因得善果报，以一切佛于一切法得自在故，应顿度脱一切有情。为释此疑，故说颂言：有情界周遍，具障而缺因，二种决定转，诸佛无自在。此颂显示由四因故，佛于有情不得自在：一者具障故，障有三种：一烦恼障，猛利贪嗔随缚以情故。二谓业障，造无间业应陨坠故。三谓异熟障，愚戆顽器不堪受教故。具是三障，于一时间非是法器，定须彼障渐净乃

克受度故。二者缺因故，因谓无漏种性，三乘圣道之因。无彼种性，名为缺因。缺是因故，佛不能令得涅槃等。三者作重业决定，谓由多生串习彼业，由同类因与等流果，于今生中定造彼业，虽佛不能令彼不作，如未生怨害父王等。四者受异熟决定，谓作决定感异熟业，决定当受诸异熟报，虽佛不能令得免离。如诸释种，决定应为毗庐宅迦王所杀害。以是四因，佛于有情不得自在。当知佛与众生各有种性，善恶因果各自成流，但作增上缘，不作亲因缘，是故诸佛菩萨但能于别别有情相互之间可能增上者一切自在，逾此范围则决定无有自在，以一切法无主宰故，佛于有情不作主宰，是故不害佛自在义。第二如来其身常住应修此念真如无间解脱垢故者，谓果圆满转，一向证入最净真如，不为虚妄所间断故。解脱障垢，更无业生烦恼流转无常事故，以是如来其身常住。第三如来最胜无罪，第四如来无有功用，第五如来受大富乐，第六如来离诸染污，第七如来能成大事，文义易了更不重释。次以二颂摄上七念，一圆满言通下七种。属自心者，自在圆满，随心自在境事成故。具常住者，常住圆满，真如无间智离垢故。清净者，最胜无罪圆满。无功用者，无功用圆满。能施有情大法乐者，受大富乐圆满，由自富乐能施有情故。遍行无依止者，离诸染污圆满，已得无上大涅槃故，不住生死，不住涅槃，遍行一切而无依止，用而常寂，离染著故。平等利多生者，能成大事圆满。如是七种正念，智者应修念一切佛。何故如是念于诸佛？由是于佛得正观故，深生净信，决定希求，勤修胜因而证彼果。

　　复次，诸佛清净佛土相云何应知？如菩萨藏

百千契经序品中说：谓薄伽梵，住最胜光曜七宝
庄严放大光明普照一切无边世界，无量方所妙饰
间列，周圆无际其量难测，超过三界所行之处，胜
出世间善根所起，最极自在净识为相，如来所
都，诸大菩萨众所云集，无量天龙药叉健达缚阿
素洛揭路荼紧捺洛莫呼洛伽人非人等常所翼
从，广大法味喜乐所持，作诸众生一切义利蠲除
一切烦恼灾横，远离众魔，过诸庄严如来庄严之
所依处，大念慧行以为游路，大止妙观以为所
乘，大空无相无愿解脱为所入门，无量功德众所
庄严大宝花王之所建立大宫殿中。如是现示清净
佛土，显色圆满，形色圆满，分量圆满，方所圆
满，因圆满，果圆满，主圆满，辅翼圆满，眷属
圆满，任持圆满，事业圆满，摄益圆满，无畏圆
满，住处圆满，路圆满，乘圆满，门圆满，依持
圆满。复次受用如是清净佛土，一向净妙，一向
安乐，一向无罪，一向自在。

由七种念，念佛法身，身必有依，所谓土也。此土如何？谓
即十八种圆满所显清净佛土。超过世间有漏诸业所感不净器
界，故名净土。佛净土相所以特于菩萨契经中说者，非诸二乘所
观境界故。所以特于序品中说者，说法依身，身依于土，故诸经
中先说住处，是以唯于序品中说，薄伽梵者，旧译世尊，佛之异
名。最胜光曜七宝庄严放大光明普照一切无边世界者，此二句显

显色圆满。云七宝庄严者,《法华经》云,金、银、琉璃、玻璃、珊瑚、玛瑙、砗磲。余经舍珊瑚取赤珠,或舍玻璃取琥珀。以是七种妙宝绮饰净土,故名七宝庄严。最胜光曜者,显此七宝异世七宝乃最胜光曜之七宝也。由此七宝所庄严土故,能放大光明普照一切无边世界也。无量方所妙饰间列者,此句显示形色圆满。周圆无际其量难测者,此句显示分量圆满,凡有际者,即有边中,即非圆满,量可测故。超过三界所行之处者,此句显示方所圆满。云方所者,谓方位处所,由超过三界所行处故,其住最胜究竟圆满,不如三界有断尽故。胜出世间善根所起者,此句显示因圆满,无贪嗔痴及定慧等是为善根,有世间善根,有出世间善根,胜出世间善根者,即是胜过二乘出世善根,由是善根以为因故得是净土。最极自在净识为相者,此句显示果圆满,如是净土由无垢识所变现故,非离识外有别七宝庄严净土,是故说言最极自在净识为相。由彼善根得是最极自在净识之相,故名果圆满。如来所都者,此句显示主圆满,唯佛如来之所都故,非是轮王大梵天王之所得都。诸大菩萨众所云集者,此句显示辅翼圆满,诸大菩萨为佛真子,辅翼法化,度济群生,故非声闻等之所云集,彼唯堪于佛变化土而受法故,亦弗堪住大法器故。无量天龙药叉等者,此句显示眷属圆满。由诸如来摄诸有情以为眷属,平等一心而化度故。然此化非实,以天龙等不堪受用如是清净佛土相故,为作庄严,故化现彼。广大法味喜乐所持者,此句显示任持圆满,由食任持身不坏故。然佛所食,非段食等,唯以大乘广大法味喜乐为食故。作诸众生一切义利者,此句显示事业圆满,诸佛唯以利益有情为事业故。蠲除一切烦恼灾横者,此句显示摄益圆满,无有烦恼及诸世间疾疫刀兵诸灾横故,唯是摄受内外心身诸饶益事。远离众魔者，此句显示无畏圆满，魔有四种：烦恼魔，蕴魔，死魔，天魔。远离四魔故，永无怖畏。过诸庄严如来庄严之所依处者，此句显示住处圆满，于诸住处最为胜故。大念慧行以为游路者，此句显示路圆满，游路即是道之异名。无性云：思所成慧，名为大念。闻所成慧，名为大慧。修所成慧，名为大行。世亲云：谓大乘中闻思修慧，如其次第，大念慧行为游入路。今谓大念谓即增上心学，大慧谓即增上慧学，大行谓即律仪摄善饶益有情增上戒学。游履如是三学圣道，至净土故。大止妙观以为所乘者，此句显示乘圆满，乘御奢摩他毗钵舍那而游趣故。此中路乘云何差别？三学是所学故，譬之于路，是其所游。止观是能学故，譬之于乘，能有所往。大空无相无愿解脱为所入门者，此句显示门圆满，由空无相无愿为门，能得解脱，名三解脱门。由此三解脱门，能入净土，故复为入净土门。要断杂染究竟尽已，乃得成就如斯最极庄严净土故。此中大义，谓别二乘，三乘并有三学、止观、三解脱门故。无量功德众所庄严大宝华王之所建立者，此句显示依持圆满，如大地等依风轮住，此净佛土何所依持？谓依无量功德众所庄严大宝华王所建立故。即红莲华，为众华中王，故名大宝华王也。受用如是清净佛土一向净妙者，无有不净粪秽事故。一向安乐者，唯有乐受无有苦忧处中受故。一向无罪者，无有不善无记法故。一向自在者，不随缘转，一切所欲随心自在而成办故。前说净土体相，此说净土利益。

复次，应知如是诸佛法界于一切时能作五业：一者救济一切有情灾横为业，于暂见时便能救济盲聋狂等诸灾横故。二者救济恶趣为业，拔诸有情出不善处置善处故。三者救济非方便为业，令诸外道舍非方便求解脱行，置于如来圣教中故。四者救济萨迦耶为业，授与能超三界道故。五者救济乘为业，拯拔欲趣余乘菩萨及不定种性诸声闻等安处令修大乘行故。于此五业，应知诸佛业用平等。此中有颂：

因，依，事，性，行，别故许业异，世间此力别，无故，非导师。

第十辩佛法身所有作业。此中法界即是法身，由应化身总名法身故。现世所生盲聋病等，及余饥馑无衣食等，或堕水火王贼等难，总名灾横。由见佛故，盲者得视，聋者得闻，无衣食者身得饱暖，乃至令脱水火王贼诸难，故名救济灾横。三恶趣根，由不善业感，佛化有情舍不善业造诸善业，故能令彼自不堕三恶趣，故名救济恶趣。诸外道等舍欲出家勤修苦行，以为是得解脱方便，佛正教彼舍非方便远离二边中道正行，故名救济非方便业。虽依圣道修行正行，由彼未断伪身见故，执有我修圣道，我求解脱，我得解脱，如是我执未断舍故，虽勤修行不越三界；佛说正法无我谛理，令善修习舍于我执入圣道故，名救济萨迦耶业。虽已能舍萨迦耶见，超越三界生死流转，而无大悲一切智智普度有情广大行果，故佛复说无上大乘广大甚深方便教法，诃斥二乘赞叹大乘，令诸欲退大乘菩萨，及余不定种性二乘舍于小果修大乘行故，是为救济乘业。 如是如来于现世中，有灾横者救济灾横，无灾横者安置善处舍不善处令彼他生不堕恶趣。 诸有已离恶趣不善业者，然由未闻圣教，修于世间外道之法，执彼非方便行为解脱道，故说圣教，令正修习舍彼外道非方便法。诸有已离外道法者，为更令其出三界断生死故，说诸圣谛，令断我见，正得解脱。诸有已能离于我见，不住生死，勤求涅槃者，复为令彼发广大心，修大士行，不住生死，不住涅槃，成就无上大菩提果。一切世间能救有情灾横者，已为难得，况能令人舍不善处？诸有令人舍不善处修诸善处者，已为甚难，况更能令舍非方便？诸有能令舍非方便修正方便者已为希有，况能令断萨迦耶见超越生死？诸有能令断萨迦耶超越生死已甚希有，况更能令舍下劣乘修无上乘？唯我如来甚难希有，是极希有，遍能造作无上甚深广大事业，普度有情灾横恶趣，非方便行，萨迦耶见，乃至能令无量有情发大心愿修大士行成就无上大菩提果，令三宝种使无断绝。如是如来所作事业，广大无上，甚深若斯，谁有智者而不归命！于此五业，诸佛平等，一切如来皆能遍作是五业故。为显此义，复说一颂：谓诸世间由五力别，所作有异，业不平等。一由因力别，由人天因生人天中，由恶趣因生恶趣中，由因别故作业有异。二由依别，依谓身体，随身差别而业异故。三由事别，世间商贾工艺农作种种事别，故业有异。四由性别，性谓意趣，由志愿不同故业有异。五由行别，行谓功用，由所作功用勤惰多少巧拙不同，而业异故。佛无如是五力差别，故所作业一切平等，都无有异。诸佛因同，同以无漏无上圣道为因故。诸佛依同，法身平等，无别异故。诸佛事同，同以救济有情为事故。诸佛性同，同以饶益有情为意乐故。诸佛行同，皆无功用所作事成故。故非导师，有其异业。

　　若此功德圆满相应，诸佛法身不与声闻独觉

乘共，以何意趣佛说一乘？此中有二颂：

为引摄一类，及任持所余，由不定种性，诸佛说一乘。

法，无我，解脱，等故，性不同，得二意乐，化，究竟，说一乘。

大段第十一明诸佛，抉择释难。初辩一乘义。上来总显诸佛法身无量功德圆满相应，不同二乘，是即可知三乘因果各自差别，以何意趣佛于余经如《法华》说，唯有一乘法，无二亦无三，并与声闻舍利弗等一一授记皆同成佛耶？为释斯难，故说二颂。初颂二因说其所为，次颂八因说其所据。为引摄一类者，为欲引摄不定种性声闻，令发大心修大乘行。由彼虽是声闻独觉，而复具有菩萨种性，堪成佛果故。及任持所余者，为欲任持所余不定种性菩萨，彼虽菩萨，而复具有声闻独觉种性，于大乘道生起畏怯，欲于小乘速得解脱，佛欲令彼安住大乘不退堕故。即由如是二种不定种性声闻菩萨，诸佛说于一乘教法。云彼二乘犹如化城，非是真实。云真实者，唯大乘耳，何不舍彼小乘？何事退失大乘？由是因缘，令耽小果者，舍小趣大。令欲退大者，永不退转。佛说一乘，总为如是不定种性人耳。第二颂中，法无我解脱等故者，此总三因：一法等，法谓法性真如，三乘同趣，故说法等。二无我等，谓三乘有情皆无有我，我既本无，云何分别此是声闻，此是菩萨者？三解脱等，谓大乘小乘同得断于生死烦恼，故解脱等。性不同者，此第四因，由有不定种性声闻终当舍于二乘得成佛故。得二意乐者，此第五第六因，一摄取平等意乐，谓佛摄取有情以为一体，自既成佛，余亦成佛。二法性平等意乐，谓诸声闻法华会上蒙佛授记得佛法性平等意乐，作是思惟，诸佛法性即我法性。复有别义，谓彼众中有诸菩萨与彼舍利弗等名同，蒙佛授记，故佛一言，含二种益，谓诸声闻摄得同佛法性意乐，及诸菩萨得授记别。由此法如平等一性，故说一乘。所云化者，此第七因，如世尊言我忆往昔无量百返依声闻乘而般涅槃。云何如来依声闻乘而般涅槃，既涅槃已，复成佛者？此依化说，诸大菩萨诸佛世尊，观有有情唯应以声闻乘教而得度故，即自变化作声闻身，同彼乘类，现般涅槃。由此义故，若声闻乘，若独觉乘，即是大乘。言究竟者，此第八因，依究竟理故说一乘，唯菩萨乘最极究竟无胜者故。总依如上所说八因，佛说一乘，非无所据。

如是诸佛同一法身，而佛有多，何缘可见？此中有颂：

一界中无二，同时无量圆，次第转非理，故成有多佛。

二成多佛。问意，诸佛法身既同，一佛能作一切业故，何不唯许一佛，何缘成佛有多？答颂一界中无二者，谓于一界中无二佛故，亦可说言佛唯是一。然有众多菩萨同时发心，同时修行，资粮圆满同时成佛，即应于多世界有多如来同时成佛。次第转非理者，或有说言，何不诸佛前后次第相代成佛？答言，非理。以发心等无次第故，又佛无有真灭度故，不应前后次第成佛。以是因缘，成佛有多。

云何应知于法身中佛非毕竟入于涅槃，亦非毕竟不入涅槃？此中有颂：

一切障脱故，所作无竟故，佛毕竟涅槃，毕

竟不涅槃。

三辩诸佛毕竟涅槃，及不涅槃。谓或说言，诸佛一向毕竟不入涅槃，或复言佛一向毕竟入于涅槃，此二非理。应言诸佛，非毕竟涅槃，亦非毕竟不入涅槃。何以故？由彼诸佛所有烦恼所知二障悉解脱故。此较声闻，毕竟涅槃。彼唯断除一分烦恼障，所得涅槃非无上故。又由所作利有情事无尽期故，此较声闻非毕竟涅槃，彼如焦芽败种，又如薪尽火灭永无功德利生事故。由是应知，佛非毕竟涅槃，亦非毕竟不般涅槃。

何故受用身非即自性身？由六因故，一色身可见故，二无量佛众会差别可见故，三随胜解见自性不定可见故，四别别而见自性变动可见故，五菩萨声闻及诸天等种种众会间杂可见故，六阿赖耶识与诸转识转依非理可见故。佛受用身即自性身，不应道理。

四辩受用变化非即自性身理。初以六因辩受用身非自性身。一色身可见故，谓佛自性身以有为无为实德为体，唯佛与佛可互证知，非有形色可容余见。受用身不尔，故知受用身非自性身。二无量佛会差别可见故，非自性身。由自性身圆满功德，一味恒常，无有众多差别相故。三随胜解见自性不定可见故，受用身非即自性身，谓受用身随所化有情胜解异故，所见自性亦无有定，或见佛身唯是黄色，或见青色，或见少年，或见童子，彼自性身唯是如来自证受用，云何得有如是差别？四别别而见自性变动可见故，谓一受用身，非但众多所化所见有别，即一能见前后所见有变动故，而彼自性身无是变动。五菩萨声闻及诸天等种种众会间杂可见故，彼自性身唯佛境界，如何得有如是间杂。六阿赖耶识与彼诸转识转依非理可见故，谓转阿赖耶识得自性身（佛报身）故。转诸转识，得受用身，谓转第七识得平等性智，由悲愿力起受用身故。世亲云："转阿赖耶识得自性身，若受用身即自性身，转诸转识复得何身？由此非理，故自性身非受用身。"由此六因，故受用身即自性身，不应道理。

何因变化身非即自性身？由八因故。谓诸菩萨从久远来，得不退定，于睹史多及人中生，不应道理。又诸菩萨从久远来常忆宿住，书算数印工巧论中，及于受用欲尘行中不能正知，不应道理。又诸菩萨从久远来已知恶说善说法教，往外道所不应道理。又诸菩萨从久远来已能善知三乘正道，修邪苦行，不应道理。又诸菩萨舍百拘胝诸赡部洲，但于一处成等正觉，转正法轮，不应道理。若离示现成等正觉，唯以化身于所余处施作佛事，即应但于睹史多天成等正觉，何不施设遍于一切赡部洲中同时佛出？既不施设，无教无理。虽有多化，而不违彼无二如来出现世言。由一四洲，摄世界故。如二轮王，不同出世。此中有颂：

佛微细化身，多处胎平等，为显一切种，成等觉而转。

为欲利乐一切有情发愿修行证大菩提，毕竟

涅槃，不应道理。愿行无果，成过失故。

次以八因辩变化身非受用身。一谓诸菩萨从久远劫来得不退定，唯当安住最胜静虑，于睹史天生，尚不应理，况生人中忽尔成佛？由人中生而成佛故，知是化身，非自性身。二又诸菩萨从久远来常忆宿住，不应更往童子师所学于书算工巧等论，更不应于诸欲过患不能正知，而受诸欲。由此可证，是化非真。三又诸菩萨从久远来已知恶说善说法教，不应往诣诸外道所请受教益。四又诸菩萨从久远来，已能善知三乘正道，学外道法，修邪苦行，不应道理。佛自性身，由十地菩萨功行圆满而得，十地菩萨决定无有如斯等相，故知能证所证，皆是变化，非自性身。五又诸菩萨悲愿无尽，若谓于此南赡部洲真成等觉者，何故舍于无量赡部洲，独于此洲成等正觉，转大法轮，即应菩萨悲愿不遍。六或有说言，佛于此洲真成正觉，非唯示现；然于余处，唯以化身施作佛事，故彼悲愿非不周遍。若尔，既许余洲以其化身施作佛事，何不但于睹史多天真成正觉，以其化身于一切赡部洲中同时佛出。此中意显，既可于此洲中真佛出世，余洲化佛出世，即应真佛唯在睹史多天，此洲之佛如余洲然，同是化佛一时出现。然尔乃不如是施设，无教无理。七彼复难言，非无教理，如经中言无二如来俱时出现。若许一切赡部洲中同时多佛平等平等出现于世，便违彼经。为释此难，故复说言，虽有多化，而不违彼无二如来出现世言等。由一四洲，摄一世界，于此世界于一时中无二佛出，犹如经说无二轮王同时出世，非千洲等。于千洲等，有多轮王同时出世故。诸佛亦尔，故不为难。次有一颂显示诸佛化现等觉。二释俱云：佛微细化身从睹史天下入母胎等，即于彼时化作舍利子等多声闻众，其相各异，入自母胎，出生等事，为欲显示一切种觉是尊胜故，佛作是化。八又此化身化事既毕究竟涅槃，若自性身便不如理，无量劫来为欲利乐一切有情发愿修行，现有无量众多有情未得度济，便般涅槃，愿行无果，成过失故。由此八因，决定证知诸变化身非自性身。

　　佛受用身及变化身既是无常，云何经说如来身常？此二所依法身常故。又等流身，及变化身，以恒受用无休废故，数数现化不永绝故。如常受乐，如常施食。如来身常，应知亦尔。

五释法身常住之义。如上所说，佛受用身及变化身既是无常，何故经说如来身常？答有二义：一者虽此二身性本非常，然彼所依法身常故，说佛身常。二者即此二身亦可说常，以恒受用，无休废故。数数现化，不永绝故。此如何等？如世间言，某常受乐，某常施食。虽所施受，非恒无间。然由相续无懈废故，说彼为常。此亦如是。无性释中，以常受乐，喻受用身常；以常施食，喻变化身常。

　　由六因故，诸佛世尊所现化身非毕竟住。一所作究竟，成熟有情已解脱故。二为令舍离不乐涅槃，为求如来常住身故。三为令舍离轻毁诸佛，令悟甚深正法教故。四为令于佛深生渴仰，恐数见者生厌怠故。五令于自身发勤精进，知正说者难可得故。六为诸有情极速成熟，令自精进不舍轭故。此中有二颂：

　　由所作究竟，舍不乐涅槃，离轻毁诸佛，深

生于渴仰，

内自发正勤，为极速成熟，故许佛化身，而

非毕竟住。

六以六因，辩释化身不毕竟住。由此六因，诸佛化身不应久
住。所应作者，已得究竟，空住无果故。不唯无益，反有损故。是
故化身，不毕竟住。无性释云："为令舍离不乐涅槃为求如来常
住身故者，此显如来入涅槃意，以如来身是无常故，应乐涅槃。若
求如来常住身时，便背涅槃。世尊现灭，显身无常，令乐毕竟常
涅槃故。为令舍离轻毁诸佛，令悟甚深正法教故者，若谓诸佛其
身常住，便于悟解甚深法教不勤方便，谓今不悟，后定当悟。若
数检问，诸弟子众便生轻毁，自执己见，作如是言：我由此故定
免彼问。若不住世，彼于何处当生轻毁？咸言我等未得彼意，世
尊涅槃，谁能无倒开悟我等？是故于法勤求觉悟。令于自身发勤
精进，知正说者难可得故者，谓知世尊将般涅槃，便于自身发勤
精进，佛是世间正说法者，彼若无有，世间无依。如是知已，发
勤精进。为诸有情，极速成熟，令自精进不舍轭故者，为修精进
离舍善轭，乃至世尊未灭度来我诸善根定须成熟。由是六因佛变
化身非毕竟住。为摄如是上所说义，故说伽他，由所作等。"

诸佛法身无始时来无别无量，不应为得更作

功用，此中有颂：

佛得无别无量因，有情若舍勤功用，

证得恒时不成因，断如是因不应理。

七释诸佛法身由勤精进及悲愿力之所证得，故诸有情求法身
者须勤精进。文义难解。世亲释云："此中有难，若佛法身无始

时来无别无量作证得因，能办有情诸利乐事，为证佛果不应更作正勤功用。为释此难，以颂显示。诸佛证得无始时来无别无量若是有情为求佛果舍精进因，可有此难。诸佛证得于得佛果无始时来不成因故。然佛证得无始时来无别无量恒与有情作得佛果勤精进因，故不应难诸佛法身无始时来无别无量作证得因为证佛果不应更作正勤功用。是故诸佛证得法身，非是有情为求佛果舍精进因。又佛证得无始时来无别无量作求佛果勤精进因，若诸有情舍勤功用如是证得恒不成因故。又断此因不应道理，谓诸菩萨悲愿缠心，于诸有情悯如一子，诸有情类处大牢狱具受艰苦。是故菩萨于诸有情利益安乐若作是心余既能作我当不作不应道理。恒作是心，余于此事若作不作，我定当作，是故不应断如是因。"无性释云："此中有难，诸佛法身无始时来无别无量，作证得因，为求佛果何须功用？复有难言，诸佛法身无始时来无别无量，一佛即能具足成办一切有情诸利乐事，不应为得更作功用。为答此难，说佛得等。诸佛证得无始时来无别无量，若是有情为求佛果舍正勤因，如是证得恒不成因。由佛证得，非诸有情为求佛果舍正勤因，故无此难。若离正勤得佛果者，一切有情本应皆得。是故不应断正勤因。又佛法界无始时来无别无量，普为一切作证得因，令诸菩萨悲愿缠心勤求佛果，为作一切有情利乐，故求佛果发勤功用。"今会二释更释义云，或有难言：诸佛法身无始时来无别无量，不应为得更作功用。所以者何？诸佛法身，无别无量，皆为普度无量有情，吾人应得受彼度脱自然成佛，何须更劳别作功用？又彼诸佛具足无量大悲愿力，及能具足成办一切有情义利，何须吾人更作功用，为利众生，修菩萨行，为释此难，故说彼颂。佛得无别无量因者，谓一切佛皆由大悲愿力发勤精进，六度四摄，三大阿僧祇劫修诸难行苦行，度诸有情作诸功德，以是为因乃证得于圆满法身。如是有情如欲如佛证彼果者，亦当学彼发勤精进，修诸胜因，乃得彼果。如非然者，舍勤功用而欲依赖诸佛，不起悲愿舍菩萨行，自然证得诸佛法身，此于恒时不成因也。既佛于我不成于因，我乃断彼勤功用因而欲自然成佛，无是理也。故云断如是因不应理。若尔，诸佛于有情作何因耶？曰，作增上因。由彼示教而修习故，依彼修行而证得故，即为诸佛已度有情。故求佛果者，当如佛发心而发心，如佛修行而修行，发勤精进坚固炽然，彼既丈夫我亦如是，如是乃为真实菩萨，乃于无上正等菩提得成就也。由是乃知我佛如来不同异教上帝主宰。亦以是知求菩提者，不可全仗他力，要当悲愿宏深奋发有为，特立独行，普度一切，斯有济也。

　　　　阿毗达磨大乘经中摄大乘品我阿僧伽略释

　　究竟。

　　世亲云："正趣大乘制造无量殊胜论者轨范世亲，略释究竟。"无性云："我已略释摄大乘竟。复说颂曰：我无性已发，求佛果妙愿，于净境教理，悲慧积于心。从诸师正闻，如实深信解，专念现前故，已述造斯释。于甚深广大，十义勤生福，愿一切世间，得具相妙智。"如是我今疏此论竟。复说颂曰：

　　烦恼所知二重障，缠缚有情覆真实。

　　生死流转苦无边，诸声闻等勤厌逆。

　　彼虽已得自解脱，无一切智救世间。

　　唯佛大悲无畏者，二障习气俱除灭。

　　无上清净智光明，证如所有尽有性。

不住生死与涅槃，普救一切恒沙界。

为令众生得菩提，故说无上大乘经。

彼经无量义无量，末世有情难受持。

如入宝山空手还，不了实义起邪执。

翻谓二乘为究竟，如是一切最堪悲。

我师无著摩诃萨，已入大地证实际。

内院承事弥勒尊，弘传大教济含识。

最后造兹摄大乘，总摄无二广大义。

以十殊胜殊胜语，大乘境行果赅备。

闻者易入入易持，如获慈舟济沧海。

世亲无性二菩萨，皆于斯论深悟入。

殷恳各造微妙释，令法光明照五天。

奘师百难请经还，复令神州饱法味。

象王一去象子随，遂令宝藏没深渊。

大法暗淡已千年，复值西学来西极。

驳无因果与轮回，况有法身与解脱。

唯竞生存与欲乐，弱肉强食绝仁慈。

杀机四伏于世间，兼当斩绝智慧命。

我王恩洋承师教，已发无上大乘心。

顾兹灾难弥大荒，唯当悲愿与拔济。

昌隆正学度迷情，故复疏是摄大乘。

根本二释酌去取，益以闻思自所悟。

词达理顺而已矣，诸有阐发据圣言。

永杜私意妄增益，于微隐义令开显。

愿据是疏读论者，熙怡饱餐甘露味。

勇猛咸发大乘心，自度度他摧邪执。

缘如是境修是行，证得彼果断及智。

方便善巧救痴迷，咸归光明德海岸。

无著菩萨《摄大乘论》乃唯识学的根本论典之一，本论前后共有三个汉译本：1. 北魏佛陀扇多于531年在洛阳译出；2. 陈真谛法师于563年在广州译出；3. 唐玄奘法师于648年在长安译出。自真谛译出本论及《世亲释》后，逐渐形成了专门传习《摄大乘论》的"摄论学派"。"摄论学派"与专门传习世亲菩萨《十地经论》（北魏菩提流支、勒那摩提译）的"地论学派"，一起被称为中土的"唯识古学"，而玄奘大师的"新译"被称为"唯识今学"。

王恩洋先生的《摄大乘论疏》，1935年由上海佛学书局印行，1999年收于《王恩洋先生论著集》（全十册，四川人民出版社）第三卷。

崇文学术文库·西方哲学

1. 靳希平 吴增定 十九世纪德国非主流哲学——现象学史前史札记
2. 倪梁康 现象学的始基：胡塞尔《逻辑研究》释要（内外编）
3. 陈荣华 海德格尔《存有与时间》阐释
4. 张尧均 隐喻的身体：梅洛－庞蒂身体现象学研究（修订版）
5. 龚卓军 身体部署：梅洛－庞蒂与现象学之后 [待出]
6. 游淙祺 胡塞尔的现象学心理学 [待出]
7. 刘国英 法国现象学的踪迹：从萨特到德里达 [待出]

崇文学术文库·中国哲学

1. 马积高 荀学源流
2. 康中乾 魏晋玄学史
3. 蔡仲德 《礼记·乐记》《声无哀乐论》注译与研究
4. 冯耀明 "超越内在"的迷思：从分析哲学观点看当代新儒学
5. 白 奚 稷下学研究：中国古代的思想自由与百家争鸣
6. 马积高 宋明理学与文学
7. 陈志强 晚明王学原恶论 [待出]
8. 郑家栋 现代新儒学概论（修订版）[待出]

唯识学丛书（26种）

禅解儒道丛书（8种）

徐梵澄著译选集（4种）

西方哲学经典影印（24种）

西方科学经典影印（7种）

古典语言丛书（影印版，5种）

出品：崇文书局人文学术编辑部

联系：027-87679738，mwh902@163.com

我
思 ®

敢于运用你的理智

崇文学术译丛·西方哲学

1. 〔英〕W. T. 斯退士 著，鲍训吾 译：黑格尔哲学
2. 〔法〕笛卡尔 著，关文运 译：哲学原理 方法论 [待出]
3. 〔英〕休谟 著，周晓亮 译：人类理智研究 [待出]
4. 〔英〕休谟 著，周晓亮 译：道德原理研究 [待出]
5. 〔美〕迈克尔·哥文 著，周建漳 译：于思之际，何者入思 [待出]
6. 〔美〕迈克尔·哥文 著，周建漳 译：真理与存在 [待出]

崇文学术译丛·语言与文字

1. 〔法〕梅耶 著，岑麒祥 译：历史语言学中的比较方法
2. 〔美〕萨克斯 著，康慨 译：伟大的字母 [待出]
3. 〔法〕托里 著，曹莉 译：字母的科学与艺术 [待出]

崇文学术译丛·武内义雄文集（4种）

1. 老子原始　2. 论语之研究　3. 中国思想史　4. 中国学研究法

中国古代哲学典籍丛刊

1. 〔明〕王肯堂 证义，倪梁康、许伟 校证：成唯识论证义
2. 〔唐〕杨倞 注，〔日〕久保爱 增注，张觉 校证：荀子增注 [待出]
3. 〔清〕郭庆藩 撰，黄钊 著：清本《庄子》校训析

萤火丛书

1. 邓晓芒　批判与启蒙